普通高等学校“十三五”省级规划教材
高职经管类精品教材

纳税实务

第3版

主　　审　徐春凤
主　　编　费兰玲
编写人员（以姓氏笔画为序）
刘　旸　刘志玲　沈宇钦
金勤勤　费兰玲　贾贤强

中国科学技术大学出版社

内 容 简 介

自2016年5月1日起，全国范围内全面实行营业税改征增值税（以下简称“营改增”）试点，建筑业、房地产业、金融业、生活服务业等全部营业税纳税人纳入试点范围，由缴纳营业税改为缴纳增值税。本书正是顺应税收政策的变化和教学需要，根据最新颁布实施的税收法律法规（2019年7月1日前）修订而成的，内容涵盖了我国现行的所有税种，包括增值税、消费税、关税、企业所得税、个人所得税等17个税种。

本书可作为高职财经类专业教材，也可作为相关从业者的参考用书。

图书在版编目(CIP)数据

纳税实务/费兰玲主编. —3版. —合肥：中国科学技术大学出版社，2019.8(2022.8重印)
ISBN 978-7-312-04775-6

Ⅰ.纳… Ⅱ.费… Ⅲ.纳税—税收管理—中国—高等学校—教材 Ⅳ.F812.423

中国版本图书馆CIP数据核字(2019)第177599号

出版 中国科学技术大学出版社
安徽省合肥市金寨路96号，230026
http://press.ustc.edu.cn
https://zgkxjsdxcbs.tmall.com
印刷 合肥市宏基印刷有限公司
发行 中国科学技术大学出版社
经销 全国新华书店
开本 787 mm×1092 mm 1/16
印张 20
字数 462千
版次 2015年8月第1版 2019年8月第3版
印次 2022年8月第6次印刷
定价 42.00元

前　　言

《纳税实务》于2015年8月首次出版。2017年8月，根据国家税制改革的相关内容，特别是全面“营改增”政策，对教材进行了修订。本书自首版以来，已历时4年，被多所高职院校选用，借此次再版的机会，谨向给予本书关心和支持的人们以及各方面的读者表示真诚的感谢！

随着环境保护税法、车辆购置税法、船舶吨税法、耕地占用税法、烟叶税法的制定和出台，以及“营改增”的深化改革和个人所得税法的第7次修订，我国税收体系进一步完善和健全。本书正是顺应税收政策的变化和教学需要，根据最新颁布实施的税收法律法规（截至2019年7月1日）修订而成的。此次修订保证了教学内容的及时更新，突出了教材的实践性和实用性。教材内容将经济业务与税种结合起来，将税务理论和申报操作结合起来，更加符合学生的认知规律。

本书是安徽省高等学校省级质量工程项目“省级规划教材”（项目编号：2017ghjc394）的成果。参与本书编写与修订工作的有贾贤强、费兰玲、刘旸、刘志玲、金勤勤、沈宇钦。全书由费兰玲统稿，由国家税务总局安徽省税务局徐春凤主审。

由于时间比较仓促，加之我们对纳税实务的理解和把握仍然有限，尽管已经尽力，但书中难免存在不足之外。我们真诚地期待本书读者，特别是使用本书作为教材的教师和同学们批评指正。编者电子邮箱：2593169474@qq.com。

编　者

2019年7月

目　　录

项目一

企业纳税流程认知

项目目标

1. 能够依法进行各类税务登记，明确企业纳税基本流程。
2. 能够依法领购、使用、管理发票。
3. 能够进行纳税申报。
4. 能够进行税款缴纳。
5. 培养依法纳税意识。

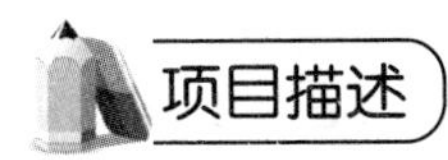

项目描述

一、企业基本概况

某信息技术有限公司，注册资金150万元，组织机构代码：××××××××-×，于2017年1月在某市工商行政管理局办理工商登记，取得企业法人营业执照。

二、企业业务资料

现需要完成以下纳税活动：

1. 2017年2月该信息技术有限公司按照规定填写税务登记表，办理税务登记。

2. 该信息技术有限公司完成税务登记后，依法设置了账簿，并需要领购发票、开具发票、保管发票。

3. 纳税申报并缴纳税款。

三、任务要求

1. 掌握各类税务登记基本程序。

2. 领取、开具并保管发票。

3. 进行纳税申报并缴纳税款。

任务一　税务登记

【知识准备】

一、税收的基础知识

（一）税收的概念

税收是国家为了实现其职能，按照法定标准，无偿取得财政收入的一种手段，是国家凭借政治权力参与国民收入分配和再分配而形成的一种特定分配关系。

“税收”这一概念的要点可以表述为以下五点：

① 税收是财政收入的主要形式。

② 税收分配的依据是国家的政治权力。

③ 税收是用法律建立起来的分配关系。

④ 税收采取实物或货币两种征收形式。

⑤ 税收具备强制性、无偿性和相对固定性三个基本特征。税收的强制性是指在国家税法规定的范围内，任何单位和个人都必须依法纳税，否则就要受到法律的制裁。税收的无偿性是指国家征税以后纳税人缴纳的实物或货币随之就转变为国家所有，不需要立即付给纳税人任何报酬，也不再直接返还给纳税人。税收的相对固定性是指国家在征税以前就通过法律形式把每种税的纳税人、课税对象以及征收比例等都规定下来，以便征纳双方共同遵守。税收的这“三性”是区别税与非税的根本标志。

（二）税法的构成要素

税法的构成要素，又称课税要素，是各种单行税法具有的共同的基本要素的总称。这一概念包含以下基本含义：一是税法要素既包括实体性的，又包括程序性的；二是税法要素是所有完善的单行税法都共同具备的。若仅为某一税法所单独具有而非普遍性的内容，则不构成税法要素，如扣缴义务人。这里所说的税法的构成要素主要针对税收实体法，一般包括纳税义务人、征税对象、税目、税率、纳税环节、纳税期限、纳税地点、减税免税等，其中纳税义务人、征税对象、税率是税法的三个基本要素。

1. 纳税义务人

纳税义务人，简称纳税人，是税法中规定的直接负有纳税义务的单位和个人，也称纳税主体。纳税义务人一般分为自然人和法人两种。纳税人的规定明确了国家向谁征税的问题，是正确处理国家与纳税人之间分配关系的首要条件，因而它是构成税法的基本要素。

在实际纳税过程中，与纳税义务人相关的概念有负税人和代扣代缴义务人。

纳税人与负税人是两个既有联系又有区别的概念。纳税人是直接向税务机关缴纳税款的单位和个人，负税人是实际负担税款的单位和个人。纳税人如果能够通过一定的途径把税款转嫁或转移出去，纳税人就不再是负税人。否则，纳税人同时也是负税人。税法只规定纳税人，不规定负税人。

代扣代缴义务人是指有义务从持有的纳税人收入中扣除其应纳税款并代为缴纳的企业、单位或个人。对税法规定的代扣代缴义务人，税务机关应向其颁发代扣代缴证书，明确其代扣代缴义务。代扣代缴义务人必须严格履行扣缴义务。

2. 征税对象

征税对象，又称征税客体、课税对象。它是税法规定的征税的目的物，是国家据以征税的依据。通过规定课税对象，解决对什么征税这一问题。它既是税法的基本要素，也是区分不同税种的主要标志。我国现行税收法律、法规都有自己特定的征税对象。比如，所得税的征税对象就是企业利润和个人工资、薪金等；房产税的课税对象是房屋；增值税的征税对象就是货物和应税劳务在生产和流通过程中的增值额。每一种税首先要确定它的课税对象，因为它体现着不同税种征税的基本界限，决定着不同税种名称的由来以及各个税种在性质上的差别，并对税源、税收负担问题产生直接影响。

征税对象是一种抽象的概念，它只概括地表明了征税的标的物，我们在税法或税收条例中往往找不到有关征税对象的直接描述，而是通过规定计税依据和税目等方式将其具体化地表述出来。

计税依据，又称税基，是指税法中规定的据以计算各种应征税款的依据或标准。它所解决的是在确定了征税对象之后如何计量的问题。计税依据在表现形态上一般有两种：一种是价值形态，以征税对象的价值作为计税依据，在这种情况下，征税对象和计税依据一般是一致的，如所得税的课税对象是所得额，计税依据也是所得额；另一种是实物形态，以征税对象的数量、重量、容积、面积等作为计税依据，这种情况下，征税对象和计税依据一般是不一致的，如我国的车船税，它的征税对象是各种车辆、船舶，而计税依据则是车船的吨位。

征税对象与计税依据的关系是：征税对象是指征税的目的物，计税依据则是在目的物已经确定的前提下，对目的物据以计算税款的依据或标准；征税对象是从质的方面对征税所作的规定，而计税依据则是从量的方面对征税所作的规定，是课税对象量的表现。

税目是征税对象的具体化，反映具体的征税范围，代表征税的广度。不是所有的税种都规定税目，有些税种的征税对象简单、明确，没有另行规定税目的必要，如房产税。但大部分税种的课税对象比较复杂，且税种内部不同征税对象之间需要采取不同的税率档次进行调节。这就需要对征税对象作进一步的划分，做出具体的界限规定。这个规定的界限范围就是税目。

3. 税率

税率是指对征税对象的征收比例或征收额度。税率是计算税额的尺度，反映了征税的深度。在征税对象既定的情况下，税率的高低直接影响国家财政收入的多少和纳税人税收负担的轻重，反映了国家与纳税人之间的利益分配关系。因此，税率是税法的核心要素，也是衡量税负轻重的重要标志。我国现行税率有三种基本形式，即比例税率、累进税率和定额税率。

（1）比例税率

比例税率是指对同一征税对象或同一税目，不分数额大小，规定相同的征收比例。税额和课税对象呈正比例关系。我国的增值税、城市维护建设税、企业所得税等采用的是比例税率。

（2）累进税率

累进税率就是将征税对象按照一定标准划分为若干等级，每个等级规定逐级上升征税比例的税率。累进税率一般在收益课税中使用，有“全累”和“超累”两种累进方式。我国现行税法体系采用的累进税率形式只有超额累进税率和超率累进税率。

超额累进税率，即把征税对象按数额的大小分成若干等级，每个等级规定一个税率，税率依次提高，但每个纳税人的征税对象则依所属等级同时适用几个税率分别计算，将计算结果相加后得出应纳税款。目前我国的个人所得税中综合所得和生产经营所得都采用超额累进税率。

超率累进税率，即以征税对象数额的相对率划分若干级距，分别规定相应的差别税率，相对率每超过一个级距的，对超过的部分按高一级的税率计算征税。目前，我国的土地增值税采用超率累进税率。

（3）定额税率

定额税率是按征税对象确定的计量单位，直接规定一个固定的税额，所以又称固定税额。目前，我国采用定额税率的有资源税、城镇土地使用税、车船税等。

4. 纳税环节

纳税环节是指税法上规定的课税对象从生产到消费的流转过程中应当缴纳税款的环节。纳税环节一般是根据有利于生产、有利于商品流通、便于征收管理和保证财政收入等原则确定的。

按照纳税环节的多少,可将税收课征制度划分为两类:一次课征制和多次课征制。一次课征制是指同一税种在商品流转的全过程中只选择某一环节课征的制度。实行一次课征制时,纳税环节多选择在商品流转的必经环节和税源比较集中的环节,这样既避免重复课征,又避免税款流失。多次课征制是指同一税种在商品流转的全过程中选择两个或两个以上环节课征的制度。

5. 纳税期限

纳税期限是纳税人向国家缴纳税款的法定期限,包括税款计算期和税款缴纳期。我国现行税制的纳税期限有以下三种形式:

① 按期纳税,即根据纳税义务的发生时间,通过确定纳税间隔期,实行按日纳税。例如,增值税法规定,按期纳税的纳税间隔分为 1 日、3 日、5 日、10 日、15 日、1 个月或 1 个季度。以 1 个月或 1 个季度为 1 个纳税期的,自期满之日起 15 日内申报纳税;以其他间隔期为纳税期限的,自期满之日起 5 日内预缴税款,于次月 1 日起至 15 日内申报纳税并结清上月税款。

② 按次纳税,即根据纳税行为的发生次数确定纳税期限。例如,车辆购置税、耕地占用税以及临时经营者、个人所得税中的劳务报酬所得等均采取按次纳税的办法。

③ 按年计征,分期预缴或缴纳。企业所得税按规定的期限预缴税款,年度结束后汇算清缴,多退少补。例如,房产税、城镇土地使用税实行按年计算、分期缴纳。

6. 纳税地点

纳税地点是纳税人缴纳税款的地点,主要是指根据各个税种的纳税环节和有利于对税款的源泉控制而规定的纳税人(包括代征、代扣、代缴义务人)的具体纳税地点。

7. 减税免税

减税免税是国家对某些纳税人和征税对象给予鼓励和照顾的一种特殊规定。它把税收的统一性和必要的灵活性结合起来,体现因地制宜和因事制宜的原则,更好地贯彻了税收政策。减税免税主要包括规定起征点、免征额以及减税和免税项目等内容。

(1) 起征点

起征点是对征税对象规定一定数额作为征税的起点,未达到起征点的不征税,达到或超过起征点的应就其全部数额征税,而不是仅就超过部分征税,这样做的目的是为了照顾个别收入较少的纳税人。

(2) 免征额

免征额是按一定的标准从征税对象总额中预先减除的免予征税的数额,不足免征额的部分不征税,超过免征额的部分才征税,其目的在于保证纳税人的基本收入。

(3) 减税和免税

减税是指从应征税额中减征一部分税款。免税是指全部免征应征收的税款。一般来说,减税、免税都属于临时性的措施,都规定有明确的期限,到期都应恢复全额征税。

（三）税收的分类

税收制度的主体是税种，当今世界各国普遍实行由多个税种组成的税收体系。在这一体系中，各种税既有各自的特点，又存在着多方面的共同点。因此，人们有可能从各个不同的角度对各种税进行分类研究。按某一种标准，把性质相同的或近似的税种归为一类，而与其他税种相区别，这就是税种分类。按照不同的分类标准，税种的分类方法一般有以下几种：

1. 按征税对象分类

征税对象是税法的一个基本要素，是一种税区别于另一种税的主要标志。因此，按征税对象的不同来分类，是税种最基本和最主要的分类方法。按照这个标准，我国税种大体可分为以下五类：

（1）对流转额的征税

对流转额的征税简称流转税或商品和劳务税。它是对销售商品或提供劳务的流转额征收的一类税收。商品交易发生的流转额称为商品流转额。这个流转额既可以指商品的实物流转额，也可以指商品的货币流转额。商品交易是一种买卖行为。如果税法规定卖方为纳税人，则商品流转额即商品销售数量或销售收入；如果税法规定买方为纳税人，则商品流转额即采购数量或采购支付金额。非商品流转额是指各种社会服务性行业提供劳务所取得的业务或劳务收入金额。按销售收入减除物耗后的增值额征收的增值税，也归为流转税一类。

流转税与商品（或劳务）的交换相联系，商品无处不在，又处于不断流通之中，这决定了流转税的征税范围十分广泛；流转税的计征，只在于收入有无，而不在于经营好坏、成本高低、利润大小；流转税都采用比例税率或定额税率，计算简便，征收容易；流转税形式上由商品生产者或销售者缴纳，但其税款常附着于卖价，易转嫁给消费者，而消费者却不直接感到税负的压力。由于以上这些原因，流转税对保证国家及时、稳定、可靠地取得财政收入有着重要的作用。同时，它对调节生产、消费也有一定的作用。因此，流转税一直是我国的主体税种。一方面体现在它的收入在全部税收收入中所占的比重一直较大；另一方面体现在它的调节面比较广，对经济的调节作用一直比较显著。

我国当前开征的流转税主要有增值税、消费税和关税。

（2）对所得额的征税

对所得额的征税简称所得税。税法规定应当征税的所得额一般是指以下几个方面：一是指有合法来源的所得。合法的所得大致包括生产经营所得（如利润等），提供劳务所得（如工资、薪金、劳务报酬等），投资所得（如股息、利息、特许权使用费收入等）和其他所得（如财产租赁所得、遗产继承所得等）四类。二是指纳税人的货币所得，或能以货币衡量或计算其价值的经济上的所得，不包括荣誉性、知识性的所得和体质上、心理上的所得。三是指纳税人的纯所得，即纳税人在一定时期的总收入扣除成本、费用以及纳税人个人的生活费用和赡养近亲的费用后的净所得。这样，使税负比较符合纳税人的负担能力。四是指增强纳税能力的实际所得。例如，利息收入可增加纳税人能力，可作为所得税的征收范围，而存款的提取就不应列入征税范围。总的来说,所得税是对纳税人在一定时期(通常为一年)的合法收入总额减除成本费用和法定允许扣除的其他各项支出后的余额,即应纳税所得额征收的税。

所得税按照纳税人负担能力(即所得)的大小和有无来确定税收负担,实行"所得多的多征,所得少的少征,无所得的不征"的原则。因此,它对调节国民收入分配、缩小纳税人之间的收入差距有着特殊的作用。同时,所得税的征收面较为广泛,因此成为经济发达国家的主要收入来源。在我国,随着经济的发展,人民所得的增加,所得税已成为近年来收入增长较快的一类税。

我国当前开征的所得税主要有企业所得税、个人所得税。

(3) 对资源的征税

对资源的征税是对开发、利用和占有国有自然资源的单位和个人征收的一类税收。征收这类税有两个目的:一是为了取得资源消耗的补偿基金,保护国有资源的合理开发利用;二是为了调节资源级差收入,以利于企业在平等的基础上开展竞争。

我国对资源的征税主要有城镇土地使用税、耕地占用税、资源税、土地增值税。

(4) 对财产的征税

对财产的征税是对纳税人所拥有或属于其支配的财产数量或价值额征收的一类税收,包括对财产的直接征收和对财产转移的征收。开征这类税收除了为国家取得财政收入外,对提高财产的利用效果、限制财产的不必要的占有量有一定作用。

我国对财产的征税主要有房产税、契税、车辆购置税、车船税。

(5) 对行为的征税

对行为的征税也称行为税,一般是指以某些特定行为为征税对象征收的一类税收。征收这类税,或是为了对某些特定行为进行限制、调节,使微观活动符合宏观经济的要求;或是为了开辟地方财源,达到特定的目的。这类税的设置比较灵活,其中有些税种具有临时税的性质。

我国对行为的征税主要有印花税、城市维护建设税、固定资产投资方向调节税(已停征)、屠宰税(税费改革中已停征)、筵席税(由各省决定是否开征,但目前各省均已停征)。

2. 按税收管理和使用权限分类

按税收管理和使用权限分类,税收可分为中央税、地方税、中央地方共享税。

这是在分级财政体制下的一种重要的分类方法。通过这种划分,可以使各级财政有相应的收入来源和一定范围的税收管理权限,从而有利于调动各级财政组织收入的积极性,更好地完成一级财政的任务。一般的做法是:将税源集中、收入大、涉及面广且由全国统一立法和统一管理的税种划作中央税,将一些与地方经济联系紧密、税源比较分散的税种列为地方税,将一些能兼顾中央和地方经济利益且有利于调动地方组织收入积极性的税种列为中央地方共享税。

当前我国的中央税主要有关税、消费税;地方税主要有营业税(2016 年已被取消)、农业税(2006 年已被取消)、牧业税(2006 年已被取消)以及一些对财产和行为的课税;中央地方共享税主要有增值税、资源税等。

3. 按税收与价格的关系分类

按税收与价格的关系分类，税收可分为价内税和价外税。

在市场经济条件下，税收与商品、劳务或财产的价格有着密切的关系，对商品和劳务课征的税收既可以包含在价格之中，也可以包含在价格之外。税款构成价格组成部分的税收称为价内税；税收构成价格组成部分之外的附加额的税收称为价外税。前者的价格是成本、利润、税金之和，后者的价格是成本与利润之和。价内税，有利于国家通过对税负的调整，直接调节生产和消费，但往往容易造成对价格的扭曲。价外税与企业的成本核算和利润、价格没有直接联系，能更好地反映企业的经营成果，不会因征税而影响公平竞争，也不干扰价格对市场供求状况的正确反映，因此更适应市场经济的要求。

4. 按税负是否易于转嫁分类

按税负是否易于转嫁分类，税收可分为直接税和间接税。

税负转嫁是指纳税人依法缴纳税款之后，通过种种途径将所缴税款的一部分或全部转移给他人负担的经济现象和过程。它表现为纳税人与负税人的非一致性。由纳税人直接负担的税收被称为直接税。在这种情况下，纳税人即负税人，如所得税、遗产税等。可以由纳税人转嫁给负税人的税收被称为间接税，即负税人通过纳税人间接缴纳的税收，如增值税、消费税、关税等。

5. 按计税标准分类

按计税标准分类，税收可分为从价税和从量税。

从价税是以征税对象的价值量为标准计算征收的税收。税额的多少将随着价格的变动而相应增减。

从量税是按征税对象的重量、件数、容积、面积等为标准，采用固定税额征收的税收。从量税具有计算简便的优点，但税收收入不能随价格高低而增减。

除上述主要分类外，还有一些其他的分类方法。例如，在我国按征收机关划分，税收可分为工商税系、关税税系和农业税系三大类。工商税系由各级国家税务机关征收管理；关税税系由海关负责征收管理；农业税系原来由各级财政部门负责征收管理，现正逐步移交给税务机关。又如，按缴纳形式分类，税收可分为力役税、实物税和货币税；按税收的用途划分，税收可分为一般税和目的税。

二、税务登记的基本知识

税务登记是税务机关依据税法规定，对纳税人的生产、经营活动进行登记管理的一项法定制度。它是税务机关对纳税人实施税收管理的首要环节和基础工作，是征纳双方法律关系成立的依据和证明，也是纳税人必须依法履行纳税义务的法定手续。

税务登记包括开业登记、变更登记、停业登记、复业登记、注销登记和外出经营报验登记。

（一）开业税务登记

1. “多证合一”登记制度改革

为提升政府行政服务效率，降低市场主体创设的制度性交易成本，激发市场活力和社会创新力，自 2015 年 10 月 1 日起，登记制度改革在全国推行。随着国务院简政放权、放管结合、优化服务的“放管服”改革不断深化，登记制度改革从“三证合一”推进为“五证合一”，再进一步推进为“多证合一、一照一码”。“多证合一、一照一码”是指将机关和群团统一社会信用代码证书及事业单位法人证书、组织机构代码证、税务登记证、刻章许可证、住房公积金登记证和社保登记证等多种证照，由多部门分别审批改为“一表申请、一门受理、一次审核、信息互认、多证合一、档案共享”的管理模式，将各类证照整合到营业执照上。使“一照一码”营业执照成为企业唯一的“身份证”，使统一社会信用代码成为企业唯一的身份代码，实现企业“一照一码”走天下。

2. “多证合一”办理流程

① 申请。商事主体申请人通过全流程网上登记系统填写“多证”联合申请书，并准备齐相关材料提交商事登记部门，由商事登记部门统一受理，实现“一表申请”“一门受理”。

② 审核。商事登记部门审核“多证”联合申请材料。“多证”申请经商事登记部门审核后，视为同时经机构代码部门、税务登记部门、公安部门及社保部门等相关部门审核。审核通过后，商事登记部门将相关登记信息和办理结果共享至其他相关部门，实现“一次审核”和“信息互认”。

③ 领证。经商事登记部门审核通过后，商事主体申请人即可到商事登记部门对外窗口一次领取“多证”，实现“多证同发”。

（二）变更税务登记

已领取“一照一码”营业执照的纳税人，其名称、住所、法定代表人姓名、公司类型、经营范围、统一社会信用代码（纳税人识别号）发生变更时，应到工商机关办理变更登记，税务机关接收工商机关变更信息并更新税务系统内纳税人对应信息。

已领取“一照一码”营业执照的纳税人，其财务负责人、电话号码、核算方式、生产经营地等信息发生变化时，应直接向税务主管机关申请变更，不需要更换营业执照。税务主管机关应将变更后的财务负责人、核算方式、生产经营地等信息及时共享至信息交换平台。

未领取“一照一码”营业执照的企业申请变更登记或申请换发营业执照的，税务机关应告知企业在登记机关申请变更，并换发载有统一社会信用代码的营业执照。企业的“财务负责人”“核算方式”“经营地址”三项信息发生变化时，应直接到税务机关申请变更。

变更税务登记流程如图 1.1 所示。

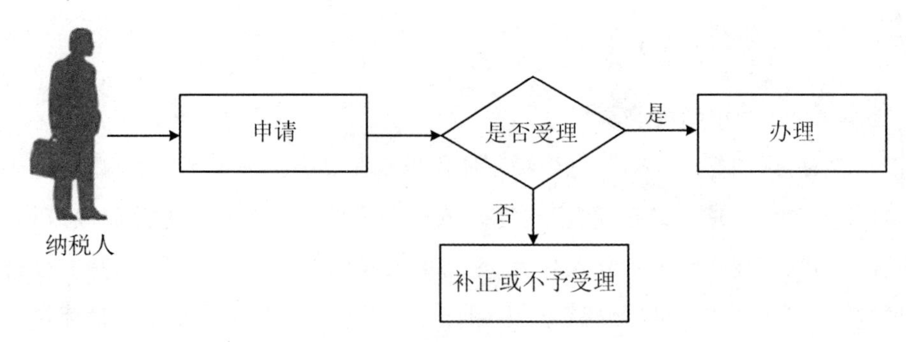

图 1.1　变更税务登记流程

（三）停业、复业登记

① 实行定期定额征收方式的个体工商户需要停业的，应当在停业前向税务机关申报办理停业登记。纳税人的停业期不得超过一年。

② 纳税人在申报办理停业登记时，应如实填写《停业申请登记表》，结清应纳税款、滞纳金、罚款。税务机关应收存其税务登记证件及副本、发票领购簿、未使用完的发票和其他税务证件。

③ 纳税人在停业期间发生纳税义务的，应依法申报缴纳税款。

④ 纳税人应当于恢复生产经营之前，向税务机关申报办理复业登记，如实填写《停业复业（提前复业）报告书》，领回并启用税务登记证件、发票领购簿及其停业前领购的发票。

⑤ 纳税人停业期满不能及时恢复生产经营的，应当在停业期满前向税务机关提出延长停业登记申请，并如实填写《停业复业（提前复业）报告书》。

停业、复业登记流程如图 1.2 所示。

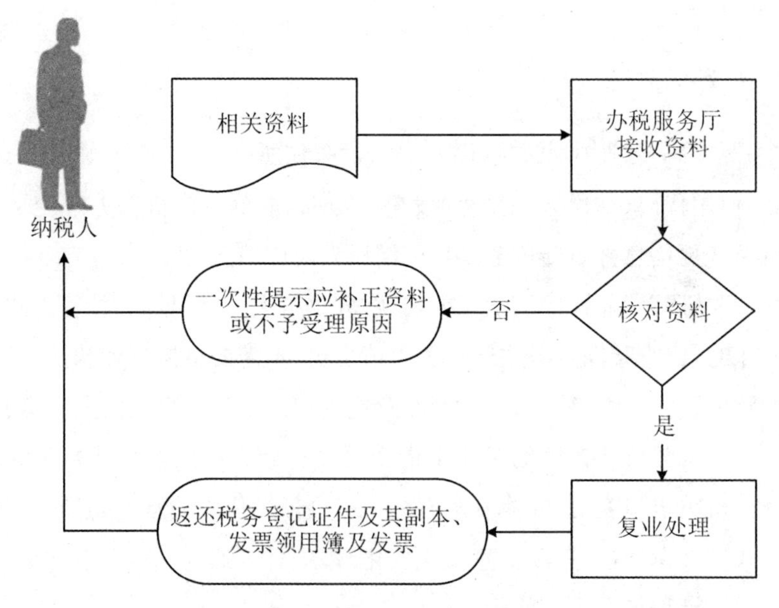

图 1.2　停业、复业登记流程

（四）注销税务登记

在纳税人发生以下情形时，应当向税务机关提出清税申报，填写《清税申报表》。税务机关在结清应纳税款、多退（免）税款、滞纳金和罚款、缴销发票和税控设备后，由受理方税务机关向纳税人出具《清税证明》，并将信息共享到交换平台。具体包括：

① 因解散、破产、撤销等情形，依法终止纳税义务的。

② 按规定不需要在市场监督管理机关或者其他机关办理注销登记的，但经有关机关批准或者宣告终止的。

③ 被市场监督管理机关吊销营业执照或者被其他机关予以撤销登记的。

④ 因住所、经营地点变动，涉及改变税务登记机关的。

⑤ 外国企业常驻代表机构驻在期届满、提前终止业务活动的。

⑥ 境外企业在中华人民共和国境内承包建筑、安装、装配、勘探工程和提供劳务，项目完工、离开中国的。

⑦ 非境内注册居民，企业经国家税务总局确认终止居民身份的。

领取营业执照后未开展经营活动，申请注销登记前未发生债权债务或已将债权债务清算完成的有限责任公司、非公司企业法人、个人独资企业、合伙企业，符合下列情形之一的，可免予到税务机关办理税务注销，直接向市场监管部门申请办理注销登记。

a. 未办理过涉税事宜的；

b. 办理过涉税事宜但未领用发票、无欠税（滞纳金）及罚款的。

【任务操作】

根据本项目的任务描述，提供税务登记基本资料并填写税务登记表（见表1.1）。

表1.1　税务登记表

（适用单位纳税人）

填表日期：

<table>
<tr><td>纳税人名称</td><td colspan="3"></td><td colspan="2">纳税人识别号</td><td colspan="2"></td></tr>
<tr><td>登记注册类型</td><td colspan="3"></td><td colspan="2">批准设立机关</td><td colspan="2"></td></tr>
<tr><td>组织机构代码</td><td colspan="3"></td><td colspan="2">批准设立证明或文件号</td><td colspan="2"></td></tr>
<tr><td>开业（设立）日期</td><td></td><td>生产经营期限</td><td></td><td>证照名称</td><td></td><td>证照号码</td><td></td></tr>
<tr><td>注册地址</td><td colspan="3"></td><td>邮政编码</td><td></td><td>联系电话</td><td></td></tr>
<tr><td>生产经营地址</td><td colspan="3"></td><td>邮政编码</td><td></td><td>联系电话</td><td></td></tr>
<tr><td>核算方式</td><td colspan="5">请选择对应项目打“√”　□　独立核算　□　非独立核算</td><td>从业人数</td><td>____，其中外籍人数____</td></tr>
</table>

续表

单位性质	请选择对应项目打“√” □ 企业 □ 事业单位 □ 社会团体 □ 民办非企业单位 □ 其他		
网站网址		国标行业	□□ □□ □□ □□
适用会计制度	请选择对应项目打“√” □ 企业会计制度 □ 小企业会计制度 □ 金融企业会计制度 □ 行政事业单位会计制度		
经营范围	请将法定代表人（负责人）身份证件复印件粘贴在此处。		

项目 内容 联系人	姓名	身份证件		固定电话	移动电话	电子邮箱
		种类	号码			
法定代表人（负责人）						
财务负责人						
办税人						

税务代理人名称	纳税人识别号	联系电话	电子邮箱

注册资本或投资总额	币种	金额	币种	金额	币种	金额

投资方名称	投资方经济性质	投资比例	证件种类	证件号码	国籍或地址

自然人投资比例		外资投资比例		国有投资比例	

分支机构名称	注册地址	纳税人识别号

总机构名称			纳税人识别号		
注册地址			经营范围		
法定代表人姓名		联系电话		注册地址邮政编码	

续表

<table>
<tr><td rowspan="4">代扣代缴、代收代缴税款业务情况</td><td>代扣代缴、代收代缴税款业务内容</td><td>代扣代缴、代收代缴税种</td></tr>
<tr><td></td><td></td></tr>
<tr><td></td><td></td></tr>
<tr><td></td><td></td></tr>
<tr><td colspan="3">附报资料：</td></tr>
<tr><td>经办人签章：
____年____月____日</td><td>法定代表人(负责人)签章：
____年____月____日</td><td>纳税人公章：
____年____月____日</td></tr>
</table>

以下由税务机关填写：

<table>
<tr><td>纳税人所处街乡</td><td colspan="3"></td><td>隶属关系</td><td></td></tr>
<tr><td>国税主管税务局</td><td></td><td>国税主管税务所(科)</td><td></td><td rowspan="2">是否属于国税、地税共管户</td><td></td></tr>
<tr><td>地税主管税务局</td><td></td><td>地税主管税务所(科)</td><td></td><td></td></tr>
<tr><td colspan="2">经办人(签章)：
国税经办人：______
地税经办人：______
受理日期：______
____年____月____日</td><td colspan="2">国家税务登记机关
(税务登记专用章)：
核准日期：____年____月____日
国税主管税务机关：</td><td colspan="2">地方税务登记机关
(税务登记专用章)：
核准日期：____年____月____日
地税主管税务机关：</td></tr>
<tr><td colspan="6">国税核发《税务登记证副本》数量：　本　发证日期：______年______月______日</td></tr>
<tr><td colspan="6">地税核发《税务登记证副本》数量：　本　发证日期：______年______月______日</td></tr>
</table>

国家税务总局监制

任务二　发 票 管 理

【知识准备】

一、发票的概念

发票是指一切单位和个人在购销商品、提供或接受服务以及从事其他经营活动中所开具和收取的业务凭证。它是会计核算的原始依据，也是审计机关、税务机关执法检查的重要依据。税务机关是发票的主管机关，负责对发票的印制、领购、开具、取得、保管、缴销进行管理和监督。

二、发票的种类

发票的种类由省级以上税务机关根据社会经济活动的需要确定。按照不同管理工作的需要，我们根据开具主体的不同对发票进行如下分类：

（一）增值税专用发票

增值税专用发票是由国家税务总局监制设计印制的，既作为纳税人反映经济活动中的重要会计凭证，又是兼记销货方纳税义务和购货方进项税额的合法证明，是增值税计算和管理中重要的、决定性的、合法的专用发票。增值税专用发票应当使用增值税发票管理系统开具。

增值税专用发票由基本联次或者基本联次附加其他联次构成（见图 1.3），分为三联版和六联版两种。基本联次分为三联：第一联是记账联，是销货方发票联，是销货方的记账凭证，即销货方作为销售货物的原始凭证，票面上的“税额”指的是“销项税额”，票面上的“金额”指的是销售货物的“不含税价格”；第二联是抵扣联（购货方用来扣税）；第三联是发票联（购货方用来记账）。其他联次的用途由纳税人自行确定。纳税人办理产权过户手续需要使用发票的，可以使用增值税专用发票第六联。

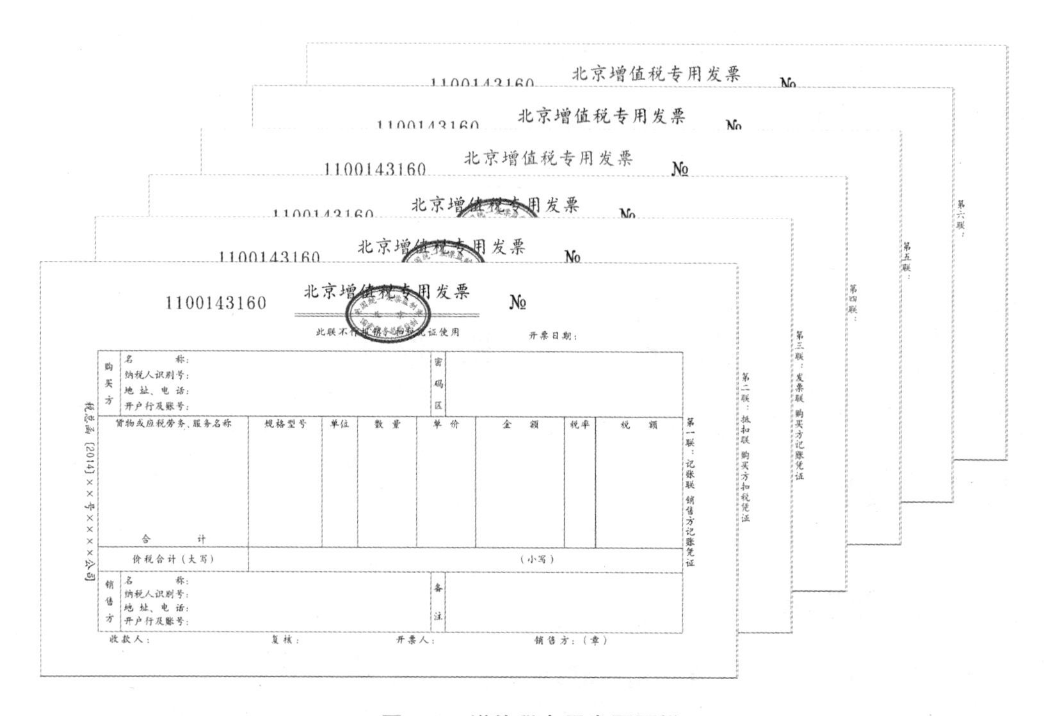

1100143160 北京增值税专用发票 №

此联不作报销、扣税凭证使用 开票日期：

购买方	名称： 纳税人识别号： 地址、电话： 开户行及账号：					密码区		
货物或应税劳务、服务名称	规格型号	单位	数量	单价	金额	税率	税额	
合计								
价税合计（大写）						（小写）		
销售方	名称： 纳税人识别号： 地址、电话： 开户行及账号：					备注		

收款人： 复核： 开票人： 销售方：（章）

税总函〔2014〕××号××××公司

第一联：记账联 销售方记账凭证

第二联：抵扣联 购买方扣税凭证

第三联：发票联 购买方记账凭证

第四联：

第五联：

第六联：

图 1.3　增值税专用发票票样

增值税专用发票仅限于增值税一般纳税人和试点行业的小规模纳税人领购使用，其他增值税小规模纳税人和非增值税纳税人不得领购使用。小规模纳税人可以由税务机关代开增值税专用发票。

一般纳税人有下列情形之一的，不得使用增值税专用发票：

① 会计核算不健全，不能向税务机关准确提供增值税销项税额、进项税额、应纳税额数据及其他有关增值税税务资料的。上述其他有关增值税税务资料的内容，由省、自治区、直辖市和计划单列市国家税务局确定。

② 应当办理一般纳税人资格登记而未办理的。

③ 有《中华人民共和国税收征收管理法》规定的税收违法行为，拒不接受税务机关处理的。

④ 有下列行为之一，经税务机关责令限期改正而仍未改正的：

a. 虚开增值税专用发票。

b. 私自印制增值税专用发票。

c. 向税务机关以外的单位和个人买取增值税专用发票。

d. 借用他人增值税专用发票。

e. 未按《增值税专用发票使用规定》第十一条开具增值税专用发票。

f. 未按规定保管增值税专用发票和专用设备。

g. 未按规定申请办理防伪税控系统变更发行。

h. 未按规定接受税务机关检查。

有上列情形的，如已领取增值税专用发票，主管税务机关应暂扣其结存的增值税专用发票和税控专用设备。

属于下列情形之一的，不得开具增值税专用发票：

① 向消费者个人销售货物、提供应税劳务或者发生应税行为的。

② 销售货物、提供应税劳务或者发生应税行为适用增值税免税规定的，法律、法规及国家税务总局另有规定的除外。

③ 部分适用增值税简易征收政策规定的：

a. 增值税一般纳税人的单采血浆站销售非临床用人体血液选择简易计税的。

b. 纳税人销售旧货，按简易办法依照3%征收率减按2%征收增值税的。

c. 纳税人销售自己使用过的固定资产，适用按简易办法依照3%征收率减按2%征收增值税政策的。

提示

纳税人销售自己使用过的固定资产，适用简易办法依照3%征收率减按2%征收增值税政策的，可以放弃减税，按照简易办法依照3%征收率缴纳增值税，并可以开具增值税专用发票。

④ 法律、法规及国家税务总局规定的其他情形。

增值税专用发票应按下列要求开具：

a. 项目齐全，与实际交易相符。

b. 字迹清楚，不得压线、错格。

c. 发票联和抵扣联加盖发票专用章。

d. 按照增值税纳税义务的发生时间开具。

不符合上述要求的增值税专用发票,购买方有权拒收。

(二) 增值税普通发票

增值税普通发票主要由增值税小规模纳税人使用,增值税一般纳税人在不能开具专用发票的情况下也可使用普通发票。增值税普通发票有折叠票和卷票两种形式。

增值税普通发票(折叠票)(见图 1.4)由基本联次或者基本联次附加其他联次构成,分为两联版和五联版两种。基本联次分为两联:第一联为记账联,是销售方记账凭证;第二联为发票联,是购买方记账凭证。其他联次的用途由纳税人自行确定。纳税人办理产权过户手续需要使用发票的,可以使用增值税普通发票第三联。

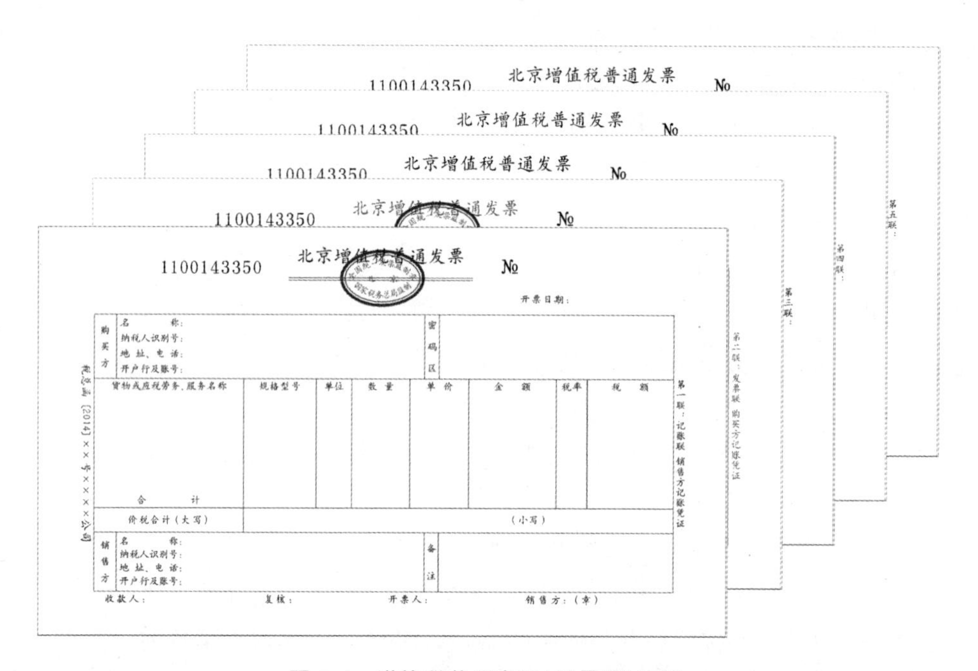
1100143350 北京增值税普通发票 №

开票日期:

购买方	名称: 纳税人识别号: 地址、电话: 开户行及账号:					密码区		
货物或应税劳务、服务名称	规格型号	单位	数量	单价	金额	税率	税额	
合计								
价税合计(大写)				(小写)				
销售方	名称: 纳税人识别号: 地址、电话: 开户行及账号:					备注		

收款人: 复核: 开票人: 销售方:(章)

税总函〔2014〕××号××××公司

第一联:记账联 销售方记账凭证

第二联:发票联 购买方记账凭证

图 1.4 增值税普通发票(折叠票)票样

增值税普通发票(卷票)(见图 1.5)分为两种规格:57 mm×177.8 mm、76 mm×177.8 mm,均为单联。

(三) 增值税电子普通发票

增值税电子普通发票(见图 1.6)是指符合国家税务总局统一标准并通过国家税务总局及省、自治区、直辖市国家税务局、地方税务局公布的网络发票管理系统开具的发票。开具发票的单位和个人开具网络发票应登录网络发票管理系统,如实、完整地填写发票的相关内容及数据,确认保存后打印发票。

增值税电子普通发票的开票方和受票方需要纸质发票的,可以自行打印增值税电子普通发票的版式文件,其法律效力、基本用途、基本使用规定等与税务机关监制的增值税普通发票相同。

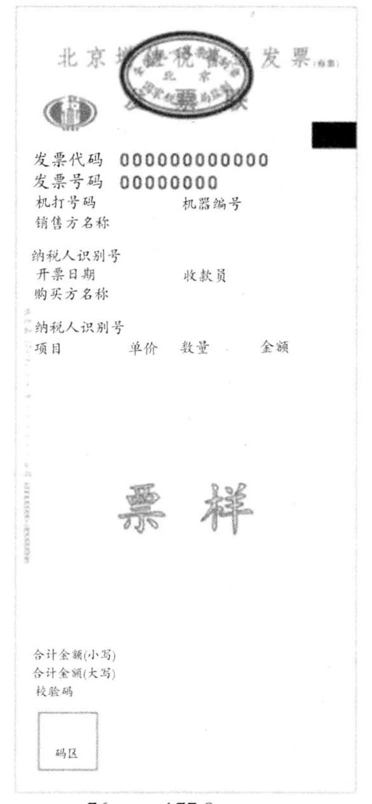

北京增值税普通发票(卷票)

发票代码 000000000000

发票号码 00000000

机打号码　　机器编号

销售方名称

纳税人识别号

开票日期　　收款员

购买方名称

纳税人识别号

项目　单价　数量　金额

票样

合计金额(小写)

合计金额(大写)

校验码

码区

76 mm×177.8 mm

(a)

北京增值税普通发票(卷票)

发票代码 000000000000

发票号码 00000000

机打号码

机器编号

销售方名称

纳税人识别号

开票日期

收款员

购买方名称

纳税人识别号

项目　单价　数量　金额

票样

合计金额(小写)

合计金额(大写)

校验码

码区

57 mm×177.8 mm

(b)

图 1.5　增值税普通发票(卷票)票样

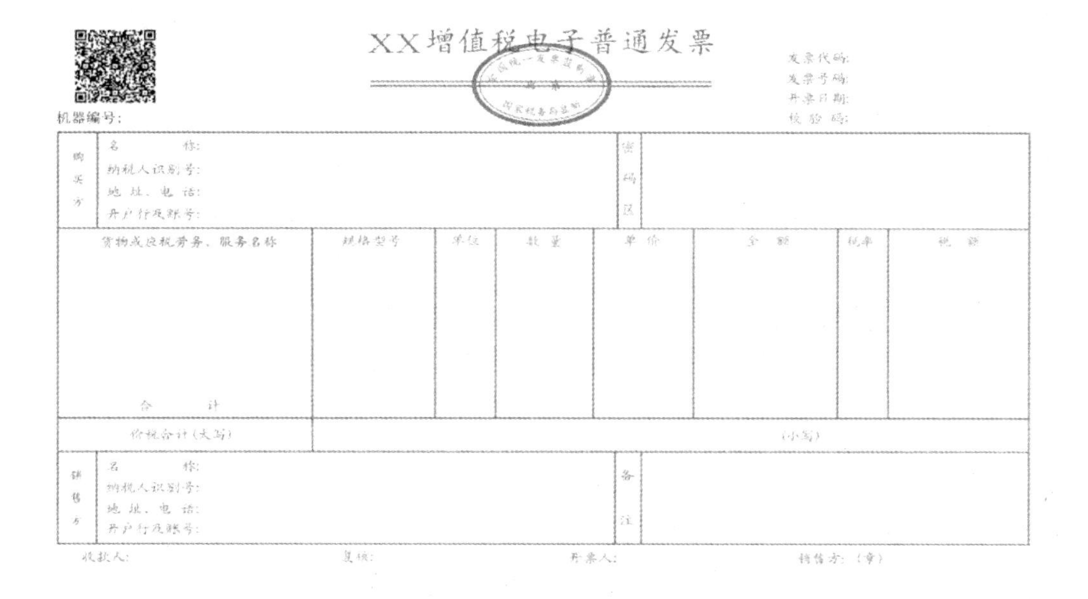

XX增值税电子普通发票

机器编号:

发票代码:

发票号码:

开票日期:

校验码:

购买方	名称: 纳税人识别号: 地址、电话: 开户行及账号:				密码区			
货物或应税劳务、服务名称	规格型号	单位	数量	单价	金额	税率	税额	
合计								
价税合计(大写)					(小写)			
销售方	名称: 纳税人识别号: 地址、电话: 开户行及账号:				备注			

收款人:　　复核:　　开票人:　　销售方:(章)

图 1.6　增值税电子普通发票票样

（四）机动车销售统一发票

从事机动车零售业务的单位和个人，在销售机动车（不包括销售旧机动车）收取款项时，开具机动车销售统一发票（见图 1.7）。机动车销售统一发票为电脑六联式发票：第一联为发票联，是购货单位付款凭证；第二联为抵扣联，是购货单位扣税凭证；第三联为报税联，由车购税征收单位留存；第四联为注册登记联，由车辆登记单位留存；第五联为记账联，是销货单位记账凭证；第六联为存根联，由销货单位留存。

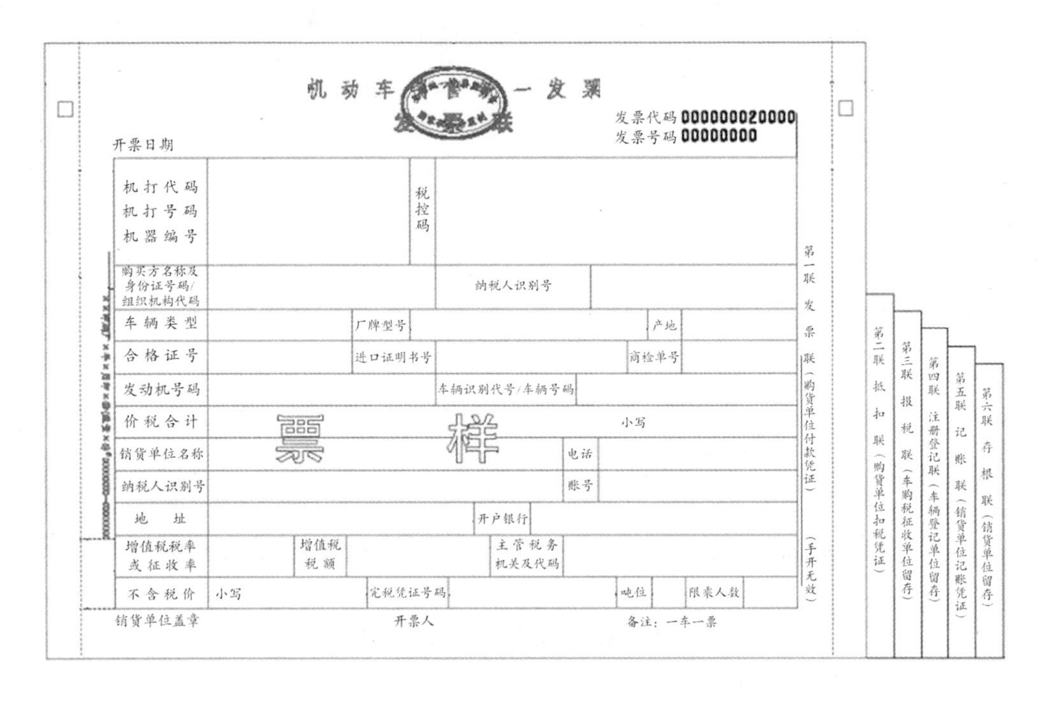
机动车 一发票
发票代码 000000020000
发票号码 00000000
开票日期

机打代码 机打号码 机器编号		税控码				
购买方名称及身份证号码/组织机构代码		纳税人识别号				
车辆类型		厂牌型号		产地		
合格证号		进口证明书号		商检单号		
发动机号码		车辆识别代号/车辆号码				
价税合计		小写				
销货单位名称		电话				
纳税人识别号		账号				
地址		开户银行				
增值税税率或征收率		增值税税额		主管税务机关及代码		
不含税价	小写	完税凭证号码		吨位		限乘人数

销货单位盖章　开票人　备注：一车一票

第一联 发票联（购货单位付款凭证）（手开无效）
第二联 抵扣联（购货单位扣税凭证）
第三联 报税联（车购税征收单位留存）
第四联 注册登记联（车辆登记单位留存）
第五联 记账联（销货单位记账凭证）
第六联 存根联（销货单位留存）

图 1.7　机动车销售统一发票票样

（五）专业发票

专业发票是指国有金融、保险企业的存贷、汇总、转账凭证、保险凭证；国有邮政、电信企业的邮票、邮单、话务、电报收据；国有铁路、民用航空企业的客票、货票等。经国家税务总局或省、市、自治区税务机关批准，专业发票可由政府主管部门自行管理，不套印税务机关的统一发票监制章，也可根据税收征管的需要纳入发票管理。

三、发票的开具要求

单位、个人在购销商品、提供或者接受经营服务以及从事其他经营活动中应当按照规定开具发票。销售商品、提供服务以及从事其他经营活动的单位和个人，对外发生经营业务收支款项，收款方应向付款方开具发票；特殊情况下由付款方向收款方开具发票。发票必须符合国家的有关规定，具体包括以下几个方面：

① 一般情况下，收款方应当向付款方开具发票。特殊情况下，由付款方向收款方开具发票：

a. 收购单位和扣缴义务人支付个人款项时。

b. 国家税务总局认为其他需要由付款方向收款方开具发票的。

② 向消费者个人零售小额商品或提供零星服务的，是否可免予逐笔开具发票，由省税务机关确定。

③ 填开发票的单位和个人必须在发生经营业务并确认营业收入时，才能开具发票，未发生经营业务一律不得开具发票。

④ 一般纳税人在开具专用发票当月，发生销货退回、开票有误等情形，收到退回的发票联、抵扣联符合作废条件的，按作废处理；开具时发现有误的，可即时作废。

作废条件是指同时具有下列情形：

a. 收到退回的发票联、抵扣联时间未超过销售方开票当月。

b. 销售方未抄税并且未记账。

c. 购买方未认证或认证结果为"纳税人识别号认证不符""专用发票代码、号码认证不符"。

作废专用发票须在防伪税控系统中将相应的数据电文按"作废"处理，在纸质专用发票(含未打印的专用发票)各联次上注明"作废"字样，全联次留存。

⑤ 一般纳税人开具专用发票后，发生销货退回或销售折让，按规定开具红字专用发票后，不再将该笔业务的相应记账凭证复印件报送主管税务机关备案。

⑥ 开具发票时应当使用中文；民族自治地方可以同时使用当地通用的一种民族文字。

⑦《发票管理办法》第二十六条所称规定的使用区域是指国家税务总局和省级税务机关规定的区域。

⑧ 使用发票的单位和个人应当妥善保管发票。发生发票丢失情形时，应当于发现丢失当日书面报告税务机关，并登报声明作废。

四、发票的保管

开具发票的单位和个人应当建立发票使用登记制度，设置发票登记簿，并定期向主管税务机关报告发票使用情况。发票的存放和保管应按税务机关的规定办理，不得丢失和擅自毁损。已经开具的发票存根联和发票登记簿，应当保存5年；保存期满，报经税务机关查验后可以销毁。

五、发票的检查

① 发票换票证仅限于在本县(市)范围内使用。需要调出外县(市)发票查验时，应当提请该县(市)税务机关调取发票。

② 用票单位和个人有权申请税务机关对发票的真伪进行鉴别。收到申请的税务机关

应当受理并负责鉴别发票的真伪；鉴别有困难的，可以提请发票监制税务机关协助鉴别。

在伪造、变造现场以及买卖地、存放地查获的发票，由当地税务机关鉴别。

任务三　纳 税 申 报

一、纳税申报的概念

纳税申报是税务管理中一项非常重要的制度，也是纳税人履行纳税义务的一项法定手续。纳税申报是指纳税人在发生法定纳税义务后按照税法或税务机关规定的期限和内容向主管税务机关提交有关纳税书面报告的法律行为。纳税申报是纳税人履行纳税义务向税务机关办理纳税手续的重要证明，也是基层税务机关办理征收业务、核定应征税款、开具完税凭证的主要依据。以国家法律的形式确立纳税申报制度，为实现纳税人自觉、如实地申报提供了法律依据，有利于推行科学的、新型的税收征管模式。

二、纳税申报的对象

纳税人和扣缴义务人为纳税申报的对象。纳税人、扣缴义务人必须按照税法规定的期限申报纳税。纳税人在纳税期内没有应纳税款的，也应当按照规定办理纳税申报。纳税人享受减税、免税待遇的，在减税、免税期间应当按照规定办理纳税申报。

三、纳税申报的内容

纳税申报的内容主要在各税种的纳税报表或综合纳税申报表和代收代缴税款报告表中体现，还有的是在随纳税申报表附报的财务报表和有关纳税资料中体现。纳税人的纳税申报和扣缴义务人的代扣代缴、代收代缴税款报告的主要内容包括：税种、税目，应纳税项目或者应代扣代缴、代收代缴税款项目，计税依据，扣除项目及标准，适用税率或者单位税额，应税项目及税额、应减免税项目及税额，应纳税额或者应代扣代缴、代收代缴税额，税款所属期限、延期缴纳税款、欠税、滞纳金等。

四、纳税申报的方式

纳税人、扣缴义务人应当在法律、行政法规所确定的申报期限内，向主管税务机关提交纳税申报资料。提交纳税申报资料的方式有以下几种：

（一）直接申报

直接申报是指纳税人或纳税人的税务代理人直接到税务机关进行申报。根据申报地点的不同，直接申报可分为直接到办税服务厅申报、到巡回征收点申报和到代征点申报三种。

直接申报流程如图 1.8 所示。

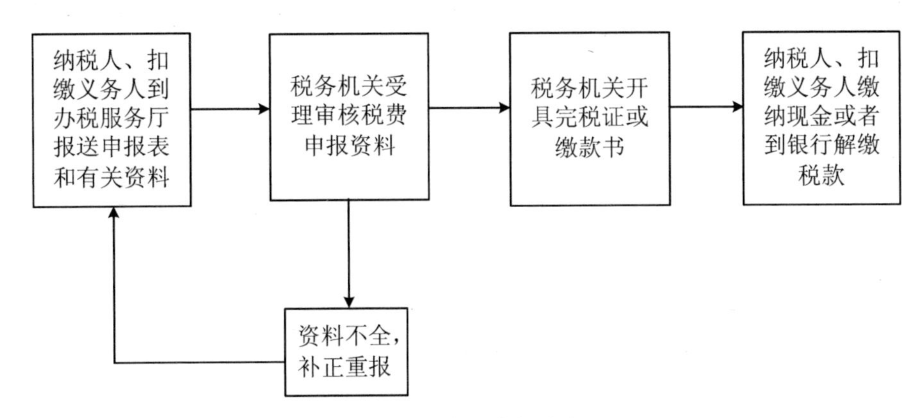

图 1.8　直接申报流程

（二）电子申报

电子申报也称网上申报，是指纳税人将纳税申报表及有关资料所列的信息通过计算机网络传送给税务机关。

网上申报流程如图 1.9～图 1.11 所示(以安徽省为例)。

① 登录国家税务总局安徽省税务局官网，点击“我要办税”中的“网上申报”。

图 1.9　网上申报流程 1

② 点击“我要办税”。

图 1.10　网上申报流程 2

③ 输入正确的纳税识别号和密码即可登录进行网上申报。

图 1.11　网上申报流程 3

五、纳税申报期限

纳税申报期限是根据各个税种的特点来确定的。各个税种的纳税期限因其征收对象、计税环节的不同而不尽相同。同一税种也会因为纳税人的经营情况不同、财务会计核算不同、应纳税额大小不等,导致申报期限也不一样。纳税申报可以分为按期纳税申报和按次纳税申报。按期纳税申报,是以纳税人发生纳税义务的一定期间为纳税申报期限。不能按期纳税申报的,实行按次申报纳税。纳税人、扣缴义务人如遇纳税申报期限的最后一天是法定休假日的,以休假日的次日为期限的最后一天。

任务四　税 款 缴 纳

一、税款缴纳的基本知识

① 税款缴纳是纳税义务人依法将应缴纳的税款缴入国库的过程。

② “滞纳金”是纳税义务人因未按时履行纳税义务而占用国家税款所缴纳的补偿金。

③ 税款扣缴是指按照税法规定负有扣缴税款法定义务的单位和个人，依法代税务机关将纳税人应纳税款从其支付的款项中扣除，并定期向税务机关解缴所扣税款。

二、税款征收的方式

（一）查账征收

查账征收是指税务机关按照纳税人提供的账表所反映的经营情况，依照适用税率计算缴纳税款的方式。这种方式一般适用于财务会计制度较为健全，能够认真履行纳税人义务的纳税单位。事后经税务机关查账核实，多退少补。

（二）查定征收

查定征收是指税务机关根据纳税人的从业人员、生产设备、采用原材料等因素，对其产制的应税产品查实核定产量、销售额并据以征收税款的方式。这种方式一般适用于账册不够健全，但是能够控制原材料或进销货的纳税单位。

（三）查验征收

查验征收是指由税务机关对纳税申报人的应税产品进行查验后征税，并贴上完税证、查验证或盖查验戳，据以征税的一种税款征收方式。

（四）定期定额征收

定期定额征收是指税务机关依照有关法律、法规，按照一定的程序，核定纳税人在一定经营时期内的应纳税经营及收益额，并以此为计税依据，确定其应纳税额的一种税款征收方式。

（五）代扣代缴

代扣代缴是指按照税法规定，负有扣缴税款的法定义务人在向纳税人支付款项时，从所支付的款项中直接扣收税款的方式。

（六）代收代缴

代收代缴是指负有收缴税款的法定义务人，对纳税人应纳的税款进行代收代缴的方式，即由与纳税人有经济业务往来的单位和个人向纳税人收取款项时，依照税收的规定收取税款。

（七）委托代征

委托代征是指受托单位按照税务机关核发的代征证书的要求，以税务机关的名义向纳税人征收一些零散税款的一种税款征收方式。

（八）其他方式

其他方式有邮寄申报纳税、自计自填自缴、自报核缴方式等。

三、税款缴纳的方式

（一）现金缴税

现金缴税是指纳税人、扣缴义务人用现金缴纳税款的方式。

（二）转账缴税

转账缴税是指纳税人、扣缴义务人根据税务机关填制的缴款书通过其开户银行转账缴纳税款的方式。

（三）银行卡缴税

银行卡缴税是指纳税人、扣缴义务人用银行卡缴纳税款的方式。

（四）税银一体化缴税

税银一体化缴税，又称财税库银横向联网缴税，是指纳税人、扣缴义务人在银行开立基本存款账户或其他存款账户，按期提前存入当期应纳税款，并在规定的期限内由税务机关通知银行直接划转税款，或使用网上申报纳税系统自行通过银行划转税款的方式。

（五）委托代征缴税

委托代征缴税是指委托代征单位按照税务机关规定的代征范围和要求，以税务机关的名义向纳税人征收零散税款的方式。

四、税款追征

对由于税务机关的责任致使纳税人、扣缴义务人未缴或者少缴税款的，税务机关在 3 年内可以要求纳税人、扣缴义务人补缴税款;因纳税人、扣缴义务人计算错误等失误,未缴或者少缴税款的,税务机关在3年内可以追征;有特殊情况的,追征期可以延长到10年。

项目练习

一、思考题

1. 按照征税对象的不同分类,目前我国的税种分为几类?
2. 增值税专用发票与普通发票的区别主要有哪些?

二、单项选择题

1. 在税法构成要素中,衡量税负轻重的重要标志是(　　)。

A. 税率　B. 征税对象　C. 纳税人　D. 纳税环节

2. 我国区分不同税种的主要标志是(　　)。

A. 纳税义务人　B. 征税对象　C. 适用税率　D. 纳税环节

3. 发票的管理机关是(　　)。

A. 财政机关　B. 金融机关　C. 审计机关　D. 税务机关

4. 对生产不固定、账册不健全的纳税人所采用的税收征收方式是(　　)。

A. 查账征收　B. 查定征收　C. 查验征收　D. 定期定额征收

5. 因纳税人、扣缴义务人计算错误等失误,未缴或者少缴税款的,税务机关在(　　)内可以追征税款、滞纳金。

A. 2年　B. 5年　C. 3年　D. 10年

6. 扣缴义务人应扣未扣、应收而不收税款的,由税务机关向纳税人追缴税款,对扣缴义务人处应扣未扣、应收未收税款(　　)。

A. 1倍以上3倍以下罚款　B. 50%以上3倍以下罚款
C. 1倍以上5倍以下罚款　D. 50%以上5倍以下罚款

三、多项选择题

1. 税收的特征有(　　)。

A. 固定性　B. 有偿性　C. 强制性　D. 无偿性

2. 目前我国税收实体法体系中,采用累进税率的税种有(　　)。

A. 增值税　B. 土地增值税　C. 个人所得税　D. 企业所得税

3. 增值税专用发票的开具要求有(　　)。

A. 项目齐全,与实际交易相符　B. 字迹清楚,不得压线、错格
C. 发票联和抵扣联加盖发票专用章　D. 按照增值税纳税义务的发生时间开具

4. 纳税人进行纳税申报的方式有(　　)。

A. 直接申报　B. 邮寄申报　C. 电子数据交换　D. 电报、电传方式

四、判断题

1. 税收是国家凭借财产权力参与社会剩余产品的分配。(　　)

2. 因纳税人计算错误未缴或者少缴税款的,税务机关在3年可以追征税款,但不得加收滞纳金。(　　)

3. 从事生产、经营的纳税人到外县(市)从事生产、经营活动的,必须持有所在地税务机关填发的《外出经营活动税收管理证明》,向营业地税务机关报验登记,接受税务管理。(　　)

五、税收新政策补充

要求同学们登录国家税务总局网站 http://www.chinatax.gov.cn/,查找2019年7月1日以后关于纳税登记、发票管理等方面的税收新政策,并写出新政策的主要内容。

项目二

增值税纳税实务

项目目标

1. 能够根据企业发生的业务资料判断是否属于增值税的应税范围。
2. 能够准确划分一般纳税人与小规模纳税人。
3. 能够根据企业发生的业务资料判断增值税的适用税率。
4. 能够根据企业发生的业务资料计算应纳增值税税额。
5. 能够根据企业发生的业务资料填制增值税纳税申报表。
6. 能够利用网络资源查阅有关学习资料。

项目描述

一、企业基本概况

企业名称:A 公司

企业法人代表:王××

企业地址及电话:上海市××路××号　021-××××××××

开户银行及账号：××银行上海市××支行　××××××××××××××××××××××

纳税人识别号：××××××××××××××××××

二、企业业务资料

A公司(一般纳税人)于2008年1月成立，增值税的纳税期限为1个月，使用防伪税控系统，2019年8月留抵税额为3 000元，9月份发生的主要经济业务如下：

1. 3日，销售一批电子产品给一般纳税人，取得不含税销售额为500 000元。

2. 4日，销售食用植物油100千克给消费者，每千克不含税价为20元。

3. 6日，对某小规模纳税人提供加工劳务，开具防伪税控增值税普通发票，发票上注明的价款为300 000元，税额为39 000元，款项未收。

4. 10日，因管理不善致使账面成本为50 000元的货物被盗，被盗货物适用税率为13%。

5. 12日，从外地某一般纳税人处购进电子产品，取得防伪税控增值税专用发票，发票上注明的价款为35 000元，税额为4 550元。请某运输公司将购买的电子产品从外地运回，取得运输公司开具的增值税专用发票，发票上注明的运费为1 000元，税额为90元。

6. 15日，从某小规模纳税人处购进化工产品，取得防伪税控增值税普通发票，发票上注明的价款为350 000元，税额为10 500元。

7. 20日，从某农场购买食用植物油，取得农场开具的农产品销售发票，发票上注明的买价为200 000元。

8. 21日，从某汽车销售公司购进小汽车一辆，取得税控机动车销售统一发票，发票上注明的价款为200 000元，税额为26 000元。

9. 22日，没收逾期未归还的食用植物油的包装物押金10 900元。

10. 25日，进口化妆品，取得海关进口增值税专用缴款书，缴纳书上注明的税额为13 000元。

11. 28日，销售不再使用的固定资产(2005年购买的，未抵扣过进项税额)，取得含税价款103 000元。

三、任务要求

1. 计算A公司2019年9月应纳的增值税税额。

2. 在纳税申报期内填写2019年9月的《增值税纳税申报表(一般纳税人适用)》。

任务一　增值税应纳税额的计算

【知识准备】

一、增值税的概念及特点

（一）增值税的概念

增值税是对在中华人民共和国境内(以下简称境内)销售货物、提供加工、修理修配劳务和销售服务、转让无形资产或者不动产,以及进口货物的单位和个人,以其取得的增值额为征税对象,采用税款抵扣办法征收的一种流转税。它的基本法律依据是 1993 年 12 月国务院令第 134 号发布的《中华人民共和国增值税暂行条例》(2016 年 2 月 6 日国务院令第 666 号第二次修改并公布)(以下简称《增值税暂行条例》)、1993 年 12 月财政部文件〔93〕财法字第 38 号发布的《中华人民共和国增值税暂行条例实施细则》(2011 年 10 月 28 日财政部令第 65 号第二次修改并公布)和 2016 年 3 月 23 日财政部、国家税务总局文件财税 36 号发布的《营业税改征增值税试点实施办法》《关于深化增值税改革有关政策的公告》(财政部、税务总局、海关总署公告 2019 年第 39 号)等。

（二）增值税的特点

增值税是我国流转税类的主要税种之一,其特殊的征税对象使其具有以下几个主要特点:

1. 征税范围广,税源充裕

增值税的征税范围涉及货物、应税劳务、应税服务、无形资产和不动产的任何流转环节,具有征收的普遍性和连续性,这使得增值税有着充裕的税源。

2. 实行多环节课征,但不重复征税

增值税实行多环节纳税,并且增值税只对货物、劳务和应税服务在流转过程中实现的增值额征税,对销售额中属于以前环节已征过税的那部分销售额不再征税,从而有效地排除了重复征税的因素。

3. 具有中性税收的特征

中性税收是指国家在设计税制时,不考虑或基本不考虑税收对经济的宏观调控作用,而是由市场对资源进行配置,政府不施加任何干预。增值税的税率档次少,使得绝大部分货物的税负是一样的,而且同一货物在经历的所有生产和流通的各环节的整体税负是一样的,使增值税对生产经营活动以及消费行为基本不发生影响,从而使增值税具有中性税收的特征。

4. 税收负担的转嫁性

增值税是在货物或劳务价格之外由卖方向买方收取的税款。买方所承担的增值税,又通过其销售活动转移给下一个买方而得到足额补偿。可见,税收负担随应税商品或劳务的流转而向购买者转嫁,最后由最终消费者承担。

二、增值税的征税范围

(一)征税范围的一般规定

1. 在境内销售货物

货物是指有形动产,包括电力、热力、气体,不包括不动产和无形资产。

销售货物是指有偿转让货物的所有权,也就是以从购买方取得货币、货物或其他经济利益等为条件转让货物所有权的行为。

在境内销售货物是指销售货物的起运地或者所在地在境内。

2. 在境内提供加工、修理修配劳务

加工是指委托方提供原料及主要材料,受托方按照委托方的要求制造货物并收取加工费的业务。

修理修配是指受托对损伤和丧失功能的货物进行修复,使其恢复原状和功能的业务。

在境内提供加工、修理修配劳务是指提供的应税劳务发生地在境内。但单位或个体工商户聘用的员工为本单位或雇主提供加工、修理修配劳务则不包括在内。

3. 在境内销售服务

销售服务是指有偿提供交通运输服务、邮政服务、电信服务、建筑服务、金融服务、现代服务、生活服务。

在境内销售服务是指服务(租赁不动产除外)的销售方或者购买方在境内,但境外单位或者个人向境内单位或者个人销售完全在境外发生的服务不属于在境内销售服务。纳税人租赁不动产服务的,所租赁的不动产在境内。

> **提示**
>
> 在境内销售服务,不包括非营业活动中提供的应税服务。非营业活动包括:
>
> ① 非企业性单位按照法律和行政法规的规定,为履行国家行政管理和公共服务职能收取政府性基金或者行政事业性收费的活动。
>
> ② 单位或者个体工商户聘用的员工为本单位或者雇主提供应税服务。
>
> ③ 单位或者个体工商户为员工提供应税服务。
>
> ④ 财政部和国家税务总局规定的其他情形。

(1) 交通运输服务

交通运输服务是指使用运输工具将货物或旅客送达目的地,使其空间位置得到转移的业务活动，包括陆路运输服务、水路运输服务、航空运输服务、管道运输服务。

提示

① 出租车公司向使用本公司自有出租车的出租车司机收取的管理费用，按照陆路运输服务缴纳增值税。

② 远洋运输的程租、期租业务，属于水路运输服务。程租业务是指远洋运输企业为租船人完成某一特定航次的运输任务并收取租赁费的业务。期租业务是指远洋运输企业将配备有操作人员的船舶承租给他人使用一定期限，承租期内听候承租方调遣，不论是否经营，都按天数向承租方收取租赁费，发生的固定费用由船东负担的业务。

③ 航空运输的湿租业务，属于航空运输业务。湿租业务是指航空运输企业将配备有机组人员的飞机承租给他人使用一定期限，承租期内听候承租方调遣，不论是否经营，都按一定标准向承租方收取租赁费，发生的固定费用由承租方承担的业务。

④ 航天运输服务，按照航空运输服务缴纳增值税。航天运输服务是指利用火箭等载体将卫星、空间探测器等空间飞行器发射到空间轨道的业务活动。

⑤ 无运输工具承运业务，按照交通运输服务缴纳增值税。无运输工具承运业务是指经营者以承运人身份与托运人签订运输服务合同，收取运费并承担承运人责任，然后委托实际承运人完成运输服务的经营活动。

⑥ 自2018年1月1日起，纳税人已售票，但客户逾期未消费取得的运输逾期票证收入，按照“交通运输服务”缴纳增值税。纳税人为客户办理退票而向客户收取的退票费、手续费等收入，按照“其他现代服务”缴纳增值税。

（2）邮政服务

邮政服务是指中国邮政集团公司及其所属的邮政企业提供邮件寄递、邮政汇兑、机要通信等邮政基本服务的业务活动，包括邮政普遍服务、邮政特殊服务和其他邮政服务。

（3）电信服务

电信服务是指利用有线、无线的电磁系统或者光电系统等各种通讯网络资源，提供语音通话服务，传送、发射、接收或者应用图像、短信等电子数据和信息的业务活动。包括基础电信服务和增值电信服务。

提示

卫星电视信号落地转接服务，按照增值电信服务缴纳增值税。

（4）建筑服务

建筑服务是指各类建筑物、构筑物及其附属设施的建造、修缮、装饰，线路、管道、设备、设施等的安装以及其他工程作业的业务活动，包括工程服务、安装服务、修缮服务、装饰服务和其他建筑服务。

提示

固定电话、有线电视、宽带、水、电、燃气、暖气等经营者向用户收取的安装费、初装费、开户费、扩容费以及类似收费，按照安装服务缴纳增值税。

(5) 金融服务

金融服务是指经营金融保险的业务活动，包括贷款服务、直接收费金融服务、保险服务和金融商品转让。

提示

① 各种占用、拆借资金取得的收入，包括金融商品持有期间(含到期)利息(保本收益、报酬、资金占用费、补偿金等)收入、信用卡透支利息收入、买入返售金融商品利息收入、融资融券收取的利息收入，以及融资性售后回租、押汇、罚息、票据贴现、转贷等业务取得的利息及利息性质的收入，按照贷款服务缴纳增值税。

② 以货币资金投资收取的固定利润或者保底利润，按照贷款服务缴纳增值税。

(6) 现代服务

现代服务，是指围绕制造业、文化产业、现代物流产业等提供技术性、知识性服务的业务活动，包括研发和技术服务、信息技术服务、文化创意服务、物流辅助服务、租赁服务、鉴证咨询服务、广播影视服务、商务辅助服务和其他现代服务。

① 研发和技术服务包括研发服务、合同能源管理服务、工程勘察勘探服务、专业技术服务。

② 信息技术服务是指利用计算机、通信网络等技术对信息进行生产、收集、处理、加工、存储、运输、检索和利用，并提供信息服务的业务活动，包括软件服务、电路设计及测试服务、信息系统服务、业务流程管理服务和信息系统增值服务。

③ 文化创意服务包括设计服务、知识产权服务、广告服务和会议展览服务。

④ 物流辅助服务包括航空服务、港口码头服务、货运客运场站服务、打捞救助服务、装卸搬运服务、仓储服务和收派服务。

⑤ 租赁服务包括融资租赁服务和经营租赁服务。按照标的物的不同进行划分，租赁服务可分为有形动产租赁服务和不动产租赁服务。

⑥ 鉴证咨询服务，包括认证服务、鉴证服务和咨询服务。

翻译服务和市场调查服务按照咨询服务缴纳增值税。

⑦ 广播影视服务，包括广播影视节目(作品)的制作服务、发行服务和播映(含放映)服务。

⑧ 商务辅助服务，包括企业管理服务、经纪代理服务、人力资源服务、安全保护服务。

⑨ 其他现代服务，是指除研发和技术服务、信息技术服务、文化创意服务、物流辅助服务、租赁服务、鉴证咨询服务、广播影视服务和商务辅助服务以外的现代服务。

（7）生活服务

生活服务是指为满足城乡居民日常生活需求提供的各类服务活动，包括文化体育服务、教育医疗服务、旅游娱乐服务、餐饮住宿服务、居民日常服务和其他生活服务。

提示

① 将建筑物、构筑物等不动产或者飞机、车辆等有形动产的广告位出租给其他单位或者个人用于发布广告，按照经营租赁服务缴纳增值税。

② 车辆停放服务、道路通行服务（包括过路费、过桥费、过闸费等）等按照不动产经营租赁服务缴纳增值税。

③ 水路运输的光租业务、航空运输的干租业务属于经营租赁。光租业务，是指运输企业将船舶在约定的时间内出租给他人使用，不配备操作人员，不承担运输过程中发生的各项费用，只收取固定租赁费的业务活动。干租业务，是指航空运输企业将飞机在约定的时间内出租给他人使用，不配备机组人员，不承担运输过程中发生的各项费用，只收取固定租赁费的业务活动。

4. 在境内销售无形资产

销售无形资产是指转让无形资产所有权或者使用权的业务活动。无形资产是指不具有实物形态，但能带来经济利益的资产，包括技术、商标、著作权、商誉、自然资源使用权和其他权益性无形资产。

技术包括专利技术和非专利技术。

自然资源使用权包括土地使用权、海域使用权、探矿权、采矿权、取水权和其他自然资源使用权。

其他权益性无形资产包括基础设施资产经营权、公共事业特许权、配额、经营权（包括特许经营权、连锁经营权、其他经营权）、经销权、分销权、代理权、会员权、席位权、网络游戏虚拟道具、域名、名称权、肖像权、冠名权、转会费等。

在境内销售无形资产是指无形资产（自然资源使用权除外）的销售方或者购买方在境内，但境外单位或者个人向境内单位或者个人销售完全在境外使用的无形资产不属于在境内销售无形资产。在境内销售自然资源使用权是指所销售自然资源使用权的自然资源在境内。

5. 在境内销售不动产

销售不动产是指转让不动产所有权的业务活动。不动产，是指不能移动或者移动后会引起性质、形状改变的财产，包括建筑物、构筑物等。在境内销售不动产是指所销售的不动产在境内。

> **提示**
>
> 转让建筑物有限产权或者永久使用权的，转让在建的建筑物或者构筑物所有权的，以及在转让建筑物或者构筑物时一并转让其所占土地的使用权的，按照销售不动产缴纳增值税。

6. 进口货物

凡报关进口的应税货物，无论进口后是自用还是销售，都应在进口环节征收增值税（享受免税政策的货物除外，进口环节应纳增值税税额的计算及申报详见项目四中的内容）。

（二）征税范围的特殊规定

1. 视同销售货物行为

单位或个体经营者的下列行为，视同销售货物：

① 将货物交付其他单位或者个人代销。

② 销售代销货物。

③ 设有两个以上机构并实行统一核算的纳税人，将货物从一个机构移送至其他机构用于销售，但相关机构设在同一县（市）的除外。

④ 将自产、委托加工的货物用于集体福利或者个人消费。

⑤ 将自产、委托加工或者购进的货物作为投资，提供给其他单位或者个体工商户。

⑥ 将自产、委托加工或者购进的货物分配给股东或者投资者。

⑦ 将自产、委托加工或者购进的货物无偿赠送其他单位或者个人。

> **提示**
>
> ① 上述④中不包括购买的货物，这是因为将购买的货物用于集体福利和个人消费，等于将货物用在了不征增值税的最终消费环节，因而不是销售问题，用于④的购进货物进项税额不允许抵扣。
>
> ② 视同销售的货物所涉及的进项税额，凡符合规定的允许作为当期进项税额抵扣。

2. 视同销售服务、无形资产或者不动产的行为

① 单位或者个体工商户向其他单位或者个人无偿提供服务，但用于公益事业或者以社会公众为对象的除外。

② 单位或者个体工商户向其他单位或者个人无偿转让无形资产或者不动产，但用于公益事业或者以社会公众为对象的除外。

③ 财政部和国家税务总局规定的其他情形。

提示

对上述行为视同销售货物或视同销售服务、无形资产或者不动产，按规定计算销售额并征收增值税。一是为了防止通过这些行为逃避纳税，造成税基被侵蚀，税款流失；二是为了避免税款抵扣链条的中断，导致各环节税负的不均衡，形成重复征税；三是体现增值税计算的配比原则，即购进货物、接受应税劳务和应税行为时抵扣了进项税额，这些购进货物、接受应税劳务和应税行为就应该产生相应的销项税额，否则就会产生不配比情况。

3. 混合销售行为

一项销售行为如果既涉及货物又涉及服务，那么称其为混合销售行为。从事货物的生产、批发或者零售的单位和个体工商户的混合销售行为，按照销售货物缴纳增值税；其他单位和个体工商户的混合销售行为，按照销售服务缴纳增值税。

上述从事货物的生产、批发或者零售的单位和个体工商户，包括以从事货物的生产、批发或者零售为主，并兼营销售服务的单位和个体工商户。

4. 征税范围的其他特殊规定

① 货物性期货（包括商品期货和贵金属期货）在期货的实物交割环节征收增值税。

交割时由期货交易所开具发票的，以期货交易所为纳税人。期货交易所所纳增值税按次计算，其进项税额为该货物交割时供货会员单位开具的增值税专用发票上注明的销项税额，期货交易所发生的各种进项税额不得抵扣。

交割时由供货的会员单位直接将发票开给购货会员单位的，以供货会员单位为纳税人。

② 电力公司向发电企业收取的过网费，应当征收增值税。

③ 印刷企业接受出版单位委托，自行购买纸张，印刷有统一刊号（CN）以及采用国际标准书号编序的图书、报纸和杂志，按货物销售征收增值税。

④ 纳税人转让土地使用权或者销售不动产的同时一并销售的附着于土地或者不动产上的固定资产，分别按照销售不动产和销售货物缴纳增值税。纳税人应分别核算不动产应税货物和增值税应税货物的销售额，未分别核算或者核算不清的，从高适用税率（征收率），计算缴纳增值税。

⑤ 执法部门和单位查处属于一般商业部门经营的商品，具备拍卖条件的，由执法部门或单位与同级财政部门协商同意后，公开拍卖。其拍卖收入作为罚没收入由执法部门和单位如数上缴财政，不予征税。对经营单位购入拍卖物品再销售的，应照章征收增值税。

5. 不征收增值税项目

① 基本建设单位和从事建筑安装业务的企业附设工厂、车间在建筑现场制造的预制构件，凡直接用于本单位或本企业在建工程的，不征收增值税。

② 供应或开采未经加工的天然水（如水库供应农业灌溉用水、工厂自采地下水用于生产），不征收增值税。

③ 对国家管理部门行使其管理职能，发放的执照、牌照和有关证书等取得的工本费收

入，不征收增值税。

④ 对体育彩票的发行收入，不征收增值税。

⑤ 对增值税纳税人收取的会员费收入，不征收增值税。

⑥ 根据国家指令无偿提供的铁路运输服务、航空运输服务，属于《试点实施办法》第十四条规定的用于公益事业的服务，不征收增值税。

⑦ 存款利息，不征收增值税。

⑧ 被保险人获得的保险赔付，不征收增值税。

⑨ 房地产主管部门或者其指定机构、公积金管理中心、开发企业以及物业管理单位代收的住宅专项维修资金，不征收增值税。

⑩ 在资产重组过程中，通过合并、分立、出售、置换等方式，将全部或者部分实物资产以及与其相关联的债权、负债和劳动力一并转让给其他单位和个人，其中涉及的不动产、土地使用权转让行为，不征收增值税。

三、增值税的纳税义务人

在中华人民共和国境内销售货物、提供加工修理修配劳务、销售应税服务、无形资产和不动产，以及进口货物的单位和个人都是增值税的纳税人。

单位以承包、承租、挂靠方式经营的，承包人、承租人、挂靠人（以下统称承包人）以发包人、出租人、被挂靠人（以下统称发包人）的名义对外经营并由发包人承担相关法律责任的，以该发包人为纳税人。否则，以承包人为纳税人。

境外单位或个人在境内提供应税劳务或者服务，而又未在境内设立经营机构的，以其代理人为扣缴义务人，没有境内代理人的，以购买方或接受者为扣缴义务人。

为了配合增值税专用发票的管理和简化小型企业的计算缴纳程序，根据增值税纳税人的经营规模大小、会计核算健全与否，我国将增值税的纳税人划分为小规模纳税人和一般纳税人。

（一）小规模纳税人

小规模纳税人是指年应税销售额在规定标准以下并且会计核算不健全，不能按规定报送有关税务资料的增值税纳税人。年应税销售额是指纳税人在连续不超过12个月的经营期内累计应征增值税销售额，包括纳税申报销售额、稽查查补销售额、纳税评估调整销售额、税务机关代开发票销售额和免税销售额。会计核算不健全是指不能正确核算增值税的销项税额、进项税额和应纳税额。

根据《关于统一增值税小规模纳税人标准的通知》（财税〔2018〕33号）规定，增值税小规模纳税人的标准为年应征增值税销售额500万元及以下。

小规模纳税人一般不能领购和使用增值税专用发票（可领用增值税普通发票），按简易办法计算缴纳增值税。凡能够认真履行纳税义务的小规模纳税人，经县（市）税务局批准，其销售货物、提供应税劳务或应税服务可由主管税务机关代开增值税专用发票。

提示

自2019年3月1日起，小规模纳税人自行开具增值税专用发票试点范围由住宿业、鉴证咨询业、建筑业、工业、信息传输、软件和信息技术服务业，扩大至租赁和商务服务业，科学研究和技术服务业，居民服务、修理和其他服务业。试点纳税人在销售货物、提供应税服务或发生其他增值税应税行为，需要开具专用发票的，可以选择增值税发票管理系统自行开具，或者向主管国税机关申请代开。试点纳税人销售其取得的不动产，需要开具专用发票的，仍需要向地税机关申请代开。

（二）一般纳税人

一般纳税人是指年应税销售额超过财政部、国家税务总局规定的小规模纳税人标准且会计核算健全的企业和企业性单位。增值税一般纳税人资格实行登记制度，登记事项由增值税纳税人向其主管税务机关办理。

年应税销售额未超过财政部、国家税务总局规定的小规模纳税人标准以及新开业的纳税人，可以向主管税务机关申请一般纳税人资格登记。对提出申请并且能够按照国家统一的会计制度设置账簿，根据合法、有效凭证核算，能够提供准确税务资料的纳税人，主管税务机关应当为其办理一般纳税人资格登记。

经税务机关登记的一般纳税人，可按规定领购和使用增值税专用发票，按《增值税暂行条例》规定实行税款抵扣制度。除国家税务总局另有规定外，纳税人一经登记为一般纳税人后，不得转为小规模纳税人。

提示

下列纳税人不办理一般纳税人资格登记：

① 个体工商户以外的其他个人。其他个人指自然人。

② 选择按照小规模纳税人纳税的非企业性单位。非企业性单位是指行政单位、事业单位、军事单位、社会团体和其他单位。

③ 选择按照小规模纳税人纳税的不经常发生应税行为的企业。不经常发生应税行为是指其偶然发生增值税应税行为。

四、增值税的税率及征收率

为了适应市场经济大发展的需要，增值税税率的设计遵循了中性和简便的原则。现行增值税使用了税率和按简易办法计税的征收率。

（一）税率

1. 适用13%的基本税率

① 自2019年4月1日起，一般纳税人销售或进口货物（除税法列举的适用9%低税率的货物）以及提供加工、修理修配劳务。

② 一般纳税人提供有形动产租赁。

③ 小规模纳税人进口货物（除税法列举的适用9%低税率的货物）。

2. 适用9%的税率

① 自2019年4月1日起，一般纳税人销售下列货物或进口下列货物，以及小规模纳税人进口下列货物，按9%的低税率计征增值税：农产品（含粮食）、自来水、暖气、石油液化气、天然气、食用植物油、冷气、热水、煤气、居民用煤炭制品、食用盐、农机、饲料、农药、农膜、化肥、沼气、二甲醚、图书、报纸、杂志、音像制品、电子出版物。

② 一般纳税人提供交通运输、邮政、基础电信、建筑、不动产租赁服务。

③ 一般纳税人销售不动产、转让土地使用权。

3. 适用6%的税率

① 一般纳税人提供增值电信服务、金融服务、现代服务（有形动产租赁、不动产租赁服务除外）、生活服务。

② 一般纳税人销售无形资产（转让土地使用权除外）。

4. 零税率

① 除国务院另有规定外，纳税人出口货物，税率为零。

② 中华人民共和国境内（以下称境内）的单位和个人销售的国际运输服务。

国际运输服务是指在境内载运旅客或者货物出境；在境外载运旅客或者货物入境；在境外载运旅客或者货物。

③ 中华人民共和国境内（以下称境内）的单位和个人销售的航天运输服务。

④ 向境外单位提供的完全在境外消费的下列服务：研发服务、合同能源管理服务、设计服务、广播影视节目（作品）的制作和发行服务、软件服务、电路设计及测试服务、信息系统服务、业务流程管理服务、离岸服务外包业务、转让技术。

⑤ 财政部和国家税务总局规定的其他服务。

提示

零税率和“免税”不同。免税是对某一类纳税人或某一环节免征税款。零税率是指不仅出口环节不必纳税，而且还可退还以前各环节已纳税款，商品的整体税负为零。按国际上在消费地征税的原则，对于出口的货物退还已纳的增值税税金，使出口货物以不含税的价格进入国际市场。

（二）征收率

征收率是指对特定的货物或特定的纳税人销售货物、提供应税劳务和发生应税行为在某一生产流通环节应纳税额与销售额的比率。征收率适用于两种情况：一是小规模纳税人；二是一般纳税人销售货物、提供应税劳务、发生应税行为按规定可以选择简易计税方法计税的。

1. 小规模纳税人的征收率

(1) 适用3%的征收率

① 小规模纳税人销售货物、提供应税劳务或应税服务按简易办法纳税的，其征收率为3%。

② 小规模纳税人(除其他个人)销售自己使用过的固定资产，依照3%的征收率减按2%征收增值税，并且只能开具普通发票，不得由税务机关代开增值税专用发票。

提示

小规模纳税人(除其他个人)销售自己使用过的除固定资产以外的物品，应按3%的征收率征收增值税。其他个人销售自己使用过的物品，免征增值税。

③ 小规模纳税人销售旧货，按照简易办法依照3%征收率减按2%征收增值税。旧货是指进入二次流通具有部分使用价值的货物，但不包括自己使用过的物品。

(2) 适用5%的征收率

① 小规模纳税人(非房地产开发企业)销售其自建或取得的不动产。

② 房地产开发企业中的小规模纳税人销售自行开发的房地产项目。

③ 小规模纳税人提供劳务派遣服务选择差额纳税。

④ 小规模纳税人转让其取得的土地使用权。

⑤ 小规模纳税人出租其取得的不动产(不含个人出租住房)，应按照5%的征收率计算应纳税额。

⑥ 个人出租住房应按照5%的征收率减按1.5%计算应纳税额。

2. 一般纳税人的征收率

(1) 适用3%的征收率

① 从2014年7月1日起，一般纳税人销售下列货物暂按简易办法依照3%征收率征收增值税：

a. 寄售商店代销寄售物品。

b. 典当业销售死当物品。

c. 经国务院或其授权机关批准认定的免税商店零售免税货物。

② 一般纳税人提供教育辅助服务，可以选择简易计税方法按照3%征收率计算缴纳增值税。

③ 非企业性单位中的一般纳税人提供的研发和技术服务、信息技术服务、鉴证咨询服务，以及销售技术、著作权等无形资产，可以选择简易计税方法按照3%征收率计算缴纳增值税。

④ 一般纳税人销售旧货，按照简易办法依照3%征收率减按2%征收增值税。

⑤ 一般纳税人销售自己使用过的2008年12月31日以前购进或自制的固定资产(购进时未抵扣进项税额),依照3%的征收率减按2%征收增值税。

提示

一般纳税人销售自己使用过的2009年1月1日以后购进或自制的固定资产(购进时已抵扣进项税额),依适用税率按照一般计税方法计算征收增值税。

(2) 适用5%的征收率

① 一般纳税人(非房地产开发企业)选择简易计税方法计税的不动产销售。

② 房地产开发企业中的一般纳税人,销售自行开发的房地产老项目,可以选择适用简易计税方法按照5%的征收率计税。

③ 一般纳税人选择简易计税方法计税的不动产经营租赁。

④ 一般纳税人提供劳务派遣服务选择差额纳税。

⑤ 一般纳税人提供人力资源外包服务,选择适用简易计税方法的。

⑥ 一般纳税人转让2016年4月30日前取得的土地使用权,选择适用简易计税方法。

提示

纳税人销售货物、加工修理修配劳务、服务、无形资产或者不动产适用不同税率或者征收率的,应当分别核算适用不同税率或者征收率的销售额,未分别核算销售额的,按照以下方法适用税率或者征收率:

① 兼有不同税率的销售货物、加工修理修配劳务、服务、无形资产或者不动产,从高适用税率。

② 兼有不同征收率的销售货物、加工修理修配劳务、服务、无形资产或者不动产,从高适用征收率。

③ 兼有不同税率和征收率的销售货物、加工修理修配劳务、服务、无形资产或者不动产,从高适用税率。

五、增值税的税收优惠

(一) 起征点规定

增值税起征点的幅度规定如下:

① 按期纳税的,为月销售额5 000~20 000元(含本数);

② 按次纳税的,为每次(日)销售额300~500元(含本数)。

增值税起征点的适用范围限于个人(包括小规模纳税人的个体工商户和其他个人)。纳税人销售额未达到增值税起征点的,免征增值税;达到起征点的,依照销售额全额计算缴纳增值税。

提示

小规模纳税人发生增值税应税销售行为，合计月销售额未超过 10 万元(以 1 个季度为 1 个纳税期的，季度销售额未超过 30 万元，下同)的，免征增值税。

（二）增值税的免税项目

税法对免税货物的确定实行严格控制，控制权高度集中于国务院，任何地区、部门均不得规定增值税的减免项目。

根据《增值税暂行条例》的规定，下列项目免征增值税：

① 农业生产者销售的自产农产品。

② 避孕药品和用具。

③ 古旧图书。

④ 直接用于科学研究、科学试验和教学的进口仪器和设备。

⑤ 外国政府、国际组织无偿援助的进口物资和设备。

⑥ 由残疾人组织直接进口供残疾人专用的物品。

⑦ 个人销售自己使用过的物品。

根据《营业税改征增值税试点过渡政策的规定》，下列项目免征增值税：

① 托儿所、幼儿园提供的保育和教育服务。

② 养老机构提供的养老服务。

③ 残疾人福利机构提供的育养服务。

④ 婚姻介绍服务。

⑤ 殡葬服务。

⑥ 残疾人员本人为社会提供的服务。

⑦ 医疗机构提供的医疗服务。

⑧ 从事学历教育的学校提供的教育服务。

⑨ 学生勤工俭学提供的服务。

⑩ 农业机耕、排灌、病虫害防治、植物保护、农牧保险以及相关技术培训业务，家禽、牲畜、水生动物的配种和疾病防治。

⑪ 纪念馆、博物馆、文化馆、文物保护单位管理机构、美术馆、展览馆、书画院、图书馆在自己的场所提供文化体育服务取得的第一道门票收入。

⑫ 寺院、宫观、清真寺和教堂举办文化、宗教活动的门票收入。

⑬ 行政单位之外的其他单位收取的符合《试点实施办法》第十条规定条件的政府性基金和行政事业性收费。

⑭ 个人转让著作权。

⑮ 个人销售自建自用住房。

⑯ 2018 年 12 月 31 日前，公共租赁住房经营管理单位出租公共租赁住房。

⑰ 台湾航运公司、航空公司从事海峡两岸海上直航、空中直航业务在大陆取得的运输收入。

⑱ 纳税人提供的直接或者间接国际货物运输代理服务。

⑲ 以下利息收入：

a. 2016 年 12 月 31 日前，金融机构农户小额贷款。

b. 国家助学贷款。

c. 国债、地方政府债。

d. 人民银行对金融机构的贷款。

e. 住房公积金管理中心用住房公积金在指定的委托银行发放的个人住房贷款。

f. 外汇管理部门在从事国家外汇储备经营过程中，委托金融机构发放的外汇贷款。

g. 统借统还业务中，企业集团或企业集团中的核心企业以及集团所属财务公司按不高于支付给金融机构的借款利率水平或者支付的债券票面利率水平，向企业集团或者集团内下属单位收取的利息。

⑳ 被撤销金融机构以货物、不动产、无形资产、有价证券、票据等财产清偿债务。

㉑ 保险公司开办的一年期以上人身保险产品取得的保费收入。

㉒ 下列金融商品转让收入：

a. 合格境外投资者(QFII)委托境内公司在我国从事证券买卖业务。

b. 香港市场投资者(包括单位和个人)通过沪港通买卖上海证券交易所上市 A 股。

c. 香港市场投资者(包括单位和个人)通过基金互认买卖内地基金份额。

d. 证券投资基金(封闭式证券投资基金，开放式证券投资基金)管理人运用基金买卖股票、债券。

e. 个人从事金融商品转让业务。

㉓ 金融同业往来利息收入。

㉔ 符合条件的担保机构从事中小企业信用担保或者再担保业务取得的收入(不含信用评级、咨询、培训等收入)3 年内免征增值税(此处省略条件)。

㉕ 国家商品储备管理单位及其直属企业承担商品储备任务，从中央或者地方财政取得的利息补贴收入和价差补贴收入。

㉖ 纳税人提供技术转让、技术开发和与之相关的技术咨询、技术服务。

㉗ 符合条件的合同能源管理服务(此处省略条件)。

㉘ 政府举办的从事学历教育的高等、中等和初等学校(不含下属单位)，举办进修班、培训班取得的全部归该学校所有的收入。

㉙ 政府举办的职业学校设立的主要为在校学生提供实习场所、并由学校出资自办、由学校负责经营管理、经营收入归学校所有的企业，从事《销售服务、无形资产或者不动产注释》中“现代服务”(不含融资租赁服务、广告服务和其他现代服务)、“生活服务”(不含文化体育服务、其他生活服务和桑拿、氧吧)业务活动取得的收入。

㉚ 家政服务企业由员工制家政服务员提供家政服务取得的收入。

㉛ 福利彩票、体育彩票的发行收入。

㉜ 军队空余房产租赁收入。

㉝ 为了配合国家住房制度改革，企业、行政事业单位按房改成本价、标准价出售住房取得的收入。

㉞ 将土地使用权转让给农业生产者用于农业生产。

㉟ 涉及家庭财产分割的个人无偿转让不动产、土地使用权。

㊱ 土地所有者出让土地使用权和土地使用者将土地使用权归还给土地所有者。

㊲ 县级以上地方人民政府或自然资源行政主管部门出让、转让或收回自然资源使用权（不含土地使用权）。

㊳ 随军家属就业。

㊴ 军队转业干部就业。

根据《跨境应税行为适用增值税零税率和免税政策的规定》，境内的单位和个人销售的下列服务和无形资产免征增值税，但财政部和国家税务总局规定适用增值税零税率的除外：

① 工程项目在境外的建筑服务。

② 工程项目在境外的工程监理服务。

③ 工程、矿产资源在境外的工程勘察勘探服务。

④ 会议展览地点在境外的会议展览服务。

⑤ 存储地点在境外的仓储服务。

⑥ 标的物在境外使用的有形动产租赁服务。

⑦ 在境外提供的广播影视节目（作品）的播映服务。

⑧ 在境外提供的文化体育服务、教育医疗服务、旅游服务。

⑨ 为出口货物提供的邮政服务、收派服务、保险服务。为出口货物提供的保险服务，包括出口货物保险和出口信用保险。

⑩ 向境外单位提供的完全在境外消费的下列服务和无形资产：电信服务；知识产权服务；物流辅助服务（仓储服务、收派服务除外）；鉴证咨询服务；专业技术服务；商务辅助服务；广告投放地在境外的广告服务；无形资产。

⑪ 以无运输工具承运方式提供的国际运输服务。

⑫ 为境外单位之间的货币资金融通及其他金融业务提供的直接收费金融服务，且该服务与境内的货物、无形资产和不动产无关。

⑬ 财政部和国家税务总局规定的其他服务。

（三）即征即退的有关规定

① 一般纳税人销售自行开发生产的软件，按17%的税率征税后，实际税负超过3%的部分，即征即退。一般纳税人将进口软件产品进行本土化改造后对外销售享受增值税即征即退政策。

应纳税额＝当期软件销项税额－当期软件可抵扣进项税额

即征即退税额＝当期应纳税额－当期销售额×3％

税负率＝应纳税额÷销售额×100％

② 对安置残疾人的单位，实行由税务机关按单位实际安置残疾人的人数，限额增值税享受即征即退政策。

限额为：实际安置的每位残疾人每年可退还的增值税的具体限额，为所在区县适用的经省级人民政府批准的最低工资标准的 6 倍确定，但最高不得超过每人每年 3.5 万元。

③ 一般纳税人提供管道运输服务，对其增值税实际税负超过 3％的部分，实行增值税即征即退政策。

④ 经人民银行、银监会或者商务部批准从事融资租赁业务的一般纳税人，提供有形动产融资租赁服务和有形动产融资性售后回租服务，对其增值税实际税负超过 3％的部分，实行增值税即征即退政策。

纳税人兼营免税、减税项目的，应当分别核算免税、减税项目的销售额；未分别核算销售额的，不得免税、减税。

六、增值税的计税方法

增值税的计税方法，包括一般计税方法、简易计税方法和扣缴计税方法。

（一）一般计税方法

一般计税方法的应纳税额，是指当期销项税额抵扣当期进项税额后的余额。

应纳税额计算公式：

应纳税额＝当期销项税额－当期进项税额

当期销项税额小于当期进项税额不足抵扣时，其不足部分可以结转下期继续抵扣。

一般纳税人销售货物、提供加工修理修配劳务、销售服务、无形资产或者不动产适用一般计税方法计税。

（二）简易计税方法

简易计税方法的应纳税额，是指按照销售额和增值税征收率计算的增值税税额，不得抵扣进项税额。

应纳税额计算公式：

应纳税额＝销售额×征收率

简易计税方法的销售额不包括其应纳税额，纳税人采用销售额和应纳税额合并定价方法的，按照下列公式计算销售额：

销售额＝含税销售额÷（1＋征收率）

纳税人适用简易计税方法计税的，因销售折让、中止或者退回而退还给购买方的销售额，应当从当期销售额中扣减。扣减当期销售额后仍有余额造成多缴的税款，可以从以后的应纳税额中扣减。

一般纳税人发生财政部和国家税务总局规定的特定应税行为，可以选择适用简易计税方法计税，但一经选择，36个月内不得变更。

小规模纳税人销售货物、提供加工修理修配劳务、销售服务、无形资产或者不动产适用简易计税方法计税。

（三）扣缴计税方法

境外单位或者个人在境内提供应税行为，在境内未设有经营机构的，扣缴义务人按照下列公式计算应扣缴税额：

应扣缴税额＝购买方支付的价款÷(1＋税率)×税率

七、一般计税方法应纳税额的计算

一般纳税人销售货物、提供加工修理修配劳务、销售服务、无形资产或者不动产适用一般计税方法，应纳税额为当期销项税额抵扣当期进项税额后的余额。当期销项税额小于当期进项税额不足抵扣时，其不足部分可以结转下期继续抵扣。

应纳税额＝当期销项税额－当期进项税额－期初留抵税额

（一）销项税额的确定

销项税额是指纳税人销售货物、提供加工修理修配劳务、销售服务、无形资产或者不动产，按照销售额和规定的税率计算并向购买方收取的增值税税额。

销项税额＝销售额×税率

一般纳税人因销售货物退回或折让、应税服务中止而退还给购买方的增值税税额，应从发生销售货物退回或折让、应税服务中止当期的销项税额中扣减。一般纳税人销售货物、提供应税劳务、销售服务、无形资产和不动产，开具增值税专用发票后，发生销售货物退回或折让、开票有误、应税服务中止等情形，应按国家税务总局的规定开具红字增值税专用发票。未按规定开具红字增值税专用发票的，增值税税额不得从销项税额中扣减。

1. 销售额的一般规定

销售额是指纳税人销售货物、提供加工修理修配劳务、销售服务、无形资产或者不动产向购买方收取的全部价款和价外费用，但是不包括收取的销项税额。纳税人采用销售额和销项税额合并定价方法的，按照下列公式计算销售额：

不含税销售额＝含税销售额÷(1＋增值税税率)

价外费用，包括价外向购买方收取的手续费、补贴、基金、集资费、返还利润、奖励费、违约金、滞纳金、延期付款利息、赔偿金、代收款项、代垫款项、包装费、包装物租金、储备费、优质费、运输装卸费以及其他各种性质的价外收费。

提示

价外费用不包括：

① 受托加工应征消费税的消费品所代收代缴的消费税；

② 承运部门的运输费用发票开具给购买方且纳税人将该项发票转交给购买方的代垫运输费用；

③ 符合条件的代为收取的政府性基金或者行政事业性收费；

④ 销售货物的同时代办保险等而向购买方收取的保险费，以及向购买方收取的代购买方缴纳的车辆购置税、车辆牌照费。

销售额以人民币计算。纳税人以人民币以外的货币结算销售额的，应当折合成人民币计算，其销售额的人民币折合率可以选择销售额发生的当天或者当月 1 日的人民币汇率中间价。纳税人应在事先确定采用何种折合率，确定后 1 年内不得变更。

2. 不同销售方式下销售额的确定

（1）商业折扣销售方式下销售额的确定

商业折扣销售方式是指销售方在销售货物、提供应税劳务、销售服务、无形资产、转让不动产时，因购买方需求量大等原因，而给予的价格方面的优惠。按照现行税法规定，纳税人采取商业折扣方式销售货物，如果销售额和折扣额在同一张发票上分别注明的，可按折扣后的销售额征收增值税；如果将折扣额另开发票，不论其在财务上如何处理，都不得从销售额中减除折扣额。

提示

① 销售额和折扣额在同一张发票上分别注明是指销售额和折扣额在同一张发票上的"金额"栏分别注明，未在同一张发票"金额"栏注明折扣额，而仅在发票的"备注"栏注明折扣额的，折扣额不得从销售额中扣除。

② 商业折扣有别于现金折扣，现金折扣是指销货方在销售货物或应税劳务后，为了鼓励购货方尽早偿还货款而协议许诺给予购货方的一种折扣优待（如：10 天内付款，货款折扣 2%；20 天内付款，折扣为 1%；30 天内全价付款）。现金折扣发生在销货之后，是一种融资性质的理财费用，因此，现金折扣不得从销售额中减除。

③ 商业折扣与销售折让是不同的，销售折让是指货物销售后，由于其品种、质量等原因购货方未予退货，但销售方需给予购货方的一种价格折让。销售折让可以通过开具红字专用发票从销售额中减除，未按规定开具红字增值税专用发票的，不得扣减销项税额或销售额。

学中做2-1

某书店批发图书一批，每册标价20元，共计1 000册，由于购买方购买数量多，按七折优惠价格成交，并将折扣部分与销售额开在同一张发票上。10日内付款给予2%折扣，购买方如期付款。

要求：计算该书店的计税销售额。

解析：税法规定，纳税人采取商业折扣方式销售货物，如果销售额和折扣额在同一张发票上分别注明的，可按折扣后的销售额征收增值税；现金折扣不得从销售额中减除。

计税销售额＝20×1 000×70%＝14 000(元)。

(2) 以旧换新销售方式下销售额的确定

以旧换新销售，是纳税人在销售过程中，折价收回同类旧货物，并以折价款部分冲减货物价款的一种销售方式。税法规定，纳税人采取以旧换新方式销售货物的(金银首饰除外)，应按新货物的同期销售价确定销售额，不得扣减旧货物的收购价格。

(3) 还本销售销售方式下销售额的确定

还本销售是指销货方将货物出售之后，按约定的时间，一次或分次将购货款部分或全部退还给购货方，退还的货款即为还本支出。税法规定，纳税人采取还本销售方式销售货物，其销售额就是货物的销售价格，不得从销售额中减除还本支出。

(4) 以物易物销售方式下销售额的确定

以物易物是一种较为特殊的购销活动，是指购销双方不是以货币结算，而是以同等价款的货物相互结算，实现货物购销的一种方式。税法规定，以物易物双方都应作正常的购销处理，以各自发出的货物核算销售额并计算销项税额，以各自收到的货物按规定核算购货额并计算进项税额。需要强调的是，在以物易物活动中，双方应各自开具合法的票据，必须计算销项税额，但如果收到货物不能取得相应的增值税专用发票或者其他增值税扣税凭证，不得抵扣进项税额。

(5) 直销企业销售额的确定

自2013年3月1日起，根据直销企业的经营模式，直销企业销售额的确定有以下两种情况：

① 直销企业先将货物销售给直销员，直销员再将货物销售给消费者，直销企业的销售额为其向直销员收取的全部价款和价外费用。直销员将货物销售给消费者时，应按照现行规定缴纳增值税。

② 直销企业通过直销员向消费者销售货物，直接向消费者收取货款，直销企业的销售额为其向消费者收取的全部价款和价外费用。

3. 包装物押金是否计入销售额

包装物是指纳税人包装本单位货物的各种物品。为了促使购货方尽早退回包装物以便周转使用，一般情况下，销货方向购货方收取包装物押金，购货方在规定的期间内返回包装物，销售方再将收取的包装物押金返还。税法规定，纳税人为销售货物而出租、出借包装物收取的押金，单独记账核算的，不并入销售额征税。但对因逾期未收回包装物不再退还的押金，应先将该押金换算为不含税收入，再并入销售额按所包装货物的适用税率征收增值税。其中，“逾期”是指按合同约定期限或以1年(无合同约定期限)为限。对于个别包装物周转使用期限较长的，报经税务机关确定后，可适当放宽逾期期限。

提示

① 包装物押金不应混同于包装物租金，包装物租金在销货时作为价外费用并入销售额计算销项税额。

② 销售除啤酒、黄酒以外的其他酒类产品收取的包装物押金，无论是否返还以及会计上如何核算，都应并入当期销售额征税。

学中做2-2

某生产企业(一般纳税人)，2019年7月销售化工产品取得含税销售额766.14万元，为销售货物出借包装物收取押金14.69万元，约定3个月内返还；当月没收逾期未退还包装物的押金1.13万元。

要求：计算该企业上述业务的计税销售额。

解析：纳税人为销售货物而出租、出借包装物收取的押金，单独记账核算的，不并入销售额征税。但对因逾期未收回包装物不再退还的押金，应先将该押金换算为不含税收入，再并入销售额按包装物的适用税率征收增值税。

计税销售额＝766.14÷(1＋13%)＋1.13÷(1＋13%)＝679(万元)。

4. 视同销售或售价明显偏低的销售额的确定

纳税人有价格明显偏低并无正当理由或者有视同销售货物行为而无销售额的情形，按下列顺序确定销售额：

① 按纳税人最近时期同类货物的平均销售价格确定。

② 按其他纳税人最近时期同类货物的平均销售价格确定。

③ 用以上两种方法均不能确定其销售额的情况下，可按组成计税价格确定其销售额。公式为：

$$组成计税价格＝成本×(1＋成本利润率)$$

属于应征消费税的货物，其组成计税价格应加上消费税税额，公式为：

$$组成计税价格＝成本×(1＋成本利润率)＋消费税税额$$

或

$$组成计税价格＝成本×(1＋成本利润率)÷(1－消费税税率)$$

式中，“成本”是指销售自产货物的为实际生产成本，销售外购货物的为实际采购成本。“成本利润率”为10%。但属于应从价定率征收消费税的货物，其组成计税价格公式中的成本利润率，为《消费税若干具体问题的规定》中规定的成本利润率。（详见本书项目三“消费税纳税实务”中的内容）

5. “营改增”试点部分行业销售额的确定

① 贷款服务，以提供贷款服务取得的全部利息及利息性质的收入为销售额。

② 直接收费金融服务，以提供直接收费金融服务收取的手续费、佣金、酬金、管理费、服务费、经手费、开户费、过户费、结算费、转托管费等各类费用为销售额。

③ 金融商品转让，按照卖出价扣除买入价后的余额为销售额。

转让金融商品出现的正负差，按盈亏相抵后的余额为销售额。若相抵后出现负差，可结转下一纳税期与下期转让金融商品销售额相抵，但年末时仍出现负差的，不得转入下一个会计年度。

金融商品的买入价，可以选择按照加权平均法或者移动加权平均法进行核算，选择后36个月内不得变更。

金融商品转让，不得开具增值税专用发票。

④ 经纪代理服务，以取得的全部价款和价外费用，扣除向委托方收取并代为支付的政府性基金或者行政事业性收费后的余额为销售额。向委托方收取的政府性基金或者行政事业性收费，不得开具增值税专用发票。

⑤ 经人民银行、银监会或者商务部批准从事融资租赁业务的试点纳税人，提供融资租赁服务，以取得的全部价款和价外费用，扣除支付的借款利息（包括外汇借款和人民币借款利息）、发行债券利息和车辆购置税后的余额为销售额。

⑥ 经人民银行、银监会或者商务部批准从事融资租赁业务的试点纳税人，提供融资性售后回租服务，以取得的全部价款和价外费用（不含本金），扣除对外支付的借款利息（包括外汇借款和人民币借款利息）、发行债券利息后的余额作为销售额。

⑦ 航空运输企业的销售额，不包括代收的机场建设费和代售其他航空运输企业客票而代收转付的价款。

⑧ 试点纳税人中的一般纳税人提供客运场站服务，以其取得的全部价款和价外费用，扣除支付给承运方运费后的余额为销售额。

⑨ 试点纳税人提供旅游服务，可以选择以取得的全部价款和价外费用，扣除向旅游服务购买方收取并支付给其他单位或者个人的住宿费、餐饮费、交通费、签证费、门票费和支付给其他接团旅游企业的旅游费用后的余额为销售额。

选择上述办法计算销售额的试点纳税人，向旅游服务购买方收取并支付的上述费用，不得开具增值税专用发票，可以开具普通发票。

⑩ 房地产开发企业中的一般纳税人销售其开发的房地产项目（选择简易计税方法的房地产老项目除外），以取得的全部价款和价外费用，扣除受让土地时向政府部门支付的土地价款后的余额为销售额。

销售额的计算公式如下：

销售额=(全部价款和价外费用-当期允许扣除的土地价款)÷(1+11%)

当期允许扣除的土地价款按照下列公式计算:

当期允许扣除的土地价款=当期销售房项目建筑面积÷房地产项目可供销售建筑面积×支付的土地价款

房地产老项目,是指《建筑工程施工许可证》注明的合同开工日期在2016年4月30日前的房地产项目。

⑪ 试点纳税人按照上述④~⑩规定从全部价款和价外费用中扣除的价款,应当取得符合法律、行政法规和国家税务总局规定的有效凭证。否则,不得扣除。

上述"凭证"是指:

a. 支付给境内单位或者个人的款项,以发票为合法有效凭证。

b. 支付给境外单位或者个人的款项,以该单位或者个人的签收单据为合法有效凭证,税务机关对签收单据有疑义的,可以要求其提供境外公证机构的确认证明。

c. 缴纳的税款,以完税凭证为合法有效凭证。

d. 扣除的政府性基金、行政事业性收费或者向政府支付的土地价款,以省级以上(含省级)财政部门监(印)制的财政票据为合法有效凭证。

e. 国家税务总局规定的其他凭证。

纳税人取得的上述凭证属于增值税扣税凭证的,其进项税额不得从销项税额中抵扣。

⑫ 一般纳税人跨县(市)提供建筑服务,适用一般计税方法计税的,应以取得的全部价款和价外费用为销售额计算应纳税额。纳税人应以取得的全部价款和价外费用扣除支付的分包款后的余额,按照2%的预征率在建筑服务发生地预缴税款。

⑬ 一般纳税人销售其2016年5月1日后取得(不含自建)的不动产,应适用一般计税方法,以取得的全部价款和价外费用为销售额计算应纳税额。纳税人应以取得的全部价款和价外费用扣除该项不动产购置原价或者取得不动产时的作价后的余额,按照5%的预征率在不动产所在地预缴税款。

⑭ 一般纳税人销售其2016年5月1日后自建的不动产,应适用一般计税方法,以取得的全部价款和价外费用为销售额计算应纳税额。纳税人应以取得的全部价款和价外费用扣除该项不动产购置原价或者取得不动产时的作价后的余额,按照5%的预征率在不动产所在地预缴税款。

(二) 进项税额的确定

进项税额是指纳税人购进货物、加工修理修配劳务、服务、无形资产或者不动产,支付或者负担的增值税税额。进项税额是与销项税额相对应的另一个概念。在开具增值税专用发票的情况下,它们之间的对应关系是销售方收取的销项税额就是购买方支付的进项税额。对于任何一个一般纳税人而言,由于其在经济活动中,既会发生销售货物或提供应税劳务,又会发生购进货物或接受应税劳务,因此,每一个一般纳税人都会有收取的销项税额和支付的进项税额,其余额为纳税人实际应缴的增值税税额。

1. 准予从销项税额中抵扣的进项税额

一般纳税人购进货物用于增值税的应税项目，并且取得下列法定扣税凭证，其进项税额准予从销项税额中扣除。

① 一般纳税人从销售方取得的增值税专用发票上注明的增值税税额(含税控机动车销售统一发票)。

② 一般纳税人进口货物从海关取得的进口增值税专用缴款书上注明的增值税税额。

③ 自2019年4月1日起，一般纳税人购进农产品，除取得增值税专用发票或者海关进口增值税专用缴款书外，从按照简易计税方法依照3%征收率计算缴纳增值税的小规模纳税人取得增值税专用发票的，以增值税专用发票上注明的金额和9%的扣除率计算进项税额；取得(开具)农产品销售发票或收购发票的，以农产品销售发票或收购发票上注明的农产品买价和9%的扣除率计算进项税额。农产品的买价是指包括纳税人购进农产品在农产品收购发票或者销售发票上注明的价款和按规定缴纳的烟叶税。

进项税额计算公式为：

进项税额＝买价×扣除率

提示

① 自2012年7月1日起，以购进农产品为原料生产销售液体乳及乳制品、酒及酒精、植物油的增值税一般纳税人，纳入农产品增值税进项税额核定扣除试点范围，其购进农产品无论是否用于生产上述产品，增值税进项税额均按照《农产品增值税进项税额核定扣除试点实施办法》有关规定抵扣。

② 纳税人购进用于生产或者委托加工13%税率货物的农产品，按照10%的扣除率计算进项税额。

④ 从境外单位或者个人购进服务、无形资产或不动产，自税务机关或扣缴义务人取得的解缴税款的完税凭证上注明的增值税税额。

纳税人凭完税凭证抵扣进项税额的，应当具备书面合同、付款证明和境外单位的对账单或者发票。资料不全的，其进项税额不得从销项税额中抵扣。

⑤ 自2018年1月1日起，纳税人支付的道路通行费，按照收费公路通行费增值税电子普通发票上注明的增值税额抵扣进项税额。纳税人支付的桥、闸通行费暂凭取得的通行费发票上注明的收费金额，按照下列公式计算可抵扣的进项税额：

桥、闸通行费可抵扣进项税额＝桥、闸通行费发票上注明的金额÷(1＋5%)×5%

⑥ 自2019年4月1日起，纳税人购进国内旅客运输服务，其进项税额允许从销项税额中抵扣。纳税人未取得增值税专用发票的，暂按照以下规定确定进项税额：

a. 取得增值税电子普通发票的，为发票上注明的税额；

b. 取得注明旅客身份信息的航空运输电子客票行程单的，按照下列公式计算进项税额：

航空旅客运输进项税额＝(票价＋燃油附加费)÷(1＋9％)×9％

c. 取得注明旅客身份信息的铁路车票的，按照下列公式计算的进项税额：

铁路旅客运输进项税额＝票面金额÷(1＋9％)×9％

d. 取得注明旅客身份信息的公路、水路等其他客票的，按照下列公式计算进项税额：

公路、水路等其他旅客运输进项税额＝票面金额÷(1＋3％)×3％

2. 不得从销项税额中抵扣的进项税额

① 纳税人购进货物、接受应税劳务或者应税服务，购进无形资产或不动产，取得的增值税扣税凭证不符合法律、行政法规或者国务院税务主管部门有关规定的，其进项税额不得从销项税额中抵扣。增值税扣税凭证，是指增值税专用发票、海关进口增值税专用缴款书、农产品收购发票或农产品销售发票以及完税凭证。

② 用于简易办法计税项目、免征增值税项目、集体福利或者个人消费的购进货物、加工修理修配劳务、服务、无形资产和不动产，其进项税额不得从销项税额中抵扣。其中涉及的固定资产、无形资产、不动产，仅指专用于上述项目的固定资产、无形资产(不包括其他权益性无形资产)、不动产。集体福利和个人消费是指企业内部设置的供职工使用的食堂、浴室、理发室、宿舍、幼儿园等福利设施及其设备、物品等或以福利、奖励、津贴等形式发放给职工个人的物品；纳税人的交际应酬消费属于个人消费。

③ 非正常损失的购进货物以及相关的加工修理修配劳务和交通运输服务，其进项税额不得从销项税额中抵扣。非正常损失是指因管理不善造成被盗、丢失、霉烂变质的损失，以及被执法部门没收或者强令自行销毁的货物。

④ 非正常损失的在产品、产成品所耗用的购进货物(不包括固定资产)、加工修理修配劳务和交通运输服务，其进项税额不得从销项税额中抵扣。

⑤ 非正常损失的不动产以及该不动产所耗用的购进货物、设计服务和建筑服务，其进项税额不得从销项税额中抵扣。

⑥ 非正常损失的不动产在建工程所耗用的购进货物、设计服务和建筑服务，其进项税额不得从销项税额中抵扣。

⑦ 购进的贷款服务、餐饮服务、居民日常服务和娱乐服务，其进项税额不得从销项税额中抵扣。

⑧ 财政部和国家税务总局规定的其他情形。

学中做2-3

甲企业2019年7月外购原材料，取得防伪税控增值税专用发票上注明的税额为26万元，运输途中发生非正常损失5%，经查属于非正常损失。向农民收购一批免税农产品，收购凭证上注明买价40万元，购进后将其中的60%用于企业职工食堂。

要求：计算甲企业可以抵扣的进项税额。

解析：非正常损失的购进货物和用于集体福利的购进货物，其进项税额不可以抵扣。

可以抵扣的进项税额＝26×(1－5%)＋40×9%×(1－60%)＝26.14(万元)。

3. 进项税额的税务调整

① 进货退出或折让的税务处理。纳税人在购进货物时，因货物质量、规格等原因而发生进货退回或折让，由于进货退回或折让不仅涉及货款或折让价款的收回，还涉及增值税的收回，因此，购货方应对当期进项税额进行调整。税法规定，一般纳税人因进货退回或折让而从销货方收回的增值税，应从发生进货退回或折让当期的进项税额中扣减。如不按规定扣减，造成进项税额虚增，不纳或少纳增值税，属于偷税行为，按偷税予以处罚。

② 适用一般计税方法的纳税人，兼营简易计税方法计税项目、免征增值税项目而无法划分不得抵扣的进项税额，按照下列公式计算不得抵扣的进项税额：

不得抵扣的进项税额＝当期无法划分的全部进项税额
×(当期简易计税方法计税项目销售额＋免征增值税项目销售额)
÷当期全部销售额

主管税务机关可以按照上述公式依据年度数据对不得抵扣的进项税额进行清算。

③ 已抵扣进项税额的购进货物(不含固定资产)、应税劳务或应税服务，发生《增值税暂行条例》规定不允许抵扣情况，应当将该项购进货物、应税劳务或应税服务的进项税额从当期的进项税额中扣减；无法确定该项进项税额的，按当期实际成本计算应扣减的进项税额。

④ 已抵扣进项税额的固定资产(不包括不动产)和无形资产，发生非正常损失，或者改变用途，专用于简易计税方法计税项目、免征增值税项目、集体福利或者个人消费的，按照下列公式计算不得抵扣的进项税额：

不得抵扣的进项税额＝固定资产、无形资产净值×适用税率

固定资产、无形资产净值是指纳税人根据财务会计制度计提折旧或摊销后的余额。

⑤ 已抵扣进项税额的不动产，发生非正常损失，或者改变用途，专用于简易计税方法计税项目、免征增值税项目、集体福利或者个人消费的，按照下列公式计算不得抵扣的进项税额，并从当期进项税额中扣减：

不得抵扣的进项税额＝已抵扣进项税额×不动产净值率

不动产净值率＝(不动产净值÷不动产原值)×100%

⑥ 向供货方收取的返还收入的税务处理。自2004年7月1日起，对商业企业向供货方收取的与商品销售量、销售额挂钩(如以一定比例、金额、数量计算)的各种返还收入，均应按平销返利行为的有关规定冲减当期增值税进项税额。

冲减进项税额的计算公式如下：

当期应冲减的进项税额＝当期取得的返还资金÷(1＋所购进货物适用增值税税率)×所购进货物适用增值税税率

商业企业向供货方收取的各种返还收入，一律不得开具增值税专用发票。

4. 关于增值税税控系统专用设备和技术维护费用抵减增值税税额的有关政策

自2011年12月1日起，增值税纳税人初次购买增值税税控系统专用设备(包括分开票机)支付的费用，可凭购买增值税税控系统专用设备取得的增值税专用发票，在增值税应纳税额中全额抵减(抵减额为价税合计额)，不足抵减的可结转下期继续抵减。增值税纳税人非初次购买增值税税控系统专用设备支付的费用，由其自行负担，不得在增值税应纳税额中抵减。

增值税纳税人2011年12月1日以后缴纳的技术维护费(不含补缴的2011年11月30日以前的技术维护费)，可凭技术维护费服务单位开具的技术维护费发票，在增值税应纳税额中全额抵减，不足抵减的可结转下期继续抵减。技术维护费按照价格主管部门核定的标准执行。

增值税一般纳税人支付的两项费用在增值税应纳税额中全额抵减的，其增值税专用发票不作为增值税抵扣凭证，其进项税额不得从销项税额中抵扣。

5. 有下列情形之一者，应按销售额依照增值税税率计算应纳税额，不得抵扣进项税额，也不得使用增值税专用发票

① 一般纳税人会计核算不健全，或者不能够提供准确税务资料的。

② 符合一般纳税人条件，但不申请办理一般纳税人认定手续的。

6. 加计抵减政策

自2019年4月1日至2021年12月31日，允许生产、生活性服务业纳税人按照当期可抵扣进项税额加计10%，抵减应纳税额。

(三) 计算应纳税额的时间限定

纳税人按期缴纳增值税时，为了保证计算应纳税款的合理和准确，必须把握当期销项税额和当期进项税额的时间限定。

1. 当期销项税额的时间限定

增值税纳税人销售货物、提供应税劳务、销售服务、无形资产和不动产后，什么时间计算销项税额，关系到当期销项税额的大小。关于销项税额的确定时间，总的原则是：销项税额的确定不得滞后。税法对此作了严格的规定，具体确定销项税额的时间根据本项目的任务二关于纳税义务发生时间的有关规定执行。

2. 当期进项税额的时间限定

进项税额申报抵扣的时间影响纳税人不同纳税期的应纳税额。关于进项税额的抵扣时间,总的原则是:进项税额的抵扣不得提前。税法对不同扣税凭证的抵扣时间作了详细的规定。

(1) 防伪税控增值税专用发票进项税额的抵扣时限

自2017年7月1日起,增值税一般纳税人取得的2017年7月1日及以后开具的增值税专用发票和机动车销售统一发票,应自开具之日起360日内认证或登录增值税发票选择确认平台进行确认,并在规定的纳税申报期内,向主管国税机关申报抵扣进项税额。

提示

① 增值税发票认证是指通过增值税发票税控系统对增值税发票所包含的数据进行识别、确认。

② 自2016年3月1日起,对纳税信用A级增值税一般纳税人取消增值税发票认证。自2016年5月1日起,对纳税信用B级增值税一般纳税人取消增值税发票认证。自2016年12月1日起,对纳税信用C级增值税一般纳税人取消增值税发票认证。

(2) 海关完税凭证进项税额的抵扣时限

增值税一般纳税人取得的2017年7月1日及以后开具的海关进口增值税专用缴款书,应自开具之日起360日内向主管国税机关报送《海关完税凭证抵扣清单》,申请稽核比对。

学中做2-4

A企业为增值税一般纳税人,2019年8月发生如下购销业务:

① 购进原料,取得防伪税控系统开具的增值税专用发票,发票上注明的价款为80万元,税款为10.4万元。

② 购进生产用燃料煤炭,取得防伪税控系统开具的增值税专用发票,发票上注明的价款为170万元,税款为22.1万元。

③ 购进钢材用于在建厂房,取得防伪税控系统开具的增值税专用发票,发票上注明的价款为40万元,税款为5.2万元。

④ 购进生产设备一台,取得防伪税控系统开具的增值税专用发票,发票上注明价款30万元,增值税款3.9万元。

⑤ 向农民销售产品农业薄膜,开具的增值税普通发票上注明的含税价款为218万元。

⑥ 销售塑料制品,开出的增值税专用发票上注明的价款为320万元。

要求:计算A企业8月份应纳的增值税税额。(A企业当月取得防伪税控系统开具的增值税专用发票均已认证通过,期初无留抵税额。)

解析：

进项税额＝10.4＋22.1＋5.2＋3.9＝41.6(万元)。

销项税额＝218÷(1＋9%)×9%＋320×13%＝59.6(万元)。

应纳税额＝59.6－41.6＝18(万元)。

八、简易计税方法应纳税额的计算

（一）一般纳税人简易计税方法应纳税额的计算

一般纳税人发生财政部和国家税务总局规定的特定应税行为，可以选择适用简易计税方法计税，但一经选择，36个月内不得变更。

一般纳税人发生下列应税行为可以选择适用简易计税方法计税：

① 公共交通运输服务。公共交通运输服务，包括轮客渡、公交客运、地铁、城市轻轨、出租车、长途客运、班车。

② 经认定的动漫企业为开发动漫产品提供的动漫脚本编撰、形象设计、背景设计、动画设计、分镜、动画制作、摄制、描线、上色、画面合成、配音、配乐、音效合成、剪辑、字幕制作、压缩转码（面向网络动漫、手机动漫格式适配）服务，以及在境内转让动漫版权（包括动漫品牌、形象或者内容的授权及再授权）。

③ 电影放映服务、仓储服务、装卸搬运服务、收派服务和文化体育服务。

④ 以纳入“营改增”试点之日前取得的有形动产为标的物提供的经营租赁服务。

⑤ 在纳入“营改增”试点之日前签订的尚未执行完毕的有形动产租赁合同。

⑥ 一般纳税人以清包工方式提供的建筑服务，可以选择适用简易计税方法计税。以清包工方式提供建筑服务是指施工方不采购建筑工程所需的材料或只采购辅助材料，并收取人工费、管理费或者其他费用的建筑服务。

⑦ 一般纳税人为甲供工程提供的建筑服务，可以选择适用简易计税方法计税。甲供工程是指全部或部分设备、材料、动力由工程发包方自行采购的建筑工程。

⑧ 一般纳税人为建筑工程老项目提供的建筑服务，可以选择适用简易计税方法计税。建筑工程老项目是指：《建筑工程施工许可证》注明的合同开工日期在2016年4月30日前的建筑工程项目；未取得《建筑工程施工许可证》的，建筑工程承包合同注明的开工日期在2016年4月30日前的建筑工程项目。

⑨ 一般纳税人跨县（市）提供建筑服务，选择适用简易计税方法计税的，应以取得的全部价款和价外费用扣除支付的分包款后的余额为销售额，按照3%的征收率计算应纳税额。

⑩ 一般纳税人销售其2016年4月30日前取得（不含自建）的不动产，可以选择适用简易计税方法，以取得的全部价款和价外费用减去该项不动产购置原价或者取得不动产时的作价后的余额为销售额，按照5%的征收率计算应纳税额。

⑪ 一般纳税人销售其2016年4月30日前自建的不动产，可以选择适用简易计税方法，以取得的全部价款和价外费用为销售额，按照5%的征收率计算应纳税额。

⑫ 房地产开发企业中的一般纳税人，销售自行开发的房地产老项目，可以选择适用简易计税方法按照5%的征收率计税。

⑬ 一般纳税人出租其2016年4月30日前取得的不动产，可以选择适用简易计税方法，按照5%的征收率计算应纳税额。

⑭ 公路经营企业中的一般纳税人收取试点前开工的高速公路的车辆通行费，可以选择适用简易计税方法，减按3%的征收率计算应纳税额。

试点前开工的高速公路，是指相关施工许可证明上注明的合同开工日期在2016年4月30日前的高速公路。

⑮ 一般纳税人出租其2016年5月1日后取得的、与机构所在地不在同一县(市)的不动产，应按照3%的预征率在不动产所在地预缴税款后，向机构所在地主管税务机关进行纳税申报。

一般纳税人销售自产的下列货物，可选择按照简易办法依照3%征收率计算缴纳增值税，但一经选择，36个月内不得变更：

a. 县级及县级以下小型水力发电单位生产的电力。小型水力发电单位是指各类投资主体建设的装机容量为5万千瓦以下(含5万千瓦)的小型水力发电单位。

b. 建筑用和生产建筑材料所用的砂、土、石料。

c. 以自己采掘的砂、土、石料或其他矿物连续生产的砖、瓦、石灰(不含黏土实心砖、瓦)。

d. 用微生物、微生物代谢产物、动物毒素、人或动物的血液或组织制成的生物制品。

e. 自来水。

f. 商品混凝土(仅限于以水泥为原料生产的水泥混凝土)。

一般纳税人销售货物属于下列情形之一的，暂按简易办法依照3%征收率计算缴纳增值税：

a. 寄售商店代销寄售物品(包括居民个人寄售的物品在内)；典当业销售死当物品。

b. 经国务院或国务院授权机关批准的免税商店零售的免税品。

自2012年7月1日起，属于增值税一般纳税人的药品经营企业销售生物制品，可选择简易办法按照生物制品销售额和3%的征收率计算缴纳增值税。选择简易计税办法计算缴纳增值税后，36个月不得变更计税方法。

自2014年7月1日起，一般纳税人销售旧货按照简易办法依照3%征收率减按2%征收增值税。旧货是指进入二次流通的具有部分使用价值的货物，但不包括自己使用过的物品。

自2016年4月1日起，属于增值税一般纳税人的兽用药品经营企业销售兽用生物制品，可以选择简易办法按照兽用生物制品销售额和3%的征收率计算缴纳增值税。选择简易计税办法计算缴纳增值税后，36个月不得变更计税方法。

一般纳税人销售自己使用过的固定资产(不含在会计上按固定资产核算的不动产，取得时未抵扣过进项税额)，适用简易办法依照3%征收率减按2%征收增值税。

$$销售额=含税销售额\div(1+3\%)$$

$$应纳税额=销售额\times 2\%$$

提示

一般纳税人销售自己使用过的固定资产(不含在会计上按固定资产核算的不动产,取得时已抵扣过进项税额),以及销售自己使用过的除固定资产以外的物品,应当按照适用税率征收增值税。

学中做2-5

某建筑企业是一般纳税人,在非机构所在地提供建筑服务,选择适用简易计税方法计税,2019年8月取得含税价款500万元,支付给分包公司的分包款294万元。

要求:计算该建筑企业应纳增值税。

解析:

应纳税额=(500－294)÷(1＋3%)×3%＝6(万元)。

(二)小规模纳税人应纳税额的计算

由于小规模纳税人的会计核算不健全,不能按规定报送有关税务资料,因此小规模纳税人销售货物、提供加工修理修配劳务、销售服务、无形资产或者不动产,按照简易办法计税,不得抵扣进项税额(小规模纳税人购进税控收款机除外)。

$$应纳税额=销售额\times征收率$$

学中做2-6

B企业是一家商业企业(小规模纳税人),2019年7月发生以下经济业务:

① 将上月购进的香皂销售给一家小商品店,开具的增值税普通发票上注明的价款为30 000元,税额为900元。

② 购进洗发水,取得的增值税普通发票上注明的价款为100 000元,税额为3000元,当月全部销售给消费者个人,取得含税销售额123 600元。

③ 销售一批货物给一般纳税人,由税务所代开的增值税专用发票注明的销售额为20 000元,税额为600元。

要求:计算B企业7月份应纳的增值税税额。

解析:

应纳税额＝900＋123 600÷(1＋3%)×3%＋ 600＝5 100(元)。

自 2004 年 12 月 1 日起，增值税小规模纳税人购置税控收款机，经主管税务机关审核批准后，可凭购进税控收款机取得的增值税专用发票，按照发票上注明的增值税税额，抵免当期应纳税额。或者按照购进税控收款机取得的普通发票上注明的价款，依下列公式计算可抵免的税额：

$$可抵免的税额=价款\div(1+17\%)\times17\%$$

当期应纳税额不足抵免的，未抵免的部分可在下期继续抵免。

自 2011 年 12 月 1 日起，增值税小规模纳税人初次购买增值税税控系统专用设备和缴纳的技术维护费，可凭购买增值税税控系统专用设备取得的增值税专用发票和技术维护费服务单位开具的技术维护费发票，在增值税应纳税额中全额(价税合计金额)抵减，不足抵减的可结转下期继续抵减。

小规模纳税人(除其他个人外)销售自己使用过的固定资产(不含在会计上按固定资产核算的不动产)，减按 2%征收增值税。

$$销售额=含税销售额\div(1+3\%)$$

$$应纳税额=销售额\times2\%$$

自 2014 年 7 月 1 日起，小规模纳税人销售旧货按照简易办法依 3%征收率减按 2%征收增值税。

“营改增”试点小规模纳税人缴纳增值税相关政策：

① 试点纳税人中的小规模纳税人跨县(市)提供建筑服务，应以取得的全部价款和价外费用扣除支付的分包款后的余额为销售额，按照 3%的征收率计算应纳税额。纳税人应按照上述计税方法在建筑服务发生地预缴税款后，向机构所在地主管税务机关进行纳税申报。

② 小规模纳税人销售其取得(不含自建)的不动产(不含个体工商户销售购买的住房和其他个人销售不动产)，应以取得的全部价款和价外费用减去该项不动产购置原价或者取得不动产时的作价后的余额为销售额，按照 5%的征收率计算应纳税额。纳税人应按照上述计税方法在不动产所在地预缴税款后，向机构所在地主管税务机关进行纳税申报。

③ 小规模纳税人销售其自建的不动产，应以取得的全部价款和价外费用为销售额，按照 5%的征收率计算应纳税额。纳税人应按照上述计税方法在不动产所在地预缴税款后，向机构所在地主管税务机关进行纳税申报。

④ 房地产开发企业中的小规模纳税人销售自行开发的房地产项目，按照 5%的征收率计税。

⑤ 其他个人销售其取得(不含自建)的不动产(不含其购买的住房)，应以取得的全部价款和价外费用减去该项不动产购置原价或者取得不动产时的作价后的余额为销售额，按照 5%的征收率计算应纳税额。

⑥ 小规模纳税人出租其取得的不动产(不含个人出租住房)，应按照 5%的征收率计算应纳税额。纳税人出租与机构所在地不在同一县(市)的不动产，应按照上述计税方法在不动产所在地预缴税款后，向机构所在地主管税务机关进行纳税申报。

⑦ 其他个人出租其取得的不动产(不含住房)，应按照 5%的征收率计算应纳税额。

⑧ 个人出租住房，应按照5%的征收率减按1.5%计算应纳税额。

【任务操作】

根据本项目的任务描述，计算A公司2019年9月份应纳的增值税税额。

操作步骤：

第一步，按一般计税方法计算应纳税额。

1. 计算当月销项税额

① 3日，销售一批电子产品给一般纳税人，电子产品的税率为13%，应税货物销售额为500 000元，销项税额＝500 000×13%＝65 000(元)。

② 4日，销售食用植物油给消费者，食用植物油的税率为9%，应税货物销售额为100×20＝2 000(元)，销项税额＝2000×9%＝180(元)。

③ 6日，对某小规模纳税人提供加工劳务，适用税率为13%，应税劳务销售额为300 000元，销项税额为39 000元。

④ 22日，没收逾期未归还的食用植物油的包装物押金10 900元，先将押金换算成不含税金额，再按食用植物油的适用税率9%计税，应税货物销售额为10 900÷(1＋9%)＝10 000(元)，销项税额＝10 000×9%＝900(元)。

⑤ 当月销项税额＝65 000＋180＋39 000＋900＝105 080(元)。

2. 计算当月进项税额转出及进项税额

① 10日，因管理不善致账面成本为50 000元的货物被盗，应作进项税额转出，进项税额转出＝50 000×13%＝6 500(元)。

② 12日，从外地某一般纳税人处购进电子产品，按取得的增值税专用发票上注明的税额计算进项税额＝4 550＋90＝4 640(元)。

③ 15日，从某小规模纳税人处购进化工产品，因取得的增值税普通发票没有抵扣联，所以进项税额不得抵扣。

④ 20日，从某农场购买食用植物油，按农产品销售发票上注明的买价的9%计算的进项税额＝200 000×9%＝18 000(元)。

⑤ 21日，从某汽车销售公司购进小汽车，按取得税控机动车统一发票上注明的税额计算进项税额为26 000元。

⑥ 25日，进口化妆品，按海关进口增值税专用缴款书上注明的税额计算进项税额为13 000元。

⑦ 当月进项税额＝4 640＋18 000＋26 000＋13 000＝61 640(元)。

当月进项税额转出为6 500元。

3. 按一般计税方法计算当月应纳税额

当月应纳税额＝当月销项税额－(当月进项税额－进项税额转出)－月初留抵税额＝105 080－(61 640－6 500)－3 000＝46 940(元)。

第二步，按简易计税办法计算的应纳税额。

28 日，销售不再使用的固定资产(2005 年购买的，未抵扣过进项税额)，依照 3%的征收率减按 2%征收增值税。按简易办法计税销售额＝103 000÷(1＋3%)＝100 000(元)，应纳税额＝100 000×2%＝2 000(元)，减征税额＝100 000×(3%－2%)＝1 000(元)。

第三步：计算应纳税额合计。

应纳税额合计＝按一般计税方法计算的当月应纳税额＋按简易计税办法计算的应纳税额＝46 940＋2 000＝48 940(元)。

任务二　增值税的纳税申报

【知识准备】

一、增值税纳税义务发生时间

增值税纳税义务发生时间，是指增值税纳税义务人、扣缴义务人发生应税、扣缴税款行为应承担纳税义务、扣缴义务的时间。这一规定在增值税管理中非常重要，说明纳税义务发生时间一经确定，必须按此时间计算应缴税额。

(一) 纳税人销售货物、提供加工修理修配劳务的纳税义务发生时间

根据《增值税暂行条例》规定，纳税人销售货物、提供加工修理修配劳务，其纳税义务发生时间为收讫销售款或取得索取销售款凭据的当天；先开具发票的，为开具发票的当天；纳税人收讫销售款或取得索取销售款凭据的当天，按销售结算方式的不同，具体为：

① 采取直接收款方式销售货物，不论货物是否发出，均为收到销售款或者取得索取销售款凭据的当天。

② 采取托收承付和委托银行收款方式销售货物，为发出货物并办妥托收手续的当天。

③ 采取赊销和分期收款方式销售货物，为书面合同约定的收款日期的当天，无书面合同的或者书面合同没有约定收款日期的，为货物发出的当天。

④ 采取预收货款方式销售货物，为货物发出的当天，但销售生产工期超过 12 个月的大型机械设备、船舶、飞机等货物，为收到预收款或者书面合同约定的收款日期的当天。

⑤ 纳税人提供加工修理修配劳务，为提供劳务同时收取销售款或者索取销售款凭据的当天。

⑥ 委托其他纳税人代销货物，为收到代销单位的代销清单或者收到全部或者部分货款的当天。未收到代销清单及货款的，为发出代销货物满 180 天的当天。

⑦ 纳税人发生视同销售货物行为，除将货物交付他人代销和销售代销货物外，为货物

移送的当天。

（二）纳税人销售服务、无形资产或者不动产的纳税义务发生时间

① 纳税人销售服务、无形资产或者不动产，其纳税义务发生时间为纳税人发生应税行为并收讫销售款项或者取得索取销售款项凭据的当天；先开具发票的，为开具发票的当天。

收讫销售款项是指纳税人销售服务、无形资产、不动产过程中或者完成后收到款项。

取得索取销售款项凭据的当天，是指书面合同确定的付款日期；未签订书面合同或者书面合同未确定付款日期的，为服务、无形资产转让完成的当天或者不动产权属变更的当天。

② 纳税人提供租赁服务采取预收款方式的，其纳税义务发生时间为收到预收款的当天。

③ 纳税人从事金融商品转让的，为金融商品所有权转移的当天。

④ 纳税人发生视同销售服务、无形资产或者不动产行为的，其纳税义务发生时间为服务、无形资产转让完成的当天或者不动产权属变更的当天。

（三）增值税扣缴义务发生时间

增值税扣缴义务发生时间为纳税人增值税纳税义务发生的当天。

（四）进口货物的纳税发生时间

纳税人进口货物的纳税义务发生时间为报关进口的当天。

二、纳税期限

增值税的纳税期限分别为 1 日、3 日、5 日、10 日、15 日、1 个月或 1 个季度。以 1 个季度为纳税期限的规定仅适用于小规模纳税人、银行、财务公司、信托投资公司、信用社，以及财政部和国家税务总局规定的其他纳税人。纳税人的具体纳税期限，由主管税务机关根据纳税人应纳税额的大小分别核定；不能按照固定期限纳税的，可以按次纳税。

纳税人以 1 个月或 1 个季度为一期纳税的，自期满之日起 15 日内（到期日遇法定节假日顺延）申报纳税；以 1 日、3 日、5 日、10 日、15 日为一期纳税的，自期满之日起 5 日内预缴税款，于次月 1 日起 15 日内申报纳税并结清上月应纳税款；纳税人进口货物，自海关填发进口增值税专用缴款书的次日起 15 日内缴纳税款。

三、纳税地点

① 固定业户的纳税地点：

a. 固定业户应当向其机构所在地的主管税务机关申报纳税。总机构和分支机构不在同一县（市）的，应当分别向各自所在地的主管税务机关申报纳税；经国务院财政、税务主管部门或者其授权的财政、税务机关批准，可以由总机构汇总向总机构所在地的主管税务机关申报纳税。

b. 固定业户到外县(市)销售货物或应税劳务,应当向其机构所在地的主管税务机关申请开具外出经营活动税收管理证明,并向其机构所在地的主管税务机关申报纳税;未开具证明的,应当向销售地、应税劳务发生地的主管税务机关申报纳税;未向销售地、应税劳务发生地的主管税务机关申报纳税的,由其机构所在地的主管税务机关补征税款。

② 非固定业户的纳税地点:非固定业户销售货物或者提供应税劳务和应税服务,应当向销售地或者劳务、应税行为发生地的主管税务机关申报纳税;未向销售地、劳务和应税行为发生地的主管税务机关申报纳税的,由其机构所在地或者居住地的主管税务机关补征税款。

③ 其他个人提供建筑服务,销售或者租赁不动产,转让自然资源使用权,应向建筑服务发生地、不动产所在地、自然资源所在地主管税务机关申报纳税。

④ 纳税人跨县(市)提供建筑服务,在建筑服务发生地预缴税款后,向机构所在主管税务机关进行纳税申报。

⑤ 纳税人销售不动产,在不动产所在地预缴税款后,向机构所在地主管税务机关进行纳税申报。

⑥ 纳税人租赁不动产,在不动产所在地预缴税款后,向机构所在地主管税务机关进行纳税申报。

⑦ 进口货物的纳税地点:进口货物应当由进口人或其代理人向报关地海关申报纳税。

⑧ 扣缴义务人应当向其机构所在地或者居住地的主管税务机关申报缴纳其扣缴的税款。

四、纳税申报

根据《国家税务总局关于调整增值税纳税申报有关事项的公告》(国家税务总局公告2019第15号)的规定,自2019年5月1日起,中华人民共和国境内增值税纳税人均应按照本公告的规定进行增值税纳税申报。

(一) 纳税申报资料

增值税纳税人纳税申报资料包括纳税申报表及其附列资料和纳税申报其他资料。纳税申报表及其附列资料为必报资料。纳税申报其他资料的报备要求由各省、自治区、直辖市和计划单列市国家税务局确定。

1. 一般纳税人纳税申报表及其附列资料

一般纳税人纳税申报表及其附列资料包括:

①《增值税纳税申报表(一般纳税人适用)》。(见表2.1)。

②《增值税纳税申报表附列资料(一)》(本期销售情况明细)。

③《增值税纳税申报表附列资料(二)》(本期进项税额明细)。

④《增值税纳税申报表附列资料(三)》(服务、不动产和无形资产扣除项目明细)。

一般纳税人销售服务、不动产和无形资产,在确定服务、不动产和无形资产销售额时,按照有关规定可以从取得的全部价款和价外费用中扣除价款的,需填报《增值税纳税申报表附列资料(三)》。其他情况不填写该附列资料。

⑤《增值税纳税申报表附列资料(四)》(税额抵减情况表)。

⑥《增值税减免税申报明细表》。

2. 小规模纳税人纳税申报表及其附列资料

小规模纳税人纳税申报表及其附列资料包括:

①《增值税纳税申报表(适用于增值税小规模纳税人)》(见表 2.2)。

②《增值税纳税申报表(适用于增值税小规模纳税人)附列资料》。小规模纳税人销售服务,在确定服务销售额时,按照有关规定可以从取得的全部价款和价外费用中扣除价款的,需填报《增值税纳税申报表(小规模纳税人适用)附列资料》。其他情况不填写该附列资料。

③《增值税减免税申报明细表》。

(二)征收管理机关

纳税人在境内销售货物、提供加工修理修配劳务、销售服务、无形资产以及不动产,其增值税由国家税务局负责征收。纳税人销售取得的不动产和其他个人出租不动产,其增值税由国家税务总局暂委托地方税务局代为征收。进口环节增值税由海关代征。

【任务操作】

根据本项目的任务描述,在纳税申报期内填写 2019 年 9 月的《增值税纳税申报表(一般纳税人适用)》,填制结果详见表 2.1。

操作步骤:

第一步,根据企业基本概况,填写纳税人名称、纳税人识别号、注册地址、开户银行及账号。税款所属期为 2019 年 8 月 1 日至 2019 年 8 月 31 日,填表日期为在纳税申报期(9 月 1 日至 9 月 15 日)内的实际填表日期。

第二步,在申报表的“一般项目”的“本月数”列填写各栏次数据。

① 栏次 2 应税货物销售额=500 000+2 000+10 000=512 000(元)。

② 栏次 3 应税劳务销售额为 300 000 元。

③ 栏次 5 按简易办法计税销售额为 100 000 元。

④ 栏次 1 按适用税率计税销售额=512 000+300 000=812 000(元)。

⑤ 栏次 11 销项税额=65 000+180+39 000+900=105 080(元)。

⑥ 栏次 12 进项税额=4 640+18 000+26 000+13 000=61 640(元)。

⑦ 栏次 13 上期留抵税额为 3 000 元。

⑧ 栏次 14 进项税额转出=6 500(元)。

⑨ 栏次 17 应抵扣税额合计=栏次(12+13−14−15+16)=61 640+3 000−6 500=58 140(元)。

⑩ 栏次 18(如栏次 17<11,则为栏次 17,否则为栏次 11)实际抵扣税额为 58 140 元。

⑪ 栏次 19 应纳税额=栏次(11−18)=105 080−58 140=46 940(元)。

⑫ 栏次 20 期末留抵税额=栏次(17−18)=58 140−58 140=0。

表 2.1　增值税纳税申报表

（一般纳税人适用）

根据国家税收法律法规及增值税相关规定制定本表。纳税人不论有无销售额，均应按税务机关核定的纳税期限填写本表，并向当地税务机关申报。

税款所属时间：自 2019 年 8 月 1 日至 2019 年 8 月 31 日　　填表日期：2019 年 9 月 8 日　　金额单位：元（列至角分）

<table>
<tr><td>纳税人识别号</td><td colspan="3">×××××××××××××××□□□□□</td><td colspan="4">所属行业：商业</td></tr>
<tr><td>纳税人名称</td><td>A 公司（公章）</td><td>法定代表人姓名</td><td>王××</td><td>注册地址</td><td>上海市××路×××号</td><td>生产经营地址</td><td>略</td></tr>
<tr><td>开户银行及账号</td><td>××银行上海市××支行
××××××××××××××××××××</td><td>登记注册类型</td><td colspan="3">略</td><td>电话号码</td><td>021-×××××××</td></tr>
</table>

<table>
<tr><td colspan="2" rowspan="2">项　　目</td><td rowspan="2">栏　　次</td><td colspan="2">一般项目</td><td colspan="2">即征即退项目</td></tr>
<tr><td>本月数</td><td>本年累计</td><td>本月数</td><td>本年累计</td></tr>
<tr><td rowspan="10">销售额</td><td>（一）按适用税率计税销售额</td><td>1</td><td>812 000</td><td></td><td></td><td></td></tr>
<tr><td>其中：应税货物销售额</td><td>2</td><td>512 000</td><td></td><td></td><td></td></tr>
<tr><td>应税劳务销售额</td><td>3</td><td>300 000</td><td></td><td></td><td></td></tr>
<tr><td>纳税检查调整的销售额</td><td>4</td><td></td><td></td><td></td><td></td></tr>
<tr><td>（二）按简易办法计税销售额</td><td>5</td><td>100 000</td><td></td><td></td><td></td></tr>
<tr><td>其中：纳税检查调整的销售额</td><td>6</td><td></td><td></td><td></td><td></td></tr>
<tr><td>（三）免、抵、退办法出口销售额</td><td>7</td><td></td><td></td><td>—</td><td>—</td></tr>
<tr><td>（四）免税销售额</td><td>8</td><td></td><td></td><td>—</td><td>—</td></tr>
<tr><td>其中：免税货物销售额</td><td>9</td><td></td><td></td><td>—</td><td>—</td></tr>
<tr><td>免税劳务销售额</td><td>10</td><td></td><td></td><td>—</td><td>—</td></tr>
</table>

续表

项目		栏次	一般项目		即征即退项目	
			本月数	本年累计	本月数	本年累计
税款计算	销项税额	11	105 080			
	进项税额	12	61 640			
	上期留抵税额	13	3 000			—
	进项税额转出	14	6 500			
	免、抵、退应退税额	15			—	—
	按适用税率计算的纳税检查应补缴税额	16			—	—
	应抵扣税额合计	17=12+13−14−15+16[①]	58 140	—		—
	实际抵扣税额	18(如 17<11,则为 17,否则为 11)	58 140			
	应纳税额	19=11−18	46 940			
	期末留抵税额	20=17−18	0			—
	按简易计税办法计算的应纳税额	21	3 000			
	按简易计税办法计算的纳税检查应补缴税额	22			—	—
	应纳税额减征额	23	1 000			
	应纳税额合计	24=19+21−23	48 940			
税款缴纳	期初未缴税额(多缴为负数)	25				
	实收出口开具专用缴款书退税额	26			—	—
	本期已缴税额	27=28+29+30+31				

① 此处的“17”代表第 17 列的数值,“12”代表第 12 列数值,以此类推。书中表中“栏次”项下的数字代表其所在列的数值。

续表

项　目	栏　次	一般项目		即征即退项目	
		本月数	本年累计	本月数	本年累计
① 分次预缴税额	28		—		—
② 出口开具专用缴款书预缴税额	29		—	—	—
③ 本期缴纳上期应纳税额	30				
④ 本期缴纳欠缴税额	31				
期末未缴税额(多缴为负数)	32=24+25+26−27	48 940			
其中:欠缴税额(≥0)	33=25+26−27		—		—
本期应补(退)税额	34=24−28−29	48 940	—		—
即征即退实际退税额	35	—	—		
期初未缴查补税额	36			—	—
本期入库查补税额	37			—	—
期末未缴查补税额	38=16+22+36−37			—	—

授权声明	如果你已委托代理人申报,请填写下列资料: 为代理一切税务事宜,现授权 (地址)　　　　为本纳税人的代理申报人,任何与本申报表有关的往来文件,都可寄予此人。 授权人签字:	申报人声明	本纳税申报表是根据国家税收法律法规及相关规定填报的,我确定它是真实的、可靠的、完整的。 声明人签字:

主管税务机关:　　　　接收人:　　　　接收日期:

⑬ 栏次 21 简易计税办法计算的应纳税额为 3 000 元。

⑭ 栏次 23 应纳税额减征额为 1 000 元。

⑮ 栏次 24 应纳税额合计＝栏次(19＋21－23)＝46 940＋3 000－1 000＝48 940(元)。

⑯ 栏次 32 期末未缴税额(多缴为负数)＝栏次(24＋25＋26－27)＝48 940(元)。

⑰ 栏次 34 本期应补(退)税额＝栏次(24－28－29)＝48 940(元)。

《增值税纳税申报表(小规模纳税人适用)》如表 2.2 所示。

表 2.2　增值税纳税申报表

(小规模纳税人适用)

纳税人识别号：

纳税人名称(公章)：　　　　金额单位：元(列至角分)

税款所属期：　　年　　月　　日至　　年　　月　　日　　　　填表日期：　　年　　月　　日

	项目	栏次	本期数		本年累计	
			货物及劳务	服务、不动产和无形资产	货物及劳务	服务、不动产和无形资产
一、计税依据	(一) 应征增值税不含税销售额	1				
	税务机关代开的增值税专用发票不含税销售额	2				
	税控器具开具的普通发票不含税销售额	3				
	(二) 销售、出租不动产不含税销售额	4	—		—	
	税务机关代开的增值税专用发票不含税销售额	5	—		—	
	税控器具开具的普通发票不含税销售额	6	—		—	
	(三) 销售使用过的固定资产不含税销售额	7(7≥8)		—		—
	其中：税控器具开具的普通发票不含税销售额	8		—		—
	(四) 免税销售额	9＝10＋11＋12				
	其中：小微企业免税销售额	10				
	未达起征点销售额	11				
	其他免税销售额	12				
	(五) 出口免税销售额	13(13≥14)				
	其中：税控器具开具的普通发票销售额	14				

续表

	项　　目	栏　　次	本期数		本年累计	
			货物及劳务	服务、不动产和无形资产	货物及劳务	服务、不动产和无形资产
二、税款计算	本期应纳税额	15				
	本期应纳税额减征额	16				
	本期免税额	17				
	其中：小微企业免税额	18				
	未达起征点免税额	19				
	应纳税额合计	20=15−16				
	本期预缴税额	21			—	—
	本期应补(退)税额	22=20−21			—	—

纳税人或代理人声明：	如纳税人填报，由纳税人填写以下各栏：
本纳税申报表是根据国家税收法律法规及相关规定填报的，我确定它是真实的、可靠的、完整的。	办税人员：　　　　财务负责人： 法定代表人：　　　　联系电话：
	如委托代理人填报，由代理人填写以下各栏：
	代理人名称(公章)：　　　　经办人： 联系电话：

主管税务机关：　　　　接收人：　　　　接收日期：

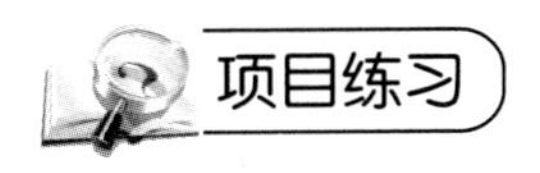

项目练习

一、思考题

1. 增值税的征税范围是如何规定的？
2. 如何划分增值税一般纳税人和小规模纳税人？
3. 准予抵扣的进项税额是如何规定的？不得抵扣的进项税额有哪些？
4. 如何确定增值税的纳税义务发生时间？

二、单项选择题

1. 某厂将自产的产品作为福利发放给本厂职工。该批产品的制造成本共计 12 万元，本厂各种产品的平均成本利润率为 10%，按当月同类产品的平均售价计算为 18 万元，则该批产品的应税销售额为(　　)万元。

A. 13.2　　B. 10.9　　C. 11　　D. 18

2. 某商场实行还本销售家具，家具现售价 19 000 元，5 年后还本，该商场增值税的计税销售额是(　　)元。

A. 19 000/5　　B. 19 000　　C. 1 900　　D. 不征税

3. 某汽车配件商店为小规模纳税人,某月销售汽车配件取得零售收入18 000元,收取包装费2 000元,该商店应纳增值税(　　)元。

A. 1 018.87　　B. 1 032.08　　C. 0　　D. 769.23

4. 下列免征增值税的是(　　)。

A. 农业生产者出售的初级农产品　　B. 邮政储蓄业务

C. 企业转让商标取得的收入　　D. 企业转让土地使用权

5. 北京市某公司为小规模纳税人,专门从事商业咨询服务,2019年7月15日,向某一般纳税人企业提供咨询服务,取得含增值税销售额5万元;7月25日,向小规模纳税人提供咨询服务,取得含增值税销售额13万元。已知增值税征收率为3%,则该公司当月应纳增值税税额为(　　)万元。

A. 0.45　　B. 0.30　　C. 0.52　　D. 0.15

6. 某生产企业月末盘存发现上月购进的原材料被盗,金额为50 000元,该原材料适用税率为13%,该批货物进项税额转出数额为(　　)元。

A. 8 013.7　　B. 8 035.5　　C. 8 059.5　　D. 6 500

7. 根据我国现行增值税的规定,下列属于按提供应税劳务缴纳增值税的有(　　)。

A. 汽车的修理

B. 印刷企业接受出版单位委托,自行购买纸张,印刷有统一刊号(CN)以及采用国际保准书号编序的图书、报纸和杂志

C. 汽车的租赁

D. 翻译服务和市场调查服务

8. 依据现行增值税法,下列业务可以计算抵扣进项税额的是(　　)。

A. 购进办公用品,取得增值税普通发票

B. 购进货物用于生产免税产品,取得增值税专用发票

C. 进口一批零配件用于组装、修理自用设备,取得海关开具的进口增值税专用缴款书

D. 外购货物用于集体福利,取得增值税专用发票

9. 境外公司为境内某纳税人提供咨询服务,合同价款106万元(含增值税),境内未设有经营机构的,则服务购买方应扣缴增值税(　　)万元。

A. 6　　B. 3　　C. 5　　D. 4

10. 某一般纳税人2019年7月出租5年前购入的不动产,每月收到租金10万元(含增值税),则每月应纳增值税税额为(　　)元。

A. 3 000　　B. 4 762　　C. 9 910　　D. 5 000

三、多项选择题

1. 增值税的税率是(　　)。

A. 3%　　B. 5%　　C. 13%　　D. 6%

2. 下列行为中，属于视同销售货物应征增值税的是(　　)。

A. 委托他人代销货物　　B. 销售代销货物

C. 将自产的货物用于对外捐赠　　D. 将外购货物用于对外投资

3. 根据“营改增”的相关规定，下列情形属于视同提供应税服务的有(　　)。

A. 某运输企业为地震灾区无偿提供公路运输服务

B. 某咨询公司为个人无偿提供技术咨询服务

C. 某动画公司聘用动画人才为本公司设计动画

D. 某运输公司为其他单位无偿提供交通运输服务

4. 根据我国有关增值税的法律规定，下列项目中，其进项税额不得从销项税额中抵扣的有(　　)。

A. 因自然灾害毁损的库存商品

B. 企业被盗窃的产成品所耗用的原材料

C. 在建工程耗用的原材料

D. 生产免税产品接受的劳务

5. 一般纳税人购进货物，取得(　　)，不得作为扣税凭证。

A. 小规模纳税人提供的由税务机关代开的专用发票

B. 从农业生产者手中购买农产品开具的农产品收购凭证

C. 项目经涂改更正过的专用发票

D. 票物不符的专用发票

6. (　　)属于纳税人提供增值税的应税服务。

A. 酒店提供的服务　　B. 交通运输服务

C. 电信业提供的服务　　D. 有形动产租赁

7. 根据增值税的规定，纳税人销售货物的同时向购买方收取的下列项目中，应计入销售额的是(　　)。

A. 收取的销项税额　　B. 收取的违约金

C. 收取的包装物租金　　D. 收取的手续费

8. 下列关于增值税的说法，正确的有(　　)。

A. 增值税是价内税，它的征收直接影响企业利润

B. 增值税的征税对象为增值额

C. 增值税的税负可转嫁，是间接税

D. 增值税实行道道环节课征，但不重复征税

9. (　　)适用9%的税率。

A. 邮政服务　　B. 销售土地使用权

C. 电信增值服务　　D. 有形动产租赁服务

10. (　　)适用6%的税率。

A. 电信基础服务　　B. 销售无形资产(转让土地使用权除外)

C. 金融服务　　D. 现代服务

11. (　　)是增值税的征收率。

A. 3%　　B. 5%　　C. 17%　　D. 6%

12. (　　)免征增值税。

A. 农业生产者销售的自产农产品

B. 个人销售自己使用过的物品

C. 个人转让著作权

D. 纳税人提供技术转让、技术开发和与之相关的技术咨询、技术服务

13. 一般情况下,一般纳税人购进农产品可以扣除的进项税额有(　　)。

A. 从销售方取得的增值税专用发票上注明的增值税税额

B. 进口农产品从海关取得的进口增值税专用缴款书上注明的增值税税额

C. 从按照简易计税方法依照3%征收率计算缴纳增值税的小规模纳税人取得增值税专用发票上注明的增值税税额

D. 取得(开具)农产品销售发票或收购发票的,以农产品销售发票或收购发票上注明的农产品买价和9%的扣除率计算进项税额

14. 委托其他纳税人代销货物,纳税义务发生时间为(　　)。

A. 收到代销单位的代销清单的当天

B. 收到全部或者部分货款的当天

C. 未收到代销清单及货款的,为发出代销货物满180天的当天

D. 发出代销货物的当天

15. (　　)进项税额不得从销项税额中抵扣。

A. 用于简易办法计税项目的购进货物

B. 专用于集体福利的购进固定资产、无形资产、不动产

C. 购进的旅客运输服务、贷款服务、餐饮服务、居民日常服务和娱乐服务

D. 非正常损失的不动产在建工程所耗用的购进货物、设计服务和建筑服务

四、判断题

1. 小规模纳税人进口货物适用的税率为3%。(　　)

2. 一般纳税人购进货物所支付的进项税额都可以从销项税额中扣除。(　　)

3. 增值税起征点的规定只适用于小规模纳税人的个体工商户和自然人。(　　)

4. 某企业购进一批货物,进项税额为100万元,用该批货物的1/5作为投资提供给另一企业,因此允许扣除的进项税为80万元。(　　)

5. 如果增值税一般纳税人将上月购进的货物本月以原进价销售,由于没有产生增值额,不需要计算增值税。(　　)

6. 将建筑物、构筑物等不动产或者飞机、车辆等有形动产的广告位出租给其他单位或者个人用于发布广告,按照经营租赁服务缴纳增值税。(　　)

7. 卫星电视信号落地转接服务,按照基础电信服务缴纳增值税。(　　)

8. 以1个季度为纳税期限的规定仅适用于小规模纳税人。(　　)

9. 无运输工具承运业务,按照经纪代理服务缴纳增值税。(　　)

10. 以货币资金投资收取的固定利润或者保底利润,按照贷款服务缴纳增值税。(　　)

11. 水路运输的光租业务、航空运输的干租业务,按交通运输服务缴纳增值税。(　　)

12. 转让建筑物或者构筑物时一并转让其所占土地的使用权的,按照销售无形资产缴纳增值税。(　　)

13. 纳税人将外购、自产、委托加工的货物用于集体福利或者个人消费,应视同销售货物计算销项税额。(　　)

14. 纳税人转让土地使用权或者销售不动产的同时一并销售的附着于土地或者不动产上的固定资产,分别按照销售不动产和销售货物缴纳增值税。(　　)

15. 纳税人销售取得的不动产和其他个人出租不动产,其增值税由国家税务总局暂委托地方税务局代为征收。(　　)

五、计算操作题

1. 某企业为增值税一般纳税人,2019年8月发生以下业务:

(1) 外购原材料100吨,取得的增值税专用发票上注明的价款为48 000元,税款为6 240元,请运输公司运送外购原材料,取得的增值税专用发票上注明的运费为1 800元,税款为162元。

(2) 购买办公楼一栋,取得的增值税专用发票上注明的价款为100万元,增值税为9万元。

(3) 进口一台生产设备,取得的海关开具的进口增值税专用缴款书上注明的税款为34 000元。

(4) 取得出租包装物租金收入为56 500元。

(5) 销售产品600件,每件售价为价税合计442元,同时收取包装物押金20 000元(单独核算)。

(6) 用上述产品400件发放给职工作为福利,每件收费40元。

要求:

(1) 根据以上资料,计算该企业8月份应纳增值税税额(假定该企业取得的增值税专用发票当月均已通过认证,期初留抵税额2万元)。

(2) 在纳税申报期内填写《增值税纳税申报表(一般纳税人适用)》(请自行假定纳税申报表中未给定信息)。

2. 某商店为增值税小规模纳税人,2019年8月发生以下业务:

(1) 从一般纳税人处购进日化用品,取得的增值税普通发票上注明的价款为10 000元,税款为1 300元。

(2) 销售日化用品给某一般纳税人,请主管税务机关代开的增值税专用发票上注明的价款为15 000元,税款为450元。

(3) 销售食盐给消费者,开具的普通发票上注明的价税合计金额为18 540元。

(4) 没收逾期包装物押金1 030元。

要求：

(1) 根据以上资料，计算该商店8月份应纳增值税税额。

(2) 在纳税申报期内填写《增值税纳税申报表(小规模纳税人适用)》(请自行假定纳税申报表中未给定信息)。

3. 某劳务派遣公司，具有一般纳税人资格。2019年8月获得含增值税劳务派遣收入380万元，支付给派遣员工的工资、福利和为其办理社会保险及住房公积金350万元，支付给本单位员工工资、福利和为其办理社会保险及住房公积金18万元。该公司对于劳务派遣服务选择差额纳税。

要求：

(1) 根据以上资料，计算该企业8月份应纳增值税税额。

(2) 在纳税申报期内填写《增值税纳税申报表(一般纳税人适用)》(请自行假定纳税申报表中未给定信息)

六、税收新政策补充

要求同学们登录国家税务总局网站 http://www.chinatax.gov.cn/，查阅2019年7月1日以后发布的关于增值税方面的税收新政策，并简述新政策的主要内容。

项目三

消费税纳税实务

项目目标

1. 能够根据企业的业务资料判断是否属于消费税的应税范围。
2. 能够掌握消费税的税率形式及计税方法。
3. 能够根据企业的业务资料计算应纳消费税税额。
4. 能够根据企业的业务资料填制消费税纳税申报表。
5. 能够利用网络资源查阅有关学习所需的资料。

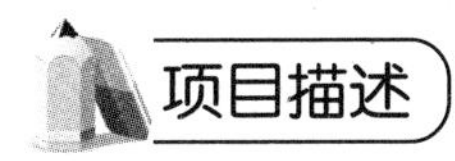

项目描述

一、企业基本概况

企业名称:某酒厂

纳税人识别号:××××××××××××××××××

二、企业数据资料

某酒厂为增值税一般纳税人，生产销售瓶装粮食白酒、散装薯类白酒、红酒、啤酒、酒精，消费税的纳税期限为一个月，2019 年 7 月发生如下业务：

1. 3 日，销售自产瓶装粮食白酒 1 000 瓶（500 克/瓶）给某商场，每瓶不含税售价为 100 元。

2. 5 日，委托某红酒厂加工红酒，委托方提供的材料成本为 20 000 元，受托方收取加工费和辅助材料价款共计 7 000 元（不含增值税），15 日收回红酒 1 000 瓶。受托方没有同类红酒的售价，也没有履行代扣代缴义务。

3. 10 日，销售自产瓶装粮食白酒 300 瓶，每瓶不含税售价为 113 元。

4. 15 日，销售自产啤酒 20 吨，每吨不含税售价为 2 900 元，另外，收取包装物押金 5 000 元。

5. 18 日，将委托加工收回的红酒对外销售 500 瓶（500 毫升/瓶），每瓶不含税售价为 35 元。

6. 20 日，销售自产酒精给某小规模纳税人，开具增值税普通发票，注明的价款为 20 000 元，税额为 2 600 元。

7. 22 日，将自产瓶装粮食白酒作为礼品送给客户 100 瓶。

8. 29 日，销售自产散装薯类白酒 150 千克，每千克不含税售价 20 元，另外，收取包装物押金 2 000 元（不含增值税销项税额）。

9. 30 日，将瓶装粮食白酒 100 瓶用于对外抵债。

三、任务要求

1. 计算某酒厂 2019 年 7 月应纳的消费税。

2. 填写酒类应税消费品消费税纳税申报表。

任务一　消费税应纳税额的计算

【知识准备】

一、消费税的概念及其特点

（一）消费税的概念

消费税是对在中华人民共和国境内从事生产、委托加工和进口应税消费品的单位和个人，就其销售额或销售数量，在特定环节征收的一种流转税。现行消费税的法律依据有 2008 年

11 月 5 日国务院第 34 次常务会议修订通过的《中华人民共和国消费税暂行条例》(以下简称《消费税暂行条例》),和 2008 年 12 月财政部、国家税务总局发布的《中华人民共和国消费税暂行条例实施细则》等。

(二) 消费税的特点

消费税是流转税,与其他流转税相比,具有以下显著特点:

1. 征税范围的选择性

我国现行消费税是增值税的配套税种,它是对商品普遍征收增值税后,再选择一部分特殊消费品、奢侈品、高能耗消费品、不可再生资源消费品作为征收范围,其目的是调节我国的消费结构,正确引导消费方向,抑制超前消费需求,确保国家的财政收入。

2. 征收环节的单一性

流转税的征收环节一般有较大的选择余地,我国现行增值税在货物生产、批发、零售、进口等多环节征收,一般情况下,消费税只是选择某一环节征收(卷烟除外)实行一次课税制。为了加强税源控制,防止税款流失,我国消费税主要确定在生产环节、委托加工或进口环节纳税,个别消费品在零售环节和批发环节纳税。

3. 征收方法的多样性

消费税的征收方法灵活多样,根据不同应税消费品的情况和计征要求选择不同的征收方法。一般来说,对价格差异较大,且便于核算的应税消费品,按消费品的价格实行从价定率征收;对价格差异较小,品种、规格比较单一的大宗应税消费品,按数量实行从量定额征收。复合税率是指同一种消费品同时适用比例税率和定额税率的税率形式,对价格差异较大、税源较多的烟酒类消费品,按复合计税方法征收。

4. 税收负担的转嫁性

消费税是间接税,并且价格中含有消费税税金,无论在哪个环节征收,消费税税款最终都会转嫁到消费者身上,由消费者负担。

二、消费税的征税范围

消费税的征税范围主要是指一部分特殊消费品、奢侈品、高能耗消耗品和不可再生的稀缺资源消费品。根据《关于调整消费税政策的通知》(财税〔2014〕93 号),自 2014 年 12 月 1 日起,对酒精、车用含铅汽油、汽车轮胎、气缸容量 250 毫升以下的小排量摩托车不征收消费税。根据《财政部国家税务总局关于对电池涂料征收消费税的通知》(财税〔2015〕16 号),自 2015 年 2 月 1 日起,对电池、涂料征收消费税。调整后的消费税征税范围包括烟、酒、高档化妆品、贵重首饰及珠宝玉石、鞭炮及焰火、成品油、摩托车、小汽车、高尔夫球及球具、高档手表、游艇、木制一次性筷子、实木地板、电池和涂料等十五个税目。

(一) 烟

凡是以烟叶为原料加工生产的产品,不论产品使用何种辅料,均属于本税目的征收范围，包括卷烟、雪茄烟和烟丝三个子目。

① 卷烟。卷烟的征收范围包括甲类卷烟和乙类卷烟。甲类卷烟，是指每标准条(200支)调拨价格在70元(不含增值税)以上(含70元)的卷烟；乙类卷烟，是指每标准条(200支)调拨价格在70元(不含增值税)以下的卷烟。

② 雪茄烟。雪茄烟的征收范围包括各种规格、型号的雪茄烟。

③ 烟丝。烟丝的征收范围包括以烟叶为原料加工生产的不经卷制的散装烟。

(二) 酒

酒是酒精度在1度以上的各种酒类饮料。酒类的征收范围包括粮食白酒、薯类白酒、黄酒、啤酒和其他酒。

对商业、娱乐业举办的啤酒屋(啤酒坊)利用啤酒生产设备生产的啤酒，应当征消费税。对以黄酒为酒基生产的配制或泡制酒，按其他酒征收消费税。对调味料酒，不征消费税。

(三) 高档化妆品

自2016年10月1日起，本税目征收范围包括高档美容、修饰类化妆品、高档护肤类化妆品和成套化妆品。

提示

高档美容、修饰类化妆品和高档护肤类化妆品是指生产(进口)环节销售(完税)价格(不含增值税)在10元/毫升(克)或15元/片(张)及以上的美容、修饰类化妆品和护肤类化妆品。

舞台、戏剧、影视演员化妆用的上妆油、卸妆油、油彩，不属于本税目的征收范围。

(四) 贵重首饰及珠宝玉石

贵重首饰及珠宝玉石的征收范围包括各种金银珠宝首饰和经采掘、打磨、加工的各种珠宝玉石。

(五) 鞭炮、焰火

鞭炮、焰火的征收范围包括各种鞭炮、焰火。对体育上用的发令纸、鞭炮药引线，不按本税目征收。

(六) 成品油

成品油的征收范围包括汽油、柴油、石脑油、溶剂油、航空煤油、润滑油、燃料油七个子目。

（七）摩托车

摩托车的征收范围包括轻便摩托车和摩托车两大类。对最大设计车速不超过50千米/小时，发动机汽缸总工作容量不超过50毫升的三轮摩托车和气缸容量在250毫升（不含250毫升）以下的摩托车不征收消费税。

（八）小汽车

汽车是指由动力驱动，具有四个或四个以上车轮的非轨道承载的车辆。本税目下设乘用车、中轻型商用客车两个子目。

乘用车包括含驾驶员座位在内最多不超过9个座位（含）的，在设计和技术特性上用于载运乘客和货物的各类乘用车。

中轻型商用客车包括含驾驶员座位在内的座位数在10至23座（含23座）的，在设计和技术特性上用于载运乘客和货物的各类中轻型商用客车。

电动汽车不属于本税目征税范围。

车身长度大于7米（含），并且座位在10～23座（含）以下的商用客车，不属于中轻型商用客车征税范围，不征收消费税。

沙滩车、雪地车、卡丁车、高尔夫车不属于消费税征收范围，不征收消费税。

（九）高尔夫球及球具

高尔夫球及球具是指从事高尔夫球运动所需的各种专用装备，包括高尔夫球，高尔夫球杆及高尔夫球包（袋），高尔夫球杆的杆头、杆身和握把等。

（十）高档手表

高档手表是指销售价格（不含增值税）每只在10 000元（含）以上的各类手表。

（十一）游艇

游艇是指长度大于8米小于90米，船体由玻璃钢、钢、铝合金、塑料等多种材料制作而成的，可以在水上移动的水上浮载体。按照动力划分，游艇可分为无动力艇、帆艇和机动艇。

（十二）木制一次性筷子

木制一次性筷子，又称卫生筷子，是指以木材为原料经过锯段、浸泡、旋切、刨切、烘干、筛选、打磨、倒角、包装等环节加工而成的各类一次性使用的筷子。未经打磨、倒角的木制一次性筷子属于本税目征税范围。

（十三）实木地板

实木地板是指以木材为原料经锯割、干燥、刨光、截断、开榫、涂漆等工序加工而成的块状或条状的地面装饰材料。

本税目的征收范围包括各类规格的实木地板、实木指接地板、实木复合地板及用于装饰墙壁、天棚的侧端面为榫、槽的实木装饰板。未经涂饰的素板属于本税目征税范围。

（十四）电池

电池是一种将化学能、光能等直接转换为电能的装置，一般由电极、电解质、容器、极端（通常还有隔离层组成的基本功能单元）以及一个或多个基本功能单元装配而成。其征收范围包括：原电池、蓄电池、燃料电池、太阳能电池和其他电池。

对无汞原电池、金属氢化物镍蓄电池（又称氢镍蓄电池或镍氢蓄电池）、锂原电池、锂离子蓄电池、太阳能电池、燃料电池和全钒液流电池免征消费税。

2015 年 12 月 31 日前，对铅蓄电池缓征消费税；自 2016 年 1 月 1 日起，对铅蓄电池按 4％税率征收消费税。

（十五）涂料

涂料是指涂于物体表面能形成具有保护、装饰或特殊性能的固态涂膜的一类液体或固体材料之总称。国家对施工状态下挥发性有机物（VOC）含量低于 420 克/升（含）的涂料免征消费税。

三、消费税的纳税人

消费税的纳税人为在中华人民共和国境内从事生产、委托加工和进口应税消费品的单位和个人。在中华人民共和国境内是指生产、委托加工和进口属于应税消费品的起运地或者所在地在境内。具体包括：

① 生产销售应税消费品（不包括金银首饰、钻石及钻石饰品、铂金首饰）的单位和个人。

② 零售金银首饰、钻石及钻石饰品的单位和个人。受托代销金银首饰的，受托方也是纳税人。

③ 委托加工应税消费品（不包括金银首饰、钻石及钻石饰品、铂金首饰）的单位和个人。

④ 零售超豪华小汽车的单位和个人。

⑤ 进口应税消费品的单位和个人。

⑥ 批发卷烟的单位和个人。

四、消费税税率

我国现行消费税税率采用比例税率、定额税率和复合税率三种形式，根据不同的税目或子目确定相应的税率或税额（见表 3.1）。

（一）比例税率

比例税率主要适用于价格差异较大、计量单位不规范的应税消费品，如化妆品、鞭炮及烟火、贵重首饰及珠宝玉石、摩托车、小汽车、高尔夫球及球具、高档手表、游艇、木制一次性筷子、实木地板、电池和涂料。

（二）定额税率

定额税率主要适用于那些价格差异不大、计量单位规范的消费品，如黄酒、啤酒、成品油。

（三）复合税率

复合税率是指同一种消费品同时适用比例税率和定额税率的税率形式，主要适用于价格差异较大、税源较多的烟酒类消费品。我国自 2001 年 6 月起对卷烟实行复合税率，于 2005 年 5 月 1 日开始将粮食白酒、薯类白酒的消费税税率由原比例税率调整为复合税率。

表 3.1　消费税税目税率表

税　　目	税　　率	
	生产、委托加工、进口环节	批发、零售环节
一、烟		
1. 卷烟		
（1）甲类卷烟	56%加 0.003 元/支	11%加 0.005 元/支（批发环节）
（2）乙类卷烟	36%加 0.003 元/支	11%加 0.005 元/支（批发环节）
2. 雪茄烟	36%	
3. 烟丝	30%	
二、酒		
1. 白酒	20%加 0.5 元/500 克	
2. 黄酒	240 元/吨	
3. 啤酒		
（1）甲类啤酒	250 元/吨	
（2）乙类啤酒	220 元/吨	
4. 其他酒	10%	
三、高档化妆品	15%	
四、贵重首饰及珠宝玉石		
1. 金银首饰、铂金首饰和钻石及钻石饰品		5%(零售环节)
2. 其他贵重首饰和珠宝玉石	10%	
五、鞭炮、焰火	15%	

续表

税目	税率	
	生产、委托加工、进口环节	批发、零售环节
六、成品油	自2015年1月13日起执行以下税率	
1. 汽油	1.52元/升	
2. 柴油	1.20元/升	
3. 航空煤油	1.20元/升(航空煤油暂缓征收)	
4. 石脑油	1.52元/升	
5. 溶剂油	1.52元/升	
6. 润滑油	1.52元/升	
7. 燃料油	1.20元/升	
七、摩托车		
1. 气缸容量(排气量)250毫升的	3%	
2. 气缸容量在250毫升(不含250毫升)以上的	10%	
八、小汽车		
1. 乘用车		
(1)气缸容量(排气量)在1.0升(含1.0升)以下的	1%	
(2) 气缸容量在1.0升以上至1.5升(含1.5升)的	3%	
(3) 气缸容量在1.5升以上至2.0升(含2.0升)的	5%	
(4) 气缸容量在2.0升以上至2.5升(含2.5升)的	9%	
(5) 气缸容量在2.5升以上至3.0升(含3.0升)的	12%	
(6) 气缸容量在3.0升以上至4.0升(含4.0升)的	25%	
(7) 气缸容量在4.0升以上的	40%	
2. 中轻型商用客车	5%	
3. 超豪华小汽车	按子税目1和子税目2的规定征收	10%(零售环节)
九、高尔夫球及球具	10%	
十、高档手表	20%	

续表

税　目	税　率	
	生产、委托加工、进口环节	批发、零售环节
十一、游艇	10%	
十二、木制一次性筷子	5%	
十三、实木地板	5%	
十四、电池	4%	
十五、涂料	4%	

提示

甲类卷烟是指每标准条(200 支)调拨价格在 70 元(不含增值税)以上(含 70 元)的卷烟。乙类卷烟是指每标准条(200 支)调拨价格在 70 元(不含增值税)以下的卷烟。

甲类啤酒是指每吨出厂价格(含包装物及包装物押金,但不包括供重复使用的塑料周转箱的押金)在 3 000 元(含 3 000 元,不含增值税)以上的啤酒。每吨出厂价格在 3 000 元以下的,为乙类啤酒。

超豪华小汽车是指每辆零售价格在 130 万元(不含增值税)及以上的乘用车和中轻型商用客车,即乘用车和中轻型商用客车子税目中的超豪华小汽车。

纳税人兼营不同税率的应税消费品,即在生产两种税率以上的应税消费品时,应当分别核算不同税率应税消费品的销售额、销售数量,未分别核算的,从高适用税率;纳税人将应税消费品与非应税消费品,以及适用税率不同的应税消费品组成成套消费品销售的,应根据组合产制品的销售金额从高适用税率。

例如,某酒厂既生产税率为 20%的粮食白酒,又生产税率为 10%的药酒,如果该厂能分别核算粮食白酒和药酒的销售额,则应按各自的适用税率计税;如果不能分别核算各自的销售额,则此两种酒均从高适用税率,即按粮食白酒的适用税率 20%计算纳税。如果该酒厂将粮食白酒和药酒装成礼品套酒,即为成套消费品,则其全部销售额均按白酒 20%的税率计算应纳税额。

五、消费税应纳税额的计算方法

与消费税的三种税率形式相适应,纳税人生产销售、委托加工、进口应税消费品应纳税额的计算可采用从价定率、从量定额和复合计税三种计税方法。

(一) 从价定率计税方法

采用该种计税方法的应税消费品有化妆品、鞭炮及焰火、贵重首饰及珠宝玉石、摩托车、小汽车、高尔夫球及球具、高档手表、游艇、木制一次性筷子、实木地板、电池和涂料等。

在从价定率计税方法下，应纳税额的计算取决于应税消费品的销售额和适用税率两个因素，其计算公式为：

应纳税额＝应税销售额（或组成计税价格）×比例税率

（二）从量定额计税方法

采用该种计税方法的应税消费品有黄酒、啤酒、成品油。

在从量定额计税方法下，应纳税额的计算取决于消费品的应税数量和单位税额两个因素，其计算公式为：

应纳税额＝应税消费品数量×单位税额

（三）从价定率和从量定额复合计税方法

在现行消费税的征税范围中，卷烟、白酒采用复合计税方法。

其基本计算公式为：

应纳税额＝应税销售额（或组价）×比例税率＋应税消费品数量×单位税额

六、纳税人销售自产应税消费品应纳税额的计算

纳税人销售自产应税消费品的销售额为销售方向购买方收取的全部价款和价外费用。其中，价外费用是指价外收取的手续费、补贴、基金、集资费、返还利润、奖励费、违约金、滞纳金、延期付款利息、赔偿金、代收款项、代垫款项、包装费、包装物租金、储备费、优质费、运输装卸费以及其他各种性质的价外收费，但不包括承运部门的运费发票开具给购货方以及纳税人将该发票转交给购货方的代垫运费和代为收取的政府性基金或者行政事业性收费。除此之外的其他价外费用，无论是否属于纳税人的收入，都应并入销售额计算征税。

销售自产应税消费品的纳税人在缴纳消费税的同时，与销售一般货物一样，还应缴纳增值税。按照《中华人民共和国消费税暂行条例实施细则》的规定，应税消费品的销售额，不包括应向购货方收取的增值税税款。如果纳税人应税消费品的销售额中未扣除增值税税款或者因不得开具增值税专用发票而发生价款和增值税税款合并收取的，在计算消费税时，应将含增值税的销售额换算为不含增值税税款的销售额。其换算公式为：

应税消费品的销售额＝含增值税的销售额÷（1＋增值税税率或征收率）

提示

在使用换算公式时，应根据纳税人的具体情况分别使用增值税税率或征收率。如果消费税的纳税人同时又是增值税一般纳税人，那么应适用13%的增值税税率；如果消费税的纳税人同时又是增值税小规模纳税人，那么应适用3%的征收率。

纳税人通过自设的非独立核算销售部门销售的自产应税消费品，应按照销售部门对外销售额或销售数量征收消费税。

应税消费品连同包装物销售的，无论包装物是否单独计价以及在会计上如何核算，均应并入应税消费品的销售额中缴纳消费税。如果包装物不作价随同产品销售，而是收取押金，此项押金则不应并入应税消费品的销售额中征税。但对因逾期未收回的包装物不再退还的或者已收取的时间超过 12 个月的押金，应并入应税消费品的销售额，按照应税消费品的适用税率缴纳消费税。对既作价随同应税消费品销售，又另外收取押金的包装物的押金，凡纳税人在规定的期限内没有退还的，均应并入应税消费品的销售额，按照应税消费品的适用税率缴纳消费税。

提示

对酒类产品生产企业销售酒类产品（黄酒、啤酒除外）而收取的包装物押金，无论押金是否返还与会计上如何核算，均需并入酒类产品销售额中，依酒类产品的适用税率征收消费税。

纳税人销售的应税消费品，以人民币以外的货币结算销售额的，其销售额的人民币折合率可以选择销售额发生的当天或者当月 1 日的人民币汇率中间价。纳税人应在事先确定采用何种折合率，确定后 1 年内不得变更。

纳税人应税消费品的计税价格明显偏低且无正当理由的，由主管税务机关核定其计税价格。卷烟、白酒和小汽车的计税价格由国家税务总局核定，送财政部备案；其他应税消费品的计税价格由省、自治区和直辖市国家税务局核定；进口的应税消费品的计税价格由海关核定。

纳税人销售自产应税消费品实行从量定额计税的，其计税依据为应税消费品的销售数量。《消费税暂行条例》规定，黄酒、啤酒是以吨为税额单位的；汽油、柴油是以升为税额单位的。但是，考虑到在实际销售过程中，一些纳税人会把吨和升这两个计量单位混用，为了规范不同产品的计量单位，以准确计算应纳税额，不同计量单位的换算标准见表 3.2。

表 3.2　吨、升等不同计量单位换算表

吨升换算表	吨升换算表
啤酒 1 吨＝988 升	汽油 1 吨＝1 388 升
黄酒 1 吨＝962 升	柴油 1 吨＝1 176 升
石脑油 1 吨＝1 385 升	溶剂油 1 吨＝1 282 升
润滑油 1 吨＝1 126 升	航空煤油 1 吨＝1 246 升
燃料油 1 吨＝1 015 升	白酒 1 千克＝1 000 毫升

学中做3-1

某石化厂2019年6月销售汽油20吨、柴油8吨。

要求:计算该厂当月应纳消费税税额。

解析:成品油按从量定额计税办法,汽油的单位税额为1.52元/升,柴油的单位税额为1.20元/升。

汽油的销售数量=20×1 388=27 760(升)。

柴油的销售数量=8×1 176=9 408(升)。

销售汽油应纳的消费税税额=27 760×1.52=42 195.20(元)。

销售柴油应纳的消费税税额=9 408×1.20=11 289.60(元)。

该厂当月应纳消费税税额=42 195.20+11 289.60=53 484.80(元)。

学中做3-2

某卷烟厂为增值税一般纳税人,2019年8月销售甲类卷烟400标准箱(1标准箱=250条),每条对外调拨价格为85元;销售乙类卷烟100标准箱给关系户,每条对外调拨价格为40元(国家税务总局核定的该卷烟最低计税价格为45元/条)。

要求:计算该卷烟厂当月应纳的消费税税额。

解析:卷烟采用复合计税方法,其适用定额税率为150元/标准箱,甲类卷烟的比例税率为56%,乙类卷烟的比例税率为36%,销售乙类卷烟的实际价格低于国家最低计税价格的,按国家最低计税价格征税。

从量定额应纳税额=(400+100)×150=75 000(元)。

从价定率应纳税额=400×250×85×56%+100×250×45×36%=5 165 000(元)。

应纳税额合计=75 000+5 165 000=5 240 000(元)。

学中做3-3

某白酒生产企业为增值税一般纳税人,2019年7月销售粮食白酒30吨,取得不含税销售额180万元,另外,收取包装物押金5.65万元。已知白酒消费税比例税率为20%,定额税率为每500毫升0.50元。

要求:计算该企业当月应纳消费税税额。

解析:根据消费税法律制度的规定,白酒实行从价定率和从量定额复合方法计征消费税,对酒类产品生产企业销售酒类产品(黄酒、啤酒除外)而收取的包装物押金,无论押金是否返还与会计上如何核算,均需并入酒类产品销售额中,依酒类产品的适用税率征收消费税。

从价定率应纳税额=(180+5.65/1.13)×20%=37(万元)。

从量定额应纳税额=30×2 000×0.50/10 000=3(万元)。

应纳消费税合计=37+3=40(万元)。

七、自产自用应税消费品应纳税额的计算

(一)自产自用应税消费品的税务处理

自产自用就是纳税人生产应税消费品后,不是用于直接对外销售,而是用于自己连续生产应税消费品,或用于其他方面。

税法规定,纳税人将自产的应税消费品连续生产应税消费品时,不纳税。例如,生产企业将自产石脑油用于本企业连续生产汽油等应税消费品的,则不需要对石脑油缴纳消费税,只需要对生产的汽油等应税消费品缴纳消费税。

纳税人将自产的应税消费品用于其他方面,是指用于生产非应税消费品和在建工程、管理部门、非生产机构以及用于馈赠、赞助、集资、广告、样品、职工福利、奖励等方面。其中,非应税消费品是指现行消费税税目中所列产品以外的产品。税法规定,纳税人将自产的应税消费品用于其他方面虽然没有取得销售收入,但从性质上仍属于视同销售,于移送使用时依法缴纳消费税。例如,生产企业将自产的石脑油用于连续生产乙烯等非应税消费品或其他方面的,于移送使用时缴纳消费税。

(二)自产自用应税消费品应纳税额的计算

① 纳税人自产自用的应税消费品,其应税销售额按下列顺序确定:

a. 纳税人自产自用的应税消费品,按照纳税人生产的同类消费品的销售价格计算纳税。同类消费品的销售价格,是指纳税人当月销售的同类消费品的销售价格,如果当月同类消费品各期销售价格高低不同,应按销售数量加权平均计算。但销售的应税消费品有下列

情况之一的，不得列入加权平均计算：一是销售价格明显偏低且无正当理由的；二是无销售价格的。如果当月无销售或者当月未完结，应按照同类消费品上月或者最近月份的销售价格计算纳税。

提示

纳税人用于换取生产资料和消费资料、投资入股或抵偿债务等方面的应税消费品，应当以纳税人同类应税消费品的最高销售价格作为计税依据计算消费税。

b. 没有同类消费品销售价格的，按照组成计税价格计算纳税。

实行从价定率办法计算纳税的组成计税价格计算公式：

组成计税价格＝(成本＋利润)÷(1－比例税率)

＝成本×(1＋成本利润率)÷(1－比例税率)

实行复合计税办法计算纳税的组成计税价格计算公式：

组成计税价格＝(成本＋利润＋自产自用数量×定额税率)÷(1－比例税率)

公式中，“成本”是指应税消费品的生产成本，“利润”是根据应税消费品的全国平均成本利润率计算的利润。国家税务总局规定的平均成本利润率如表3.3所示。

表3.3 应税消费品平均成本利润率表

项　　目	平均成本利润率
(1) 甲类卷烟	10%
(2) 乙类卷烟	5%
(3) 雪茄烟	5%
(4) 烟丝	5%
(5) 粮食白酒	10%
(6) 薯类白酒	5%
(7) 其他酒	5%
(8) 化妆品	5%
(9) 鞭炮、焰火	5%
(10) 贵重首饰及珠宝玉石	6%
(11) 摩托车	6%
(12) 高尔夫球及球具	10%
(13) 高档手表	20%
(14) 游艇	10%
(15) 木制一次性筷子	5%
(16) 乘用车	8%
(17) 中轻型商用客车	5%

② 使用从量定额办法计算消费税时，其应税消费品的数量为移送使用数量，但不包括

用于连续生产应税消费品的数量。

学中做3-4

某手表厂将一批自产的高档手表50只作为奖励发放给本企业职工，无同类产品销售价格，每只手表成本为9 000元，其成本利润率为20%，消费税税率为20%。

要求：计算该厂应缴纳的消费税税额。

解析：根据税法规定，纳税人自用的应税消费品按同类产品售价计税，无同类产品售价的按组成计税价格计税。

组成计税价格＝成本(1＋成本利润率)÷(1－比例税率)＝50×9 000×(1＋20%)÷(1－20%)＝675 000(元)。

应纳税额＝组成计税价格×比例税率＝675 000×20%＝135 000(元)。

八、外购应税消费品已纳税额的扣除

由于某些应税消费品是用外购已缴纳消费税的应税消费品连续生产出来的，在对这些连续生产出来的应税消费品计算征税时，税法规定应按当期生产领用数量计算准予扣除外购的应税消费品已纳的消费税税款。扣除范围为：

① 以外购的已税烟丝为原料生产的卷烟。

② 以外购的已税高档化妆品为原料生产的高档化妆品。

③ 以外购的已税珠宝玉石为原料生产的贵重首饰及珠宝玉石。需要注意的是，纳税人用外购的已税珠宝玉石生产的改在零售环节征收消费税的金银首饰，一律不得扣除外购珠宝玉石已纳的消费税税款。

④ 以外购的已税鞭炮、焰火为原料生产的鞭炮、焰火。

⑤ 以外购的已税摩托车为原料生产的摩托车。

⑥ 以外购的已税杆头、杆身和握把为原料生产的高尔夫球杆。

⑦ 以外购的已税木制一次性筷子为原料生产的木制一次性筷子。

⑧ 以外购的已税实木地板为原料生产的实木地板。

⑨ 以外购的已税汽油、柴油、石脑油、燃料油、润滑油为原料生产的应税成品油。

(1) 外购从价征收的应税消费品当期准予扣除已纳消费税税款的计算公式为：

当期准予扣除外购应税消费品已纳消费税税额＝当期准予扣除外购应税消费品买价×外购应税消费品适用税率

当期准予扣除外购应税消费品买价＝期初库存的外购应税消费品买价＋当期外购的应税消费品买价－期末库存的外购应税消费品买价

（2）外购从量征收的应税消费品当期准予扣除已纳消费税税款的计算公式为：

当期准予扣除外购应税消费品已纳消费税税额＝当期准予扣除外购应税消费品数量×外购应税消费品单位税额

当期准予扣除外购应税消费品数量＝期初库存的外购应税消费品数量＋当期外购的应税消费品数量－期末库存的外购应税消费品数量

提示

外购应税消费品的买价是指纳税人取得的规定的发票（含销货清单）注明的应税消费品的销售额（增值税专用发票必须是2006年4月1日以后开具的）。

外购应税消费品的数量是指纳税人取得的规定的发票（含销货清单）注明的应税消费品的销售数量。

纳税人取得的进口应税消费品已纳税款为《海关进口消费税专用缴款书》注明的进口环节消费税，可按上述计算方法抵扣。

学中做3-5

甲化妆品厂（一般纳税人）2019年8月份从乙化妆品厂购进已税化妆品200千克用于生产高级化妆品，已知外购的已税化妆品期初库存为100千克，期末库存为150千克，单价为1 000元，当月销售自己生产的化妆品800 000元。

要求：计算该公司8月份应纳消费税。

解析：

当期准予扣除外购应税消费品已纳消费税税款＝(100＋200－150)×1 000×15%＝22 500(元)。

应纳消费税＝800 000×15%－45 000＝97 500(元)。

九、委托加工应税消费品应纳税额的计算

（一）委托加工应税消费品的税务处理

委托加工应税消费品是指由委托方提供原料和主要材料，受托方只收取加工费和代垫部分辅助材料加工的应税消费品。

提示

对于由受托方提供原材料生产的应税消费品，或者受托方先将原材料卖给委托方，然后再接受加工的应税消费品，以及由受托方以委托方名义购进原材料生产的应税消费品，不论在财务上是否作销售处理，都不得作为委托加工应税消费品，而应当按照销售自制应税消费品缴纳消费税。

税法规定，委托加工应税消费品的纳税义务人为委托方，受托方是法定的代收代缴义务人。由受托方加工完毕向委托方交货时代收代缴消费税。如果受托方为个体经营者，一律在委托方收回应税消费品后向委托方所在地主管税务机关缴纳消费税。

如果受托方没有按规定代收代缴消费税，则受托方应承担代收代缴的法律责任，对其处以应代收代缴税款50%以上至3倍以下的罚款。

如果受托方没有代收代缴消费税款，则委托方要补缴税款。

（二）委托加工应税消费品应纳税额的计算

委托加工应税消费品，在使用从量定额方法计算消费税时，其应税销售数量为纳税人收回的应税消费品数量。在使用从价定率方法计算消费税时，其应税销售额按下列顺序确定：

① 按照受托方的同类消费品的销售价格计算纳税。

② 没有同类消费品销售价格的，则按照组成计税价格计算纳税。

实行从价定率办法计算纳税的组成计税价格计算公式：

组成计税价格＝（材料成本＋加工费）÷（1－比例税率）

实行复合计税办法计算纳税的组成计税价格计算公式：

组成计税价格＝（材料成本＋加工费＋委托加工数量×定额税率）÷（1－比例税率）

公式中的“材料成本”是指委托方提供加工材料的实际成本。委托加工应税消费品的纳税人，必须在委托加工合同上如实注明（或以其他方式提供）材料成本，凡未提供材料成本的，受托方主管税务机关有权核定其材料成本。可见，税法对委托方提供原料和主要原料必须如实提供材料成本作了严格的规定，其目的是防止假冒委托加工应税消费品或少报材料成本，逃避纳税。公式中的“加工费”是指受托方加工应税消费品向委托方收取的全部费用，包括代垫辅助材料的实际成本，但不包括随加工费收取的增值税和代收代缴的消费税。

学中做3-6

甲企业委托乙酒厂加工白酒1吨，发出的材料成本为5万元，乙酒厂开具的增值税专用发票上注明的加工费为0.9万元，乙酒厂无同类白酒的销售价格。

要求：计算乙酒厂应代收代缴的消费税。

解析：委托加工白酒按复合方法计税，其单位税额为0.50元/500克，比例税率为20%，因乙酒厂无同类白酒的销售价格，故按组成计税价格计税。

组成计税价格＝（材料成本＋加工费＋委托加工数量×定额税率）÷（1－比例税率）＝（50 000＋9 000＋2 000×0.50）÷（1－20%）＝75 000（元）。

乙酒厂应代收代缴的消费税＝组成计税价格×比例税率＋应税销售数量×定额税率＝75 000×20%＋2 000×0.50＝16 000（元）。

（三）委托方收回应税消费品后的税务处理

① 委托方将收回的应税消费品，以不高于受托方的计税价格出售的，为直接出售，不再缴纳消费税。

② 委托方以高于受托方的计税价格出售的，不属于直接出售，需按照规定申报缴纳消费税，在计税时准予扣除受托方已代收代缴的消费税。

③ 委托方收回应税消费品后用于连续生产应税消费品的，所纳税款可按照当期生产领用数量准予从当期应纳消费税税额中扣除。

④ 委托方收回应税消费品后用于连续生产非应税消费品的，或用于其他方面，不再征收消费税。

（四）委托加工应税消费品已纳税款的抵扣

根据税法的规定，委托加工的应税消费品由委托方收回后，直接出售的或用于其他方面的，不再征收消费税；委托方用于连续生产应税消费品的，所纳税款可按照当期生产领用数量准予从当期应纳消费税税额中扣除。下列委托加工的应税消费品已纳税款准予按生产领用数量扣除：

① 以委托加工收回的已税烟丝为原料生产的卷烟。

② 以委托加工收回的已税化妆品为原料生产的化妆品。

③ 以委托加工收回的已税珠宝玉石为原料生产的贵重首饰及珠宝玉石。需要注意的是，纳税人用委托加工的已税珠宝玉石生产的改在零售环节征收消费税的金银首饰，一律不得扣除收回珠宝玉石已纳的消费税税款。

④ 以委托加工收回的已税鞭炮、焰火为原料生产的鞭炮、焰火。

⑤ 以委托加工收回的已税摩托车为原料生产的摩托车。

⑥ 以委托加工收回的已税杆头、杆身和握把为原料生产的高尔夫球杆。

⑦ 以委托加工收回的已税木制一次性筷子为原料生产的木制一次性筷子。

⑧ 以委托加工收回的已税实木地板为原料生产的实木地板。

⑨ 以委托加工收回的已税汽油、柴油、石脑油、燃料油、润滑油为原料生产的应税成品油。

当期准予扣除委托加工应税消费品已纳税款的计算公式为：

当期准予扣除的委托加工应税消费品已纳税款＝期初库存的委托加工应税消费品已纳税款

＋当期收回的委托加工应税消费品已纳税款

－期末库存的委托加工应税消费品已纳税款

学中做3-7

某木地板厂2019年10月委托甲工厂加工木地板，加工合同中注明原料成本共计120万元，加工费22.5万元，该木地板无市场同类产品价格，当月该木地板厂将收回木地板的50%继续生产成高级木地板出售，售价为300万元。

要求：计算该木地板厂10月应缴纳的消费税。

解析：

组成计税价格＝(材料成本＋加工费)÷(1－比例税率)＝(120＋22.5)÷(1－5%)＝150(万元)。

甲工厂应代收代缴消费税＝组成计税价格×比例税率＝150×5%＝7.5(万元)。

准予抵扣已纳税款＝7.5×50%＝3.75(万元)。

该木地板厂应纳消费税税款＝300×5%－3.75＝11.25(万元)。

十、关于金银首饰征收消费税的规定

根据〔94〕财税字第95号文件的规定，金银首饰消费税由生产销售环节征收改为零售环节。

(一) 纳税义务人

在中华人民共和国境内从事金银首饰零售业务的单位和个人，为金银首饰消费税的纳税义务人。委托加工(除另有规定外)、委托代销金银首饰的，受托方也是纳税人。

(二) 改在零售环节征收消费税的金银首饰范围

根据〔94〕财税字第95号文件的规定，改在零售环节征收消费税的金银首饰范围仅限于：金、银和金基、银基合金首饰，以及金、银和金基、银基合金的镶嵌首饰。从2002年1月1日起，钻石及钻石饰品改为零售环节征税。从2003年5月1日起，铂金首饰消费税改为零售环节征税。

对既销售金银首饰又销售非金银首饰的生产单位，应将两类商品划分清楚，分别核算销售额。凡划分不清楚或者不能分别核算的，在生产环节销售的，一律从高适用税率征收消费税。在零售环节销售的，一律按金银首饰征收消费税。金银首饰和其他产品组成成套消费品销售的，应按销售额全额征收消费税。

经营单位兼营生产、加工、批发、零售业务的，应分别核算销售额，未分别核算销售额或者划分不清的，一律视同零售征收消费税。

(三) 税率

金银首饰消费税税率为5%。

（四）计税依据

① 纳税人销售金银首饰，其计税依据为不含增值税的销售额。如果纳税人销售金银首饰的销售额中未扣除增值税税额，在计算消费税时，应按以下公式换算为不含增值税税额的销售额：

金银首饰的销售额＝含增值税的销售额÷(1＋增值税税率或征收率)

② 金银首饰连同包装物销售的，无论包装物是否单独计价，也无论会计上如何核算，均应并入金银首饰的销售额，计征消费税。

③ 带料加工的金银首饰，应按受托方销售同类金银首饰的销售价格确定计税依据征收消费税。没有同类金银首饰销售价格，按照组成计税价格计算纳税。组成计税价格的计算公式为：

组成计税价格＝(材料成本＋加工费)÷(1－金银首饰消费税税率)

④ 纳税人采用以旧换新(含翻新改制)方式销售的金银首饰，应按实际收取的不含增值税的全部价款确定计税依据征收消费税。

⑤ 生产、批发、零售单位用于馈赠、赞助、集资、广告、样品、职工福利、奖励等方面的金银首饰，应按纳税人销售同类金银首饰的销售价格确定计税依据征收消费税；没有同类金银首饰销售价格的，按照组成计税价格计算纳税。组成计税价格的计算公式为：

组成计税价格＝[购进原价×(1＋利润率)]÷(1－金银首饰消费税税率)

式中，当纳税人为生产企业时，“购进原价”为生产成本，“利润率”一律定为6％。

⑥ 金银首饰消费税改变纳税环节后，用已税珠宝玉石生产的镶嵌首饰，在计税时一律不得扣除已纳的消费税税款。

⑦ 金银首饰消费税改变征税环节后，经营单位进口金银首饰的消费税，由进口环节征收改为在零售环节征收；出口金银首饰由出口退税改为出口不退消费税。

十一、超豪华小汽车零售环节征收消费税的规定

自2016年12月1日起，对超豪华小汽车，在生产(进口)环节按现行税率征收消费税基础上，在零售环节加征消费税，税率为10％。

超豪华小汽车零售环节消费税应纳税额计算公式为：

应纳税额＝零售环节销售额×零售环节税率

国内汽车生产企业直接销售给消费者的超豪华小汽车，消费税税率按照生产环节税率和零售环节税率加总计算。消费税应纳税额计算公式为：

应纳税额＝销售额×(生产环节税率＋零售环节税率)

十二、卷烟批发环节征收消费税的规定

为了适当增加财政收入，完善烟产品消费税制度，自2009年5月1日起，在卷烟批发环节加征一道从价税。在中华人民共和国境内从事卷烟批发业务的单位和个人，批发销售的所有牌号规格的卷烟，按其销售额(不含增值税)征收5％的消费税。自2015年5月10日起

改为复合计税，将卷烟批发环节从价税税率由5%提高至11%，并按0.005元/支(即250元/箱或1元/条)加征从量税。

应纳消费税＝销售额×11%＋销售量×单位税额

纳税人销售给纳税人以外的单位和个人的卷烟在销售时纳税，纳税人之间销售的卷烟不缴纳消费税。

纳税人兼营卷烟批发和零售业务的，应当分别核算批发和零售环节的销售额、销售数量；未分别核算批发和零售环节销售额、销售数量的，按照全部销售额、销售数量计征批发环节消费税。

卷烟消费税在生产和批发两个环节征收后，批发企业在计算纳税时不得扣除已含的生产环节的消费税税款。

【任务操作】

根据本项目的任务描述，计算黄河酒厂2019年7月应纳消费税。

操作步骤：

第一步，计算委托加工环节应补缴的消费税。

税法规定，委托加工应税消费品由受托方加工完毕向委托方交货时代收代缴消费税。如果受托方没有代收代缴消费税款，委托方要补缴税款。如果收回的应税消费品已直接销售，按销售额计税补征。如果收回的应税消费品尚未销售或用于连续生产等，按组成计税价格计税补征。红酒属于"其他酒"子税目，按从价定率办法计税，税率为10%。

① 18日，对外销售500瓶红酒时，应纳消费税＝500×35×10%＝1 750(元)。

② 尚未出售的500瓶红酒，按组成计税价格计算纳税：

组成计税价格＝(材料成本＋加工费)÷(l－比例税率)÷1 000×500＝(20 000＋7 000)÷(1－10%)÷1 000×500＝15 000(元)。

应纳消费税＝15 000×10%＝1 500(元)。

委托方补缴消费税＝1 750＋1 500＝3 250(元)。

第二步，计算销售环节应纳的消费税税额。

① 税法规定，粮食白酒和薯类白酒均按复合办法计税，比例税率为20%，定额税率为0.5元/500克。

应纳税额＝(1 000×100＋300×113＋150×20＋2 000)×20%＋(1 000＋300＋150×2)×0.5＝28 580(元)。

② 税法规定，啤酒按从量定额办法计税，每吨出厂价格(含包装物及包装物押金)在3 000元(含3 000元，不含增值税)以上的啤酒属于甲类啤酒，定额税率为250元/吨。

应纳税额＝20×250＝5 000(元)。

第三步，计算自产自用应税消费品应纳的消费税。

① 将自产瓶装白酒作为礼品送给客户，按纳税人同期同类应税消费的平均价格计税。平均价格＝(1 000×100＋300×113)/(1 000＋300)＝103(元/瓶)。

应纳税额=100×103×20%+100×0.5=2 110(元)。

② 税法规定,将自产应税消费品对外抵债按纳税人同期同类应税消费品的最高价格计税。

应纳税额=100×113×20%+100×0.5=2 310(元)。

第四步,自 2014 年 12 月 1 日起取消费税的"酒精"税目,故销售自产酒精不纳消费税。

第五步,计算应纳税额合计。

应纳税额合计=3 250+28 580+5 000+2 110+2 310=41 250(元)。

任务二　消费税的纳税申报

【知识准备】

一、消费税的纳税环节

消费税实行单一环节纳税,即在消费品从生产、流通到消费的全过程中只选择某一特定环节征税,其他环节不征收消费税(卷烟例外)。

① 纳税人销售自产应税消费品,在生产销售环节纳税。

② 纳税人自产自用应税消费品(除用于连续生产应税消费品),在移送使用时纳税。

③ 委托加工应税消费品,应在委托方提货、受托方交货时,由受托方代收代缴消费税。如果受托方是个体经营者,一律在委托方收回后由委托方向其所在地主管税务机关缴纳。

④ 纳税人进口应税消费品,应在报关进口环节纳税。

⑤ 金银首饰(自 1995 年 1 月 1 日起)、钻石及钻石饰品(自 2002 年 1 月 1 日起)由在生产、进口环节改为零售环节征收消费税。

⑥ 卷烟除了在进口环节和生产环节缴纳消费税外,还在批发环节纳税。

⑦ 自 2016 年 12 月 1 日起,对超豪华小汽车在零售环节加征 10%的消费税。

二、纳税义务的发生时间

消费税纳税义务的发生时间是按照纳税人不同的应税行为分别确定的。

① 纳税人销售应税消费品的,其纳税义务的发生时间因结算方式的不同而不同。

a. 纳税人采取赊销和分期收款结算方式销售应税消费品的,其纳税义务的发生时间为书面合同约定的收款日期的当天,书面合同没有约定收款日期或者无书面合同的,为发出应税消费品的当天。

b. 纳税人采取预收货款结算方式销售应税消费品的,其纳税义务的发生时间为发出应税消费品的当天。

c. 纳税人采取托收承付委托银行收款方式销售应税消费品的，其纳税义务的发生时间为发出应税消费品并办妥托收手续的当天。

d. 纳税人采取其他结算方式销售应税消费品的，其纳税义务的发生时间为收讫销售款或者取得索取销售款凭据的当天。

② 纳税人自产自用应税消费品的，其纳税义务的发生时间为移送使用的当天。

③ 纳税人委托加工应税消费品的，其纳税义务的发生时间为纳税人提货的当天。

④ 纳税人进口应税消费品的，其纳税义务的发生时间为报关进口的当天。

三、消费税的纳税地点

① 纳税人销售应税消费品及自产自用应税消费品的，除国务院财政、税务主管部门另有规定外，应当向纳税人机构所在地或者居住地的主管税务机关申报纳税。纳税人的总机构与分支机构不在同一县(市)的，应当分别向各自机构所在地的主管税务机关申报纳税；经财政部、国家税务总局或者其授权的财政、税务机关批准，可以由总机构汇总向总机构所在地的主管税务机关申报纳税。

纳税人到外县(市)销售或者委托外县(市)代销自产应税消费品的，应于应税消费品销售后，向机构所在地或者居住地主管税务机关申报纳税。

② 委托加工的应税消费品，除受托方为个体经营者外，由受托方向机构所在地或者居住地的主管税务机关解缴消费税税款。委托个人加工应税消费品的，由委托方向其机构所在地或者居住地主管税务机关申报纳税。

③ 进口的应税消费品，由进口人或者其代理人向报关地海关申报纳税。

四、消费税的纳税期限

消费税的纳税期限分别为 1 日、3 日、5 日、10 日、15 日、1 个月或者 1 个季度。纳税人的具体纳税期限，由主管税务机关根据纳税人应纳税额的大小分别核定，不能按照固定期限纳税的，可按次纳税。

纳税人以 1 个月或者 1 个季度为一个纳税期的，自期满之日起 15 日内申报纳税；以 1 日、3 日、5 日、10 日或者 15 日为一个纳税期的，自期满之日起 5 日内预缴税款，于次月 1 日起 15 日内申报纳税并结清上月应纳税款。

纳税人进口应税消费品，应当自海关填发海关进口消费税专用缴款书之日起 15 日内缴纳税款。

五、消费税的纳税申报

（一）纳税申报资料

为了在全国范围内统一规范消费税纳税申报资料，加强消费税管理的基础工作，国家税务总局对不同纳税人制发了相应的消费税纳税申报表。各申报表还有各自的附列资料。

①《酒类应税消费品消费税纳税申报表》，详见表3.4。本表仅限酒类应税消费品消费税纳税人使用。

表3.4 酒类应税消费品消费税纳税申报表

税款所属期:2019年7月1日至2019年7月31日

纳税人名称:某酒厂

纳税人识别号:□□□□□□□□□□□□□□□□□□□□

填表日期:2019年8月10日　　　　金额单位:元(列至角分)

项目 应税消费品名称	适用税率		销售数量（千克）	销售额	应纳税额
	定额税率	比例税率			
粮食白酒	0.5元/500克	20%	750	155 500	31 850
薯类白酒	0.5元/500克	20%	150	5 000	1 150
啤酒	250元/吨	—	20		5 000
啤酒	220元/吨	—			
黄酒	240元/吨	—			
其他酒	—	10%		32 500	3 250
合计	—	—	—	—	41 250

<table>
<tr><td>本期准予抵减税额:</td><td rowspan="3">声明
此纳税申报表是根据国家税收法律的规定填报的,我确定它是真实的、可靠的、完整的。
经办人(签章):
财务负责人(签章):
联系电话:</td></tr>
<tr><td>本期减(免)税额:</td></tr>
<tr><td>期初未缴税额:</td></tr>
<tr><td>本期缴纳前期应纳税额:</td><td rowspan="4">(如果你已委托代理人申报,请填写)
授权声明
为代理一切税务事宜,现授权
(地址)
为本纳税人的代理申报人,任何与本申报表有关的往来文件,都可寄予此人。
授权人签章:</td></tr>
<tr><td>本期预缴税额:</td></tr>
<tr><td>本期应补(退)税额:</td></tr>
<tr><td>期末未缴税额:</td></tr>
</table>

以下由税务机关填写

受理人(签章):　　　受理日期:　　年　　月　　日　　　受理税务机关(章):

②《烟类应税消费品消费税纳税申报表》，详见表3.5。本表仅限烟类应税消费品消费税纳税人使用。

表3.5　烟类应税消费品消费税纳税申报表

税款所属期：　　年　　月　　日至　　年　　月　　日

纳税人名称(公章)：　纳税人识别号：□□□□□□□□□□□□□□□□□□□□

填表日期：　　年　　月　　日　单位：卷烟万支、雪茄烟支、烟丝千克；金额单位：元(列至角分)

项目 应税消费品名称	适用税率		销售数量	销售额	应纳税额
	定额税率	比例税率			
甲类卷烟	30元/万支	56%			
乙类卷烟	30元/万支	36%			
雪茄烟	—	36%			
烟丝	—	30%			
合计	—	—	—	—	

<table>
<tr><td>本期准予扣除税额：</td><td rowspan="3">声明
此纳税申报表是根据国家税收法律的规定填报的，我确定它是真实的、可靠的、完整的。
经办人(签章)：
财务负责人(签章)：
联系电话：</td></tr>
<tr><td>本期减(免)税额：</td></tr>
<tr><td>期初未缴税额：</td></tr>
<tr><td>本期缴纳前期应纳税额：</td><td rowspan="4">(如果你已委托代理人申报，请填写)
授权声明
为代理一切税务事宜，现授权(地址)　　　为本纳税人的代理申报人，任何与本申报表有关的往来文件，都可寄予此人。
授权人签章：</td></tr>
<tr><td>本期预缴税额：</td></tr>
<tr><td>本期应补(退)税额：</td></tr>
<tr><td>期末未缴税额：</td></tr>
</table>

以下由税务机关填写

受理人(签章)：　　　受理日期：　　年　　月　　日　　　受理税务机关(章)：

③《卷烟批发环节消费税纳税申报表》,详见表 3.6。本表仅限卷烟批发环节消费税纳税人使用。

表 3.6 卷烟批发环节消费税纳税申报表

税款所属期： 年 月 日至 年 月 日

纳税人名称(公章)： 纳税人识别号：

填表日期： 年 月 日 单位:万支、元(列至角分)

项目 应税消费品名称	适用税率		销售数量	销售额	应纳税额
	定额税率	比例税率			
卷烟	50 元/万支	11%			
合计	—	—			

期初未缴税额：	声明 此纳税申报表是根据国家税收法律、法规规定填报的,我确定它是真实的、可靠的、完整的。 经办人(签章)： 财务负责人(签章)： 联系电话：
本期缴纳前期应纳税额：	
本期预缴税额：	(如果你已委托代理人申报,请填写) 授权声明 为代理一切税务事宜,现授权(地址) 为本纳税人的代理申报人,任何与本申报表有关的往来文件,都可寄予此人。 授权人签章：
本期应补(退)税额：	
期末未缴税额：	

以下由税务机关填写

受理人(签章)： 受理日期： 年 月 日 受理税务机关(章)：

④《小汽车消费税纳税申报表》,详见表 3.7。本表仅限小汽车消费税纳税人使用。

⑤《成品油消费税纳税申报表》,详见表 3.8。本表仅限成品油消费税纳税人使用。

⑥《电池消费税纳税申报表》,详见表 3.9。本表仅限电池消费税纳税人使用。

⑦《涂料消费税纳税申报表》,详见表 3.10。本表仅限涂料消费税纳税人使用。

表 3.7　小汽车消费税纳税申报表

税款所属期：　　年　　月　　日至　　年　　月　　日

纳税人名称(公章)：　　纳税人识别号：□□□□□□□□□□□□□□□□□□□□

填表日期：　　年　　月　　日　　　　　　　　　　单位：辆、元(列至角分)

<table>
<tr><td colspan="2">项　目
应税
消费品名称</td><td>适用税率</td><td>销售数量</td><td>销售额</td><td>应纳税额</td></tr>
<tr><td rowspan="7">乘用车</td><td>气缸容量≤1.0 升</td><td>1%</td><td></td><td></td><td></td></tr>
<tr><td>1.0 升<气缸容量≤1.5 升</td><td>3%</td><td></td><td></td><td></td></tr>
<tr><td>1.5 升<气缸容量≤2.0 升</td><td>5%</td><td></td><td></td><td></td></tr>
<tr><td>2.0 升<气缸容量≤2.5 升</td><td>9%</td><td></td><td></td><td></td></tr>
<tr><td>2.5 升<气缸容量≤3.0 升</td><td>12%</td><td></td><td></td><td></td></tr>
<tr><td>3.0 升<气缸容量≤4.0 升</td><td>25%</td><td></td><td></td><td></td></tr>
<tr><td>气缸容量>4.0 升</td><td>40%</td><td></td><td></td><td></td></tr>
<tr><td colspan="2">中轻型商用客车</td><td>5%</td><td></td><td></td><td></td></tr>
<tr><td colspan="2">合计</td><td>—</td><td>—</td><td>—</td><td></td></tr>
<tr><td colspan="4">本期准予扣除税额：</td><td colspan="2" rowspan="3">声明
此纳税申报表是根据国家税收法律的规定填报的，我确定它是真实的、可靠的、完整的。
经办人(签章)：
财务负责人(签章)：
联系电话：</td></tr>
<tr><td colspan="4">本期减(免)税额：</td></tr>
<tr><td colspan="4">期初未缴税额：</td></tr>
<tr><td colspan="4">本期缴纳前期应纳税额：</td><td colspan="2" rowspan="4">(如果你已委托代理人申报，请填写)
授权声明
为代理一切税务事宜，现授权(地址)　　　　为本纳税人的代理申报人，任何与本申报表有关的往来文件，都可寄予此人。
授权人签章：</td></tr>
<tr><td colspan="4">本期预缴税额：</td></tr>
<tr><td colspan="4">本期应补(退)税额：</td></tr>
<tr><td colspan="4">期末未缴税额：</td></tr>
</table>

以下由税务机关填写

受理人(签章)：　　　　受理日期：　　年　　月　　日　　　　受理税务机关(章)：

表 3.8 成品油消费税纳税申报表

税款所属期：　年　月　日至　年　月　日

纳税人名称(公章)：　纳税人识别号：□□□□□□□□□□□□□□□□□□□□

填表日期：　年　月　日　计量单位:升　金额单位:元(列至角分)

项目 应税消费品名称	适用税率(元/升)	销售数量	应纳税额
汽油	1.52		
柴油	1.20		
石脑油	1.52		
溶剂油	1.52		
润滑油	1.52		
燃料油	1.20		
航空煤油	1.20		—
合计	—	—	

本期减(免)税额：	声明 此纳税申报表是根据国家税收法律的规定填报的,我确定它是真实的、可靠的、完整的。 经办人(签章)： 财务负责人(签章)： 联系电话：
期初留抵税额：	
本期准予扣除税额：	
本期应抵扣税额：	
期初未缴税额：	
期末留抵税额：	
本期实际抵扣税额：	
本期缴纳前期应纳税额：	(如果你已委托代理人申报,请填写) 授权声明 为代理一切税务事宜,现授权(地址)　为本纳税人的代理申报人,任何与本申报表有关的往来文件,都可寄予此人。 授权人签章：
本期预缴税额：	
本期应补(退)税额：	
期末未缴税额：	

以下由税务机关填写

受理人(签字)：　受理日期：　年　月　日　受理税务机关(章)：

表 3.9　电池消费税纳税申报表

税款所属期：　　年　　月　　日至　　年　　月　　日

纳税人名称(公章)：　税人识别号：□□□□□□□□□□□□□□□□□□□□

填表日期：　　年　　月　　日　　　计量单位:只　　　金额单位:元(列至角分)

项目 应税消费品名称	适用税率	销售数量	销售额	应纳税额
电池(不含铅蓄电池)	4%			
铅蓄电池	4%			—
合计	—			

<table>
<tr><td>本期准予扣除税额：</td><td rowspan="3">声明
此纳税申报表是根据国家税收法律规定填报的,我确定它是真实的、可靠的、完整的。
经办人(签章)：
财务负责人(签章)：
联系电话：</td></tr>
<tr><td>本期减(免)税额：</td></tr>
<tr><td>期初未缴税额：</td></tr>
<tr><td>本期缴纳前期应纳税额：</td><td rowspan="4">(如果你已委托代理人申报,请填写)
授权声明
为代理一切税务事宜,现授权　(地址)　　为本纳税人的代理申报人,任何与本申报表有关的往来文件,都可寄予此人。
授权人签章：</td></tr>
<tr><td>本期预缴税额：</td></tr>
<tr><td>本期应补(退)税额：</td></tr>
<tr><td>期末未缴税额：</td></tr>
</table>

以下由税务机关填写

受理人(签章)：　　　受理日期：　　年　　月　　日　　　受理税务机关(章)：

表 3.10　涂料消费税纳税申报表

税款所属期：　　年　月　日至　　年　月　日

纳税人名称(公章)：　纳税人识别号：

填表日期：　年　月　日　　计量单位:吨　　金额单位:元(列至角分)

<table>
<tr><th>项　目</th><th>适用税率</th><th>销售数量</th><th>销售额</th><th>应纳税额</th></tr>
<tr><td>涂料</td><td>4%</td><td></td><td></td><td></td></tr>
<tr><td colspan="3">本期准予扣除税额：</td><td colspan="2" rowspan="3">声明
此纳税申报表是根据国家税收法律的规定填报的,我确定它是真实的、可靠的、完整的。
经办人(签章)：
财务负责人(签章)：
联系电话：</td></tr>
<tr><td colspan="3">本期减(免)税额：</td></tr>
<tr><td colspan="3">期初未缴税额：</td></tr>
<tr><td colspan="3">本期缴纳前期应纳税额：</td><td colspan="2" rowspan="4">(如果你已委托代理人申报,请填写)
授权声明
为代理一切税务事宜,现授权(地址)　　为本纳税人的代理申报人,任何与本申报表有关的往来文件,都可寄予此人。
授权人签章：</td></tr>
<tr><td colspan="3">本期预缴税额：</td></tr>
<tr><td colspan="3">本期应补(退)税额：</td></tr>
<tr><td colspan="3">期末未缴税额：</td></tr>
</table>

以下由税务机关填写

受理人(签章)：　　受理日期：　年　月　日　　受理税务机关(章)：

⑧《其他应税消费品消费税纳税申报表》,详见表 3.11。本表仅限化妆品、贵重首饰及珠宝玉石、鞭炮及焰火、摩托车(排量≥250 毫升)、高尔夫球及球具、高档手表、游艇、木制一次性筷子、实木地板、超豪华小汽车等消费税纳税人使用。

⑨《本期准予扣除税额计算表》,详见表 3.12。本表作为《其他应税消费品消费税纳税申报表》的附列资料,由外购或委托加工收回应税消费品后连续生产应税消费品的纳税人填报。未发生外购或委托加工收回应税消费品后连续生产应税消费品的纳税人不填报本表。

⑩《本期代收代缴税额计算表》,详见表 3.13。本表作为《其他应税消费品消费税纳税申报表》的附列资料,由应税消费品受托加工方填报。委托方和未发生受托加工业务的纳税人不填报本表。

表 3.11　其他应税消费品消费税纳税申报表

税款所属期：　　年　月　日至　　年　月　日

纳税人名称(公章)：　纳税人识别号：

填表日期：　　年　月　日　　　　金额单位：元(列至角分)

项目 应税消费品名称	适用税率	销售数量	销售额	应纳税额
合计	—	—	—	

<table>
<tr><td>本期准予抵减税额：</td><td rowspan="3">声明
此纳税申报表是根据国家税收法律的规定填报的，我确定它是真实的、可靠的、完整的。
经办人(签章)：
财务负责人(签章)：
联系电话：</td></tr>
<tr><td>本期减(免)税额：</td></tr>
<tr><td>期初未缴税额：</td></tr>
<tr><td>本期缴纳前期应纳税额：</td><td rowspan="4">(如果你已委托代理人申报，请填写)
授权声明
为代理一切税务事宜，现授权
(地址)　　　为本纳税人的代理申报人，任何与本申报表有关的往来文件，都可寄予此人。
授权人签章：</td></tr>
<tr><td>本期预缴税额：</td></tr>
<tr><td>本期应补(退)税额：</td></tr>
<tr><td>期末未缴税额：</td></tr>
</table>

以下由税务机关填写

受理人(签章)：　　受理日期：　　年　月　日　　受理税务机关(章)：

表 3.12 本期准予扣除税额计算表

税款所属期： 年 月 日至 年 月 日

纳税人名称(公章)： 纳税人识别号：

填表日期： 年 月 日 金额单位:元(列至角分)

项目 \ 应税消费品名称					合计
当期准予扣除的委托加工应税消费品已纳税款计算	期初库存委托加工应税消费品已纳税款				—
	当期收回委托加工应税消费品已纳税款				—
	期末库存委托加工应税消费品已纳税款				—
	当期准予扣除委托加工应税消费品已纳税款				
当期准予扣除的外购应税消费品已纳税款计算	期初库存外购应税消费品买价				—
	当期购进应税消费品买价				—
	期末库存外购应税消费品买价				—
	外购应税消费品适用税率				—
	当期准予扣除外购应税消费品已纳税款				
本期准予扣除税款合计					

表 3.13　本期代收代缴税额计算表

税款所属期：　　年　月　日至　　年　月　日

纳税人名称(公章)：　纳税人识别号：□□□□□□□□□□□□□□□□□□□□

填表日期：　　年　月　日　　　　　　金额单位:元(列至角分)

项目 \ 应税消费品名称				合计
适用税率				—
受托加工数量				—
同类产品销售价格				—
材料成本				—
加工费				—
组成计税价格				—
本期代收代缴税款				

(二) 纳税申报表的填制

消费税纳税人在纳税期限内,无论有无应税收入,都应按有关规定如实填写消费税纳税申报表,及时到主管税务机关办理纳税申报。

【任务操作】

根据本项目的任务描述,填写《酒类应税消费品消费税纳税申报表》。操作结果详见表 3.4。

操作步骤:

第一步,根据企业基本概况,填写纳税人名称、纳税人识别号。税款所属期为 2019 年 7 月1 日至 2019 年 7 月 31 日,填表日期为在纳税申报期(8 月 1 日至 8 月 15 日)内的实际填表日期。

第二步,填写酒类应税消费品的销售数量、销售额和应纳税额。

① 粮食白酒的销售数量=(1 000+300+100)×0.5+150=750(千克)。

粮食白酒的销售额=1 000×100+300×113+100×103+100×113=155 500(元)。

粮食白酒的应纳税额=750×2×0.5+155 500×0.2=31 850(元)。

② 薯类白酒的销售数量=150(千克)。

薯类白酒的销售额=150×20+2 000=5 000(元)。

薯类白酒的应纳税额=300×0.5+5 000×0.2=1 150(元)。

③ 啤酒的销售数量＝20(吨)。

啤酒的应纳税额＝20×250＝5 000(元)。

④ 其他酒的销售额＝32 500(元)。

其他酒的应纳税额＝32 500×10%＝3 250(元)。

⑤ 应纳税额合计＝31 850＋1 150＋5 000＋3 250＝41 250(元)。

项目练习

一、思考题

1. 简述增值税和消费税之间的关系。
2. 消费税的纳税人有哪些?
3. 消费税的税目有哪些?
4. 消费税的计税方法有哪些?分别适用于哪些应税消费品?

二、单项选择题

1. 下列应税消费品在生产环节和批发环节都征收消费税的是(　　)。

A. 烟丝　　B. 雪茄烟　　C. 卷烟　　D. 白酒

2. 税法规定,纳税人将自产的应税消费品用于连续生产其他应税消费品的,(　　)。

A. 视同销售纳税　　B. 移送使用时纳税

C. 按组成计税价格纳税　　D. 移送使用时不纳税

3. 下列应税消费品在销售时,不需缴纳消费税的是(　　)。

A. 销售已使用过的中轻型商用客车　　B. 木地板厂生产销售实木地板

C. 手表厂销售高档手表　　D. 某商场销售金银首饰

4. 某酒厂本月销售啤酒10吨,不含税售价2 600元/吨,同时收取包装物押金5 000元,则该酒厂当月应纳消费税为(　　)。

A. 2 200元　　B. 2 400元　　C. 2 413.68元　　D. 2 500元

5. 委托加工实木地板,按照受托方同类消费品的销售价格计算纳税;没有同类消费品销售价格的,按组成计税价格计算纳税。组成计税价格的计算公式为(　　)。

A. (成本＋利润)÷(1－消费税税率)

B. (成本＋利润)÷(1＋消费税税率)

C. (材料成本＋加工费)÷(1－消费税税率)

D. (材料成本＋加工费)÷(1＋消费税税率)

6. 下列情况中,属于委托加工应税消费品的是(　　)。

A. 由受托方提供原材料生产的应税消费品

B. 受托方先将原材料卖给委托方再接受加工的应税消费品

C. 由委托方提供原料及主要材料,受托方只收取加工费和代垫部分辅助材料加工

费的应税消费品

D. 受托方以委托方名义购进原材料生产的应税消费品

7. 纳税人将应税消费品与非应税消费品以及适用税率不同的应税消费品组成成套消费品销售的，应按（　）消费税。

A. 应税消费品的平均税率计征　B. 应税消费品的最高税率计征

C. 应税消费品的不同税率分别计征　D. 应税消费品的最低税率计征

8. 下列连续生产的应税消费品，在计税时准予按当期生产领用量计算扣除外购应税消费品已纳消费税税款的有（　）。

A. 以外购的护肤品生产的化妆品　B. 以外购的汽车轮胎生产的小汽车

C. 以外购的烟丝生产的卷烟　D. 以外购的珠宝玉石生产的金银首饰

9. 超豪华小汽车是指每辆零售价格在（　）万元（不含增值税）及以上的乘用车和中轻型商用客车。

A. 130　B. 100　C. 120　D. 150

10.（　）应征收消费税。

A. 普通护肤品　B. 护发品

C. 高档化妆品　D. 影视演员化妆用的上妆油

三、多项选择题

1. 下列关于我国消费税的说法中，正确的是（　）。

A. 属于流转税　B. 是价内税

C. 只选择部分消费品征税　D. 属于一次课征的税种（少数消费品例外）

2. 消费税的纳税环节包括（　）。

A. 生产环节　B. 批发环节　C. 进口环节　D. 零售环节

3. 下列应税消费品中，适用从量定额征收消费税的有（　）。

A. 白酒　B. 成品油　C. 啤酒　D. 黄酒

4. 纳税人自产的应税消费品用于下列用途时，应视同销售计征消费税的有（　）。

A. 在建工程　B. 连续生产应税消费品　C. 广告　D. 赞助、集资

5. 下列应税消费品中，适用复合计税方法征收消费税的有（　）。

A. 白酒　B. 卷烟　C. 实木地板　D. 高档手表

6. 在从量定额计算消费税时，其计税依据包括（　）。

A. 销售应税消费品的，以销售数量为计税依据

B. 委托加工应税消费品的，以加工收回的应税消费品数量为计税依据

C. 自产自用应税消费品的，以移送使用数量为计税依据

D. 进口应税消费品的，以进口应税消费品数量为计税依据

7. 下列环节既征增值税又征消费税的有（　）。

A. 卷烟的批发环节　B. 金银首饰的零售环节

C. 卷烟的生产销售环节　D. 金银首饰的进口环节

8. 纳税人销售应税消费品向购买方收取的（　　），应计入销售额计税。

A. 手续费　　B. 装卸费　　C. 包装费　　D. 增值税销项税额

四、判断题

1. 受托加工的应税消费品，一律由受托方向委托方交货时代收代缴消费税。（　　）

2. 纳税人用于换取生产资料和消费资料、投资入股和抵偿债务等方面的应税消费品，应当以纳税人同类应税消费品的加权平均价格作为计税依据征消费税。（　　）

3. 委托加工应税消费品的组成计税价格公式中的加工费，是指受托方加工应税消费品向委托方收取的全部费用，但不包括代垫辅助材料的实际成本。（　　）

4. 纳税人用外购已税的酒精生产的粮食白酒，在销售白酒计税时允许扣除全部外购酒精已纳的消费税税额。（　　）

5. 金银首饰、钻石及钻石饰品的消费税在零售环节征收。（　　）

6. 纳税人通过自设非独立核算门市部销售的自产应税消费品，应当按照门市部对外销售额或销售数量征收消费税。（　　）

7. 增值税和消费税都属于流转税，因此纳税人销售自产的应税消费品时，缴纳了消费税，就不需要缴纳增值税。（　　）

8. 增值税小规模纳税人用外购的已税烟丝生产卷烟，在销售卷烟计税时不允许扣除当期生产领用的已税烟丝已纳的消费税。（　　）

9. 自 2016 年 12 月 1 日起，对超豪华小汽车在零售环节加征 10%的消费税。（　　）

10. 自 2016 年 10 月 1 日起，高档化妆品消费税纳税人以外购、进口和委托加工收回的高档化妆品为原料继续生产高档化妆品，准予从高档化妆品消费税应纳税额中扣除外购、进口和委托加工收回的高档化妆品已纳消费税税款。（　　）

五、计算操作题

1. 某木地板厂为增值税一般纳税人，2019 年 6 月有关生产经营情况如下：

(1) 向农业生产者收购原木一批，收购凭证上注明的支付收购货款为 30 万元，原木验收入库后，又将其运往木材厂加工成未经涂饰的素板，取得加工厂防伪税控系统开具的增值税专用发票，注明的支付加工费为 5 万元，增值税 0.65 万元，加工厂无同类产品价格并已代扣代缴消费税，专用发票本月已认证。

(2) 木地板厂将收回的委托加工的素板验收入库后，生产车间领用其中的 80%用于继续生产实木地板。

(3) 当月销售给某建材市场实木地板 150 万元（不含税），将市场价值 10 万元（不含税）的实木地板用作本单位办公室装修（实木地板的消费税税率 5%）。

要求：

(1) 计算木材加工厂应代扣代缴的消费税税额。

(2) 计算该木地板厂当月应缴纳的消费税税额。

(3) 在纳税申报期内填制消费税纳税申报表。

2. 某汽车厂为增值税一般纳税人，主要生产小汽车和中轻型商用客车，小汽车不含税出厂价为12.5万元，中轻型商用客车不含税出厂价为135万元，2019年7月发生如下业务：

(1) 本月销售小汽车8 600辆，将2辆小汽车转为本厂自用。

(2) 销售给某外贸公司10辆中轻型商用客车(外贸公司用于出口)，直接销售给消费者个人2辆中轻型商用客车。

(3) 将1辆新研制的新款小汽车作为样品，该新款小汽车无同类产品售价，其生产成本为15万元/辆。(成本利润率为8%)

要求：

(1) 计算该厂本月应缴纳的消费税税额(本题中小汽车的税率为3%)。

(2) 在纳税申报期内填制消费税纳税申报表。

六、税收新政策补充

要求同学们登录国家税务总局网站 http://www.chinatax.gov.cn/，查阅2019年7月1日以后发布的关于消费税方面的税收新政策，并简述新政策的主要内容。

项目四

进出口环节纳税实务

项目目标

1. 能根据进口货物的种类确定进口环节应纳税的税种名称。
2. 能正确计算进口货物的应纳税额。
3. 能掌握出口货物的退(免)税政策。
4. 能正确计算出口货物的应退税额。

项目描述

一、企业基本概况

企业名称:某贸易公司

企业法人代表:王××

企业地址及电话:上海市××路×××号　021-××××××××

开户银行及账号:××银行上海市××支行　×××××××××××××××××

纳税人识别号:××××××××××××××××

二、企业业务资料

某贸易公司2019年8月发生以下业务：

1. 8月10日，从日本进口化妆品，支付国外的买价220万元；支付运抵我国海关所在地前的运输费用20万元、装卸费和保险费用12万元；支付从海关所在地至外贸公司的运输费用，取得增值税专用发票，发票上注明的运费为8万元、税款为0.72万元；支付装卸费用，取得增值税专用发票，发票上注明的装卸费为3万元、税款为0.18万元。

2. 8月20日，从某手表厂购买高档手表，取得增值税专用发票，发票上注明的价款为300万元、税款为39万元。

3. 8月25日，将20日购进的高档手表全部出口南非，离岸价为100万美元。

相关资料：化妆品的进口关税税率为20%，消费税税率为15%；高档手表的增值税退税率为15%，消费税税率为20%。

三、任务要求

1. 判断进口环节应纳税的税种名称并计算应纳税额。

2. 判断出口环节应纳(退、免)税的税种名称并计算应退税额。

任务一　进口环节纳税实务

【知识准备】

一、关税的概念及特点

（一）关税的概念

关税是海关依法对进出关境的货物和物品征收的一种流转税，包括进口关税和出口关税。关境，又称税境，是一国海关法规可以全面实施的境域。国境是一个主权国家的领土范围。一般情况下，一个国家的关境与国境领域范围是统一的。但有时关境与国境的范围不一致。当一国在国境内设立了自由港、自由贸易区等，这些区域就进出口关税而言处于关境之外，这时该国的关境就小于国境，如我国。当几个国家结成关税同盟，组成一个共同的关境，实施统一的关税法令和统一的对外税则时，这些国家彼此之间对进出国境的货物不征收关税，只对来自或运往其他国家的货物进出共同关境时征收关税，这些国家的关境大于国境，如欧盟。

现行关税法律规范有全国人民代表大会于2000年修订颁布的《中华人民共和国海关法》(以下简称《海关法》)、国务院于2003年11月发布的《中华人民共和国海关进出口关税条例》(以下简称《进出口关税条例》)、《中华人民共和国海关进出口税则》《中华人民共和国海关入境旅客行李物品和个人邮递物品征收进口税办法》等。

(二) 关税的特点

关税同其他国内流转税相比,主要有以下几个特征:

① 征税对象是进出关境的货物或物品。

② 课税环节是进出口环节。关税实行进出口环节单环节课税,在一次性征收关税后,在国内流通的任何环节均不再征收关税。

③ 计税依据为完税价格。完税价格是关税法中特有的概念,其确定由海关估定。

④ 具有较强的政策性。关税属于涉外税收,与国家的各类对外政策联系紧密,故关税具有较强的政策性,并且变动较大。

⑤ 关税由海关专门负责征收。各类国内税收一般均由税务机关负责征管,而关税在各国则一般由海关专门负责征收。

二、进口关税的纳税义务人和征税对象

进口货物的收货人、进入我国关境物品的所有人是进口关税的纳税义务人。

我国进口关税的征税范围包括准许进入我国国境的各类货物和物品,凡准许进口的贸易性货物,除国家另有规定的以外,均由海关征收进口关税;对从境外采购进口的原产于中国境内的货物,海关也要征收进口关税。凡入境旅客及运输工具服务人员携带的非贸易性行李物品、个人邮递物品以及其他个人自用物品,除另有规定的以外,由海关征收进口税。

三、进口关税的税率

(一) 进口关税税率的种类

进出口货物的税率由国家的关税税则确定。关税税则,又称海关税则,是指根据国家的关税政策和经济政策,通过法定的立法程序对进出境货物进行分类并制定相应的税目税率表,以及对分类总规则和税目税率表的运用进行规定和说明的法律规则,是关税制度的核心内容。

进口关税的税率分为最惠国税率、协定税率、特惠税率、普通税率以及关税配额税率,一定时期内可实行暂定税率。进口货物适用何种关税税率是以进口货物的原产地为标准的。依照我国国务院通过的《中华人民共和国进出口货物原产地条例》第3条的规定,完全在一个国家(地区)获得的货物,以该国(地区)为原产地;两个以上国家(地区)参与生产的货物,以最后完成实质性改变的国家(地区)为原产地。

① 最惠国税率适用原产于与我国共同适用最惠国待遇条款的世界贸易组织成员国或

地区的进口货物；或原产于与我国签订有相互给予最惠国待遇条款的双边贸易协定的国家或地区的进口货物。

② 协定税率，适用原产于我国参加的含有关税优惠条款的区域性贸易协定的有关缔约方的进口货物。

③ 特惠税率，适用原产于与我国签订有特殊优惠关税协定的国家或地区的进口货物。

④ 普通税率，适用原产于上述国家或地区以外的国家或地区的进口货物。

⑤ 关税配额税率，适用按照国家规定实行关税配额管理的进口货物。

⑥ 暂定税率，是在最惠国税率的基础上，对于一些国内需要降低进口关税的货物，以及出于国际双边关系的考虑需要个别安排的进口货物，可以实行暂定税率。

适用最惠国税率的进口货物有暂定税率的，应当适用暂定税率；适用协定税率、特惠税率的进口货物有暂定税率的，应当从低适用税率；适用普通税率的进口货物，不适用暂定税率。

（二）特别关税

特别关税包括报复性关税、反倾销税与反补贴税、保障性关税。

① 报复性关税，是指为报复他国对本国出口货物的关税歧视，而对相关国家的进口货物征收的一种进口附加税。

② 反倾销税与反补贴税，是指进口国海关对外国的倾销商品在征收关税的同时附加征收的一种特别关税，其目的在于抵消他国补贴。

③ 保障性关税，是指当某类商品进口量剧增，对我国相关产业带来巨大威胁或损害时，按照 WTO 有关规则，可以启动一般保障性措施，即在与实质利益的国家或地区进行磋商后，在一定时期内提高该项商品的进口关税或采取数量限制措施，以保护国内相关产业不受损害。

（三）关税税率的运用

我国进出口关税条例规定，进出口货物应当依照税则规定的归类原则归入合适的税号，并按照适用税率征税。

① 进出口货物，应当按照纳税义务人申报进口或者出口之日实施的税率征税。

② 进口货物到达前，经海关核准先行申报的，应当按照装载此货物的运输工具申报进境之日实施的税率征税。

③ 进出口货物的补税和退税，适用该进出口货物原申报进口或者出口之日所实施的税率，但下列情况除外：

a. 按照特定减免税办法批准予以减免税的进口货物，后因情况改变经海关批准转让或出售而需要予以补税的，应按原进口之日实施的税率征税。

b. 加工贸易进口料件等属于保税性质的进口货物，如经批准转为内销，应按向海关申报转为内销当日实施的税率征税;如未经批准擅自转为内销的,则按海关查获日期所施行的税率征税。

c. 对经批准缓税进口的货物在以后缴纳税款时,不论是分次或一次缴清税款,都应按货物原进口之日实施的税率计征税款。

d. 分期支付租金的租赁货物在分期付税时,都应按该项货物原进口之日实施的税率征税。

e. 溢卸、误卸货物事后确定需要予以征税时,应按其原运输工具申报进口日期所实施的税率征税。对于原进口日期无法查明的,可按确定补税当天实施的税率征税。

f. 对由于《海关进出口税则》归类的改变、完税价格的审定或其他工作差错而需要补征税款的,应按原征税日期实施的税率征税。

g. 查获的走私进口货物需要予以补税时,应按查获日期实施的税率征税。

h. 暂时进口货物转为正式进口需要予以补税时,应按转为正式进口之日实施的税率征税。

四、关税的减免

根据我国现行税法的有关规定,关税的减免大致可分为法定减免税、特定减免税和临时减免税三种情况。

(一)法定减免税

关税的法定减免是《海关法》和《进出口关税条例》中明确列出的减税或者免税。主要有下列情形:

① 关税税额在50元以下的一票货物,可免征关税。

② 无商业价值的广告品和货样,可免征关税。

③ 外国政府、国际组织无偿赠送的物资,可免征关税。

④ 进出境运输工具装载的途中必需的燃料、物料和饮食用品,可予以免税。

⑤ 因故退还的我国出口货物,经海关审查核实,可以免征进口关税。但是,已征收的出口关税,不予退还。

⑥ 因故退还的境外进口货物,经海关审查核实,可以免征出口关税。但是,已征收的进口关税,不予退还。

有下列情况之一的进口货物,海关可以酌情减免关税:

① 在境外运输途中或者在起卸时,遭受损坏或者损失的。

② 起卸后海关放行前,因不可抗力遭受损坏或者损失的。

③ 海关查验时已经破漏、损坏或者腐烂,经证明不是保管不慎造成的。

对于法律规定的其他免征或者减征关税的货物,海关根据规定予以免征或者减征。

（二）特定减免税

特定减免税也称政策性减免税。在法定减免税之外，国家按照国际通行规则和我国的实际情况，制定发布的有关进出口货物减免关税的政策，称为特定减免税。特定减免税货物一般有地区、企业和用途的限制，海关需要进行后续管理，也需要进行减免税统计。

（三）临时减免税

临时减免税是指以上法定和特定减免税以外的其他减免税，即由国务院根据《海关法》对某个单位、某类商品、某个项目或某批进出口货物的特殊情况，给予特别照顾，一案一批，专文下达的减免税。

五、进口关税的计算

按照计税依据的不同，进口货物或物品多数实行从价计税，对部分货物实行从量计税、复合计税和滑准税。

（一）从价计税

应纳进口关税＝进口完税价格×税率＝应税进口货物数量×单位完税价格×税率

进口关税的计税依据是完税价格，一般贸易项下进口的货物以到岸价格作为完税价格，包括海关审定的进口货物成交价格、货物运抵我国境内输入地点起卸前的运费及其相关费用、保险费等。

进口货物的下列费用应当计入完税价格：

① 由买方负担的除购货佣金以外的佣金和经纪费。购货佣金指买方为购买进口货物向自己的采购代理人支付的劳务费用。经纪费指买方为购买进口货物向代表买卖双方利益的经纪人支付的劳务费用。

② 由买方负担的与该货物视为一体的容器费用。

③ 由买方负担的包装材料和包装劳务费用。

④ 与该货物的生产和向境内销售有关的，由买方以免费或者低于成本的方式提供并可以按适当比例分摊的料件、工具、模具、消耗材料及类似货物的价款，以及在境外开发、设计等相关服务的费用。

⑤ 作为该货物向境内销售的条件，由买方支付的、与该货物有关的特许权使用费。

⑥ 卖方直接或间接从买方获得的该货物进口后转售、处置或者使用的收益。

进口时在货物的价款中列明的下列税收、费用，不计入该货物的完税价格：

① 厂房、机械、设备等货物进口后的基建、安装、装配、维修和技术服务的费用。保修费用除外。

② 货物运抵境内输入地点之后的运输费用及其相关费用、保险费。

③ 进口关税及其他国内税收。

④ 为在境内复制进口货物而支付的费用。

⑤ 境内外技术培训及境外考察费用。

海关审查未能确定完税价格的，由海关按照公正、合理的原则，依次以下列价格为基础估定完税价格：

① 从该项进口货物统一出口国或者地区购进的相同或者类似货物的成交价格。

② 从该项进口货物的相同或者类似货物在国际市场上的成交价格。

③ 从该项进口货物的相同或者类似货物在国内市场上的价格，减去进口关税、进口环节其他税收以及进口后的运输、储存、营业费用及利润后的价格。

④ 海关用其他合理的方法而估定的价格。

学中做4-1

某外贸公司从日本进口200吨化肥，货物以境外口岸离岸价格成交，每吨2 200美元，外汇牌价为1美元=6.20元，货物运达我国境内输入地点起卸前的运输费、保险费和其他劳务费用为每吨人民币1 000元，关税税率为10%。

要求：计算该公司应缴纳的关税税额。

解析：

应纳进口关税=应税进口货物数量×单位完税价格×税率=200×(2 200×6.2+1 000)×10%=292 800(元)。

（二）从量计税

从量计税以进口货物的长度、重量、面积、体积、容积等计量单位为计税依据。从量计税不受商品价格的影响，计税简便。目前，我国对原油、部分鸡产品、啤酒、胶卷进口采取从量计算税额。

应纳进口关税=应税进口货物数量×定额税率

学中做4-2

某外贸公司从日本进口彩色摄影胶卷30 000卷(1卷=0.057 75平方米)，经海关审定的成交价格为40 000美元，计算应缴纳的进口关税(外汇牌价1美元=6.15元，定额税率为18元/平方米)。

要求：计算该公司应纳进口关税。

解析：

应纳进口关税=应税进口货物数量×定额税率=30 000×0.057 75×18=31 185(元)。

（三）复合计税

目前，我国对广播用数字照相片、摄录一体机实行先计征从量税，再计征从价税。

应纳进口关税＝应税进口货物数量×定额税率
＋应税进口货物数量×单位完税价格×税率

学中做4-3

某外贸公司进口4台日本产电视摄像机，到岸价为25 000美元。

要求：计算应纳关税（征税日美元与人民币的外汇折算率为1∶6.5，适用优惠税率为：每台完税价格高于5 000美元的，从量税为每台13 280元人民币，再征从价税3%）。

解析：

应纳进口关税＝应税进口货物数量×定额税率＋应税进口货物数量×单位完税价格×税率＝4×13 280＋25 000×6.5×3%＝57 995（元）。

（四）滑准税

滑准税是一种关税税率随进口商品价格由高到低而由低至高设置计征关税的方法，可以使进口商品的价格越高，其进口关税税率越低，进口商品的价格越低，其进口关税税率越高。其主要特点是可保持滑准税商品的国内市场价格相对稳定，尽可能减少国际市场价格波动的影响。目前，我国对新闻纸实行滑准税。

应纳进口关税＝应税进口货物数量×单位完税价格×滑准税税率

六、进口消费税的计算

我国对一切报关进口的应税消费品，不论其是国外产制还是我国已出口而转销国内的货物，是进口者自行采购的还是国外捐赠的货物，是进口者自用的还是作为贸易或其他用途的货物等，均应按照规定缴纳进口环节的消费税。进口货物的收货人或办理报关手续的单位和个人，于报关进口的当天向报关地海关申报纳税。

（一）从价定率计税

实行从价定率计税方法的进口应税消费品以进口商品的组成计税价格为计税依据。目前，我国进口应税消费品多数采取从价定率计税。

组成计税价格＝关税完税价格＋关税＋消费税
＝（关税完税价格＋关税）÷（1－比例税率）

应纳税额＝组成计税价格×比例税率

学中做4-4

某外贸进出口公司从日本进口10辆中轻型商用客车，经海关核定每辆关税完税价格为8万元。已知进口关税税率为25%，消费税税率为5%。计算进口该批客车应纳消费税。

解析：

组成计税价格=(关税完税价格+关税)÷(1-比例税率)=80 000×10×(1+25%)÷(1-5%)=1 052 631.6(元)。

应纳进口消费税=1 052 631.6×5%=52 631.58(元)。

(二) 从量定额计税

实行从量定额计税方法的进口应税消费品的计税依据是进口应税消费品数量。目前，我国对进口黄酒、啤酒、成品油采取从量定额计税。

应纳进口消费税=进口应税消费品的数量×定额税率

(三) 复合计税

目前，我国对进口卷烟和白酒采取复合计税。

组成计税价格=(关税完税价格+关税+进口数量×定额税率)÷(1-比例税率)

应纳进口消费税=组成计税价格×比例税率+进口应税消费品数量×单位税额

学中做4-5

某进出口公司从国外进口高档白酒500千克，海关核定的关税完税价格为10万元，关税税率为10%，消费税比例税率为20%，定额税率为0.5元/500克。

要求：计算进口该批白酒应纳消费税税额。

解析：

组成计税价格=(关税完税价格+关税+进口数量×定额税率)÷(1-比例税率)=(100 000+100 000×10%+500×2×0.5)÷(1-20%)=138 125(元)。

应纳进口消费税=组成计税价格×比例税率+进口应税消费品数量×单位税额=138 125×20%+500×2×0.5=27 625+500=28 125(元)。

七、进口增值税的计算

进口增值税的纳税人、征税范围、税率详见本书项目二。

无论是一般纳税人还是小规模纳税人进口货物，应按规定的组成计税价格和适用税率计算缴纳增值税，不得抵扣任何进项税额。一般纳税人进口的货物若用于增值税的应税项目，可凭海关出具的进口增值税专用缴款书抵扣当期销项税额。

进口货物的组成计税价格应根据进口货物是否同时缴纳消费税而定。

（一）进口应税消费品应纳增值税的计算

进口应税消费品的组成计税价格包括海关根据货物的到岸价格为基础确定的关税完税价格、关税和消费税，因增值税是价外税，故组成计税价格不包括进口环节的增值税。

组成计税价格＝关税完税价格＋关税＋消费税

应纳进口增值税＝组成计税价格×税率

（二）进口非应税消费品应纳增值税的计算

进口非应税消费品不缴纳消费税，故组成计税价格包括关税完税价格和关税。

组成计税价格＝关税完税价格＋关税

应纳进口增值税＝组成计税价格×税率

学中做4-6

某进出口公司进口一批非应税消费品，关税完税价格为5 297.46万元，该批货物的增值税税率为13%，进口关税税率为10%。

要求：计算该公司应缴纳的进口环节增值税税额。

解析：

应纳进口增值税＝（关税完税价格＋关税）×税率＝（5 297.46＋5 297.46×10%）×13%＝757.54（万元）。

八、进口环节应纳消费税和增值税的税收优惠

根据财政部、海关总署、国家税务总局关于印发《关于进口货物进口环节海关代征税税收政策问题的规定》的通知（财关税〔2004〕7号）的有关规定，进口货物税收优惠包括以下内容：

① 经海关批准暂时进境的下列货物，在进境时纳税义务人向海关缴纳相当于应纳税款的保证金或者提供其他担保的，可以暂不缴纳进口环节增值税和消费税，并应当自进境之日起6个月内复运出境；经纳税义务人申请，海关可以根据海关总署的规定延长复运出境的期限：

a. 在展览会、交易会、会议及类似活动中展示或使用的货物。

b. 文化、体育交流活动中适用的表演、比赛用品。

c. 进行新闻报道或者摄制电影、电视节目使用的仪器、设备及用品。

d. 开展科研、教学、医疗活动使用的仪器、设备及用品。

e. 在本款 a 至 d 所列活动中使用的交通工具及特种车辆。

f. 货样。

g. 供安装、调试、检测设备时使用的仪器、工具。

h. 盛装货物的容器。

i. 其他用于非商业目的的货物。

上述所列暂准进境货物在规定的期限内未复运出境的,海关应当依法征收进口环节增值税和消费税。

上述所列可以暂时免征进口环节增值税和消费税范围以外的其他暂准进境货物,应当按照该货物的组成计税价格和其在境内滞留时间与折旧时间的比例分别计算征收进口环节增值税和消费税。

② 因残损、短少、品质不良或者规格不符原因,由进口货物的发货人、承运人或者保险公司免费补偿或者更换的相同货物,进口时不征收进口环节增值税和消费税。被免费更换的原进口货物不退运出境的,海关应当对原进口货物重新按照规定征收进口环节增值税和消费税。

③ 进口环节增值税税额在 50 元以下的一票货物,免征进口环节增值税;消费税税额在 50 元以下的一票货物,免征进口环节消费税。

④ 无商业价值的广告品和货样,免征进口环节增值税和消费税。

⑤ 外国政府、国际组织无偿赠送的物资,免征进口环节增值税和消费税。

⑥ 在海关放行前损失的进口货物,免征进口环节增值税和消费税;在海关放行前遭受损坏的货物,可以按海关认定的进口货物受损后的实际价值确定进口环节增值税和消费税组成计税价格公式中的关税完税价格和关税,并依法计征进口环节增值税和消费税。

⑦ 进境运输工具装载的途中必需的燃料、物料和饮食用品,免征进口环节增值税和消费税。

⑧ 有关法律、行政法规规定进口货物减征或者免征进口环节海关代征税的,海关按照规定执行。

九、进口环节应纳关税、消费税、增值税的征收管理

(一) 进口环节应纳关税、消费税、增值税款的缴纳

进口货物自运输工具申报进境之日起 14 日内,应由进口货物的纳税义务人向货物进境地海关申报,海关根据税则归类和完税价格计算应缴纳的关税和进口环节代征税并填发税款缴款书。纳税义务人应当自海关填发税款缴款书之日起 15 日内,向指定银行缴纳税款。如关税缴纳期限的最后 1 日是周末或法定节假日,则关税缴纳期限顺延至周末或法定节假日过后的第 1 个工作日。为方便纳税义务人,经申请且海关同意,进(出)口货物的纳税义务人可以在设有海关的指运地(启运地)办理海关申报、纳税手续。关税纳税义务人因不可抗力或者在国家税收政策调整的情形下,不能按期缴纳税款的,经海关总署批准,可以延

期缴纳税款，但最长不得超过6个月。

> **提示**
>
> 关税的征收管理机关是海关，消费税和增值税的征收管理机关是税务部门。进口环节的增值税和消费税由海关代征。进口应税消费品由海关代征消费税和增值税，进口非应税消费品由海关代征增值税。

（二）进口环节应纳税款的强制执行

纳税义务人未在税款缴纳期限内缴纳税款，即构成税款滞纳。为保证海关征收关税决定的有效执行和国家财政收入的及时入库，《海关法》赋予海关对滞纳税款的纳税人强制执行的权利。强制措施主要有两类：

一是征收滞纳金。滞纳金自缴款期限届满之日起至纳税义务人缴清税款之日止，按日加收滞纳税款的万分之五的滞纳金，周末或法定节假日不予扣除。滞纳金的起征点为50元。

滞纳金金额＝滞纳税额×滞纳金征收比率×滞纳天数

二是强制征收。如纳税义务人或担保人自缴款期限届满之日起3个月仍未缴纳税款，经海关关长批准，海关可以采取强制扣缴、变价抵缴等强制措施。强制扣缴即海关从纳税义务人在开户银行或者其他金融机构的存款中直接扣缴税款。变价抵缴即海关将应税货物或其他财产依法变卖，以变卖所得抵缴税款。

（三）已纳税款的退还

纳税人缴纳税款后，因某种原因的出现，海关将实际征收多于应当征收的税额（溢征）退还给原纳税义务人的一种行政行为。包括：

① 因海关误征而多纳税款的。

② 海关核准免验进口的货物，在完税后，发现有短卸情况，经海关审查认可的。

③ 已征出口关税的货物，因故未装运出口，申报退关，经海关查验属实的。

④ 已征进口关税的货物，因品质或规格原因，原状退货复运出境的。

进出口货物的纳税人可以自缴纳税款之日起1年内，书面声明理由，连同原纳税收据向海关申请退税并加算银行同期活期存款利息。海关应当自受理退税申请之日起30日内，做出书面答复并通知退税申请人。

（四）税款的补征和追征

进出口货物放行后，海关发现少征或者漏征税款的，应当自缴纳税款或者货物放行之日起1年内，向纳税人补征税款。

因纳税人违反规定而造成的少征或者漏征的税款，自纳税义务人应缴纳税款之日起3年内可以追征，并从缴纳税款之日起按日加收少征或者漏征税款万分之五的滞纳金。

十、跨境电子商务零售进口税收政策

自2016年4月8日起，为营造公平竞争的市场环境，促进跨境电子商务零售进口健康发展，根据《关于跨境电子商务零售进口税收政策的通知》(财关税〔2016〕18号)，跨境电子商务零售(B2C，即企业对消费者)进口税收政策规定如下：

跨境电子商务零售进口商品按照货物征收关税和进口环节增值税、消费税，购买跨境电子商务零售进口商品的个人作为纳税义务人，实际交易价格(包括货物零售价格、运费和保险费)作为完税价格，电子商务企业、电子商务交易平台企业或物流企业可作为代收代缴义务人。

自2019年1月1日起，将跨境电子商务零售进口商品的单次交易限值由人民币2 000元提高至5 000元，年度交易限值由人民币20 000元提高至26 000元。在限值以内进口的跨境电子商务零售进口商品，关税税率暂设为0%，进口环节增值税、消费税取消免征税额，暂按法定应纳税额的70%征收。超过单次限值、累加后超过个人年度限值的单次交易，以及完税价格超过5 000元限值的单个不可分割商品，均按照一般贸易方式全额征税。

跨境电子商务零售进口商品自海关放行之日起30日内退货的，可申请退税，并相应调整个人年度交易总额。

跨境电子商务零售进口商品购买人(订购人)的身份信息应进行认证；未进行认证的，购买人(订购人)身份信息应与付款人一致。

【任务操作】

根据本项目的任务描述，判断进口环节应纳税的税种名称并计算应纳税额。

操作步骤：

第一步，判断进口环节应纳税的税种名称。

该公司业务1的进口业务，属于增值税和关税的应税范围，且化妆品属于消费税的应税范围，因此，该进口环节应由海关征收关税，由海关代征增值税和消费税。

第二步，计算进口环节应纳的税额。

1. 计算进口环节应纳的关税

税法规定，进口环节的关税完税价格，包括海关审定的进口货物成交价格、货物运抵我国境内输入地点起卸前的运费及其相关费用、保险费等。

关税完税价格＝220＋20＋12＝252(万元)。

应纳进口关税＝关税完税价格×关税税率＝252×20%＝50.4(万元)。

2. 计算进口环节应纳的消费税

组成计税价格＝(关税完税价格＋关税)÷(1－15%)＝(252＋50.4)÷(1－15%)＝355.76(万元)。

应纳进口消费税＝355.76×15%＝61.37(万元)。

3. 计算进口环节应纳的增值税

组成计税价格＝关税完税价格＋关税＋消费税＝252＋50.4＋61.37＝363.77(万元)。

应纳进口增值税＝组成计税价格×税率＝363.77×13%＝47.29(万元)。

任务二　出口环节纳税实务

【知识准备】

一、出口关税

(一) 出口关税的纳税人

出口货物的发货人是出口关税的纳税人。

(二) 出口关税的征税范围

征收出口关税会增加货物的出口成本,提高货物在国外的售价,降低货物在国外市场的竞争力。因此,19世纪后期,各国相继取消了出口关税。出于对国内有大量需求而供应不足商品的出口限制,或者出于防止国内某些有限自然资源耗竭等原因,目前我国只对少数商品征收出口关税。

(三) 出口关税税率

出口关税税率没有普通税率和优惠税率,是一种差别比例税率,包括出口税则税率、出口暂定税率和特别出口税率。

1. 出口税则税率

我国对货物征收出口关税的主要目的是控制国内重要经济资源的出口,稳住出口商品的国际市场售价;控制高能耗、高污染和资源性产品的出口,促进贸易平衡。出口关税税率分为20%、30%、40%、50%,共四个税级。

2. 出口暂定税率

出口暂定税率是国家为了在短期内鼓励某些商品的出口而设立的税率,但国家为了限制某些商品的出口也会对一些原本不征收出口关税的商品设立暂定税率。一般而言,出口暂定税率低于出口税率,实施出口暂定税率的货物、税率、期限由国务院关税税则委员会决定。在适用税率时,如适用出口税率的货物有暂定税率的,应当适用暂定税率。

3. 特别出口税率

特别出口关税是对部分商品在出口税则税率的基础上加征的出口关税。当国家(或地区)想控制某一商品的出口但仅靠普通出口关税难以达到预期效果时,便会继续在普通出口关税基础上加征特别出口关税。通常的做法是在该商品出口旺季加收特别关税以增加出口的成本,在淡季只征收普通出口关税。

(四) 出口货物的完税价格

出口货物的完税价格,由海关以该货物向境外销售的成交价格为基础审查确定,应包括货物运至我国境内输出地点装载前的运输及其相关费用、保险费,但不包含出口关税的税额。

出口货物的成交价格,是指该货物出口销售到我国境外时买方向卖方实付或应付的价格。出口货物的成交价格中含有支付给境外的佣金的,如果单独列明,应当扣除。

当出口货物的成交价格不能确定时,完税价格由海关依次使用下列方法估定:

① 同时或大约同时向同一国家或地区出口的相同货物的成交价格。

② 同时或大约同时向同一国家或地区出口的类似货物的成交价格。

③ 根据境内生产相同或类似货物的成本、利润和一般费用,境内发生的运输及其相关费用、保险费计算所得的价格。

④ 按照合理方法估定的价格。我国出口货物的完税价格相当于贸易术语离岸价格(FOB价格)扣除出口关税。

出口货物的完税价格=FOB价格÷(1+出口关税税率)

(五) 出口关税的计算

应纳出口关税=出口货物的完税价格×出口关税税率
=FOB价格÷(1+出口关税税率)×出口关税税率

学中做4-7

某公司向英国出口一批稀土金属矿,离岸价格折合人民币为3 450万元,出口关税税率为15%。

要求:计算该公司应纳出口关税。

解析:

应纳出口关税=FOB价格÷(1+出口关税税率)×出口关税税率=3 450÷(1+15%)×15%=450(万元)。

二、出口货物的退(免)税的基本政策

出口货物退(免)税是国际贸易中为了鼓励各国出口货物公平竞争的一种退还或免征间接税的税收措施。由于这项制度比较公平合理,因此它已成为国际社会通行的惯例。

我国的出口货物退(免)税是指在国际贸易业务中对我国报关出口的货物,退还或免征国内各生产环节和流通环节的增值税和消费税,即对增值税出口货物实行零税率,对消费税出口货物免税。鉴于我国的出口体制尚不成熟,拥有出口经营权的企业还限于少部分须经国家批准的企业,并且我国生产的某些货物,如稀有金属等还不能满足国内的需要,因此,对某些非生产性企业和国家紧缺的货物则采取限制从事出口业务或限制该货物出口,不予出口退(免)税。目前,我国的出口货物税收政策分为以下三种形式:

(一)出口免税并退税

出口免税是指对货物在出口销售环节不征增值税、消费税,这是把货物出口环节与出口前的销售环节都同样视为一个征税环节;出口退税是指对货物在出口前实际承担的税收负担,按规定的退税率计算后予以退还。

(二)出口免税不退税

出口免税是指对货物在出口销售环节不征增值税、消费税;出口不退税是指适用这个政策的出口货物因在前一道生产、销售环节或进口环节是免税的,因此,出口时该货物的价格中本身就不含税,也不需要退税。

(三)出口不免税不退税

出口不免税是指对国家限制或禁止出口的某些货物的出口环节视同内销环节,照常征税;出口不退税是指对这些货物出口不退还出口前其所负担的税款。适用这个政策的主要是税法列举限制或禁止出口的货物,如天然牛黄、麝香、白银等。

三、出口货物应退增值税的计算

(一)出口货物增值税的退税率

出口货物增值税的退税率,是出口货物的实际退税额与退税计税依据的比例。具体规定如下:

① 除财政部和国家税务总局根据国务院决定而明确的增值税出口退税率外,出口货物的退税率为其适用税率。国家会根据对外贸易的实际情况对退税率做出及时的调整,在申报出口退税时应查询国家税务总局的出口退税率文库,按照当时的有关规定执行。

② 适用不同退税率的货物和劳务,应分开报关、核算并申报退(免)税。未分开报关、核

算或划分不清的，从低适用退税率。

（二）计算出口货物增值税退税额

我国增值税出口退税的计算方法有两种：第一种是“免、抵、退”的办法，主要适用于自营和委托出口自产货物的生产企业；第二种是“先征后退”的办法，目前主要适用于收购货物出口的外（工）贸企业。

1. “免、抵、退”的计算办法

实行“免、抵、退”管理办法的“免”税，是指对生产企业出口的自产货物，免征本企业生产销售环节的增值税；“抵”税，是指生产企业出口自产货物所耗用的原材料、零部件、燃料、动力等所含应予退还的进项税额，抵顶内销货物的应纳税额；“退”税是指生产企业出口的自产货物在当月内应抵顶的进项税额大于应纳税额时，对未抵顶完的部分予以退税。“免、抵、退”的程序和方法如下：

（1）当期应纳税额的计算

当期应纳税额＝当期内销货物的销项税额－（当期全部进项税额－当期免抵退税不得免征和抵扣税额）－上期留抵税额

当期免抵退税不得免征和抵扣税额＝出口货物离岸价×外汇人民币牌价×（出口货物征税率－出口货物退税率）－免抵退税不得免征和抵扣税额抵减额

出口货物离岸价（FOB）以出口发票计算的离岸价为准。出口发票不能如实反映实际离岸价的，出口企业必须按照实际离岸价申报，由主管税务机关依法核定。

免抵退税不得免征和抵扣税额抵减额＝免税购进原材料价格×（出口货物征税率－出口货物退税率）

免税购进原材料包括从国内购进免税原材料和进料加工免税进口料件，其中进料加工免税进口料件的价格为组成计税价格。

进料加工免税进口料件组成计税价格＝货物到岸价＋海关实征关税和消费税

（2）免抵退税额的计算

免抵退税额＝出口货物离岸价×外汇人民币牌价×出口货物退税率－免抵退税额抵减额

其中：

免抵退税额抵减额＝免税购进原材料价格×出口货物退税率

（3）当期应退税额和免抵税额的计算

若当期期末留抵税额≤当期免抵退税额，则

当期应退税额＝当期期末留抵税额

当期免抵税额＝当期免抵退税额－当期应退税额

若当期期末留抵税额＞当期免抵退税额，则

当期应退税额＝当期免抵退税额

当期免抵税额＝0

当期期末留抵税额根据当期《增值税纳税申报表》中的“期末留抵税额”确定。

学中做4-8

某企业为自营出口的生产企业(增值税一般纳税人),出口货物的征税率为13%,退税率为9%。2019年8月的有关经营业务为:

购进原材料一批,取得的增值税专用发票注明的价款为240万元,外购货物准予抵扣的进项税额为31.2万元,货已验收入库。上月末留抵税款4万元;本月内销货物不含税销售额100万元,收款113万元存入银行;本月出口货物的销售额折合人民币200万元。

要求:计算该企业当期的“免、抵、退”税额。

解析:

当期免抵退税不得免征和抵扣税额＝200×(13%－9%)＝8(万元)。

当期应纳税额＝100×13%－(31.2－8)－4＝－14.2(万元)。

出口货物“免、抵、退”税额＝200×9%＝18(万元)。

若当期期末抵税额≤当期免抵税额,则当期应退税额＝当期期末留抵税额,即该企业当期应退税额＝14.2(万元)。

由于当期免抵税额＝当期免抵退税额－当期应退税额,故当期免抵税额＝18－14.2＝3.8(万元)。

2. “先征后退”的计算办法

外贸企业出口货物采用“先征后退”的计算方法。由于外贸企业出口销售环节免征增值税,其购进货物已纳的增值税在报关出口后按照规定的税率予以退还。

应退增值税税额＝外贸收购不含增值税购进金额×退税率

学中做4-9

某外贸企业2019年8月购进一批服装出口至美国,取得增值税专用发票,其上注明的买价为300万元,离岸价为90万美元(汇率1∶6.15),该商品的出口退税率为9%。

要求:计算该公司应退增值税税额。

解析:

应退增值税税额＝外贸收购不含增值税购进金额×退税率＝300×9%＝27(万元)。

四、出口应税消费品应退消费税的计算

（一）出口应税消费品的退税率

计算出口应税消费品应退消费税的税率或单位税额，是依据《消费税暂行条例》所附《消费税税目税率（税额）表》执行的。企业应将出口的不同消费税税率的应税消费品分开核算和申报，凡划分不清适用税率的，一律从低适用税率计算应退消费税税额。

提示

当出口的货物是应税消费品时，其退还增值税要按规定的增值税退税率计算；其退还消费税则按该应税消费品所适用的消费税税率或单位税额计算。这是退（免）消费税与退（免）增值税的一个重要区别。

（二）出口应税消费品退税额的计算

外贸企业从生产企业购进货物直接出口或受其他外贸企业委托代理出口应税消费品的应退消费税税额，分以下三种情况处理：

1. 从价定率计征

实行从价定率计征消费税的应税消费品，应依照外贸企业从工厂购进货物时征收消费税的价格计算应退消费税税额。

应退消费税税额＝出口货物的工厂销售额×消费税税率

上述公式中，出口货物的工厂销售额不包含增值税。对含增值税的价格应换算为不含增值税的销售额。消费税税率为《消费税税目税率表》中规定的税率。

2. 从量定额计征

纳税人出口黄酒、啤酒、成品油实行从量定额计算应退消费税。

应退消费税税额＝出口数量×应税消费品的单位税额

3. 复合办法计征

纳税人出口白酒、卷烟实行复合办法计算应退消费税。

应退消费税税额＝出口数量×应税消费品的单位税额＋出口货物的工厂销售额×消费税税率

学中做4-10

某外贸企业从鞭炮厂购入一批鞭炮及焰火进行出口，取得鞭炮厂开具的增值税发票，注明销售额为500 000元，鞭炮、焰火的消费税税率为15%。

要求：计算出口该批鞭炮、焰火应退消费税税额。

解析：

应退消费税税额＝出口货物的工厂销售额×消费税税率＝500 000×15%＝75 000（元）。

五、出口关税和出口货物退(免)税的管理

(一) 出口关税的征收管理

出口货物在货物运抵海关监管区后装货的24小时以前,应由出口货物的纳税义务人向货物出境地海关申报,海关根据税则归类和完税价格计算应缴纳的关税,并填发税款缴款书。纳税义务人应当自海关填发税款缴款书之日起15日内,向指定银行缴纳税款。逾期缴纳税款的,由海关自缴款期限届满之日起至缴清税款之日止,按日加收滞纳税款的万分之五的滞纳金。

(二) 出口货物退(免)税的征收管理

对外贸易经营者、没有出口经营资格委托出口的生产企业、特定退(免)税的企业和人员,须在商务部门备案登记代理出口协议签订之日起30日内携带有关资料,填写出口货物退(免)税认定表,到国税机关办理出口货物退(免)税认定登记手续。已办理出口退税认定的生产企业,在货物报关出口之日起90天内,到主管国税机关办理"免、抵、退"税申报。在货物报关离境并按规定做出口销售后,在销售的次月向主管国税机关办理增值税纳税申报,生产企业还需要办理免抵退税相关申报及消费税免税申报(属于消费税应税货物的)。出口企业向征税机关的退税部门办理"免、抵、退"税申报时,应提供出口货物"免、抵、退"税申报表和经征税部门审核签章的当期增值税纳税申报表及有关退税凭证。外贸企业应在货物报关出口之日次月起至次年4月的增值税纳税申报期内向主管国税局办理出口退(免)税申报,同一年度的出口退(免)税每月只能申报一次。

【任务操作】

根据本项目的任务描述,判断出口环节应纳(退、免)税的税种名称并计算应纳(退、免)税额。

操作步骤:

第一步,判断出口环节应纳(退、免)税的税种名称。

高档手表不属于限制出口货物,国家为了鼓励出口而免征该货物的出口关税。该公司属于有出口经营权的外贸公司,出口环节的增值税适用零税率,出口以前环节已纳的增值税和消费税可以退还。

第二步,计算出口环节应退的税额。

1. 计算出口环节应退的增值税

应退出口增值税=外贸收购不含增值税购进金额×退税率=300×15%=45(万元)。

2. 计算出口环节应退的消费税

应退出口消费税=外贸收购不含增值税购进金额×消费税税率=300×20%=60(万元)。

一、思考题

1. 关税的征税对象与纳税人有哪些？
2. 进出口货物关税的税率形式有哪些？
3. 进口应税消费品应纳增值税和消费税是如何计算的？
4. 出口货物的退(免)税政策有哪些？

二、单项选择题

1. 关税纳税义务人因不可抗力或者在国家税收政策调整的情形下，不能按期缴纳税款的，经海关总署批准，可以延期缴纳税款，但最多不得超过(　　)。

A. 3个月　　B. 6个月　　C. 9个月　　D. 12个月

2. 任何国家或者地区对其进口的原产于我国的货物征收歧视性关税或者给予其他歧视性待遇的，我国对原产于该国家或地区的进口货物征收(　　)。

A. 保障性关税　　B. 报复性关税　　C. 反倾销税　　D. 反补贴税

3. 海关对逾期未缴的关税，按日加收(　　)滞纳金。

A. 0.02%　　B. 5%　　C. 0.05%　　D. 2%

4. 进口货物的纳税人或代理人，应当自海关填发税款缴纳书之日起(　　)内缴纳税款。

A. 5日　　B. 10日　　C. 15日　　D. 30日

5.《进出口关税条例》规定，关税税额在人民币(　　)以下的一票货物，可以免税。

A. 50元　　B. 100元　　C. 500元　　D. 200元

6. 下列项目中，不计入进口关税完税价格的有(　　)。

A. 货物价款

B. 进口关税

C. 运抵我国境内输入地点起卸后的运杂费

D. 由买方负担的包装费

7. 某外贸企业收购一批货物出口，离岸价格为15万元，该批货物应纳出口关税(关税税率为50%)为(　　)。

A. 5万元　　B. 7.5万元　　C. 10万元　　D. 15万元

8. 某公司进口一批货物，海关于2019年3月1日填发关税专用缴款书，但公司迟至3月27日才缴纳500万元的关税。海关应征收关税滞纳金(　　)。

A. 2.75万元　　B. 3万元　　C. 6.5万元　　D. 6.75万元

三、多项选择题

1. 进口货物的关税税率形式有(　　)。

A. 最惠国税率　　B. 协定税率　　C. 特惠税率　　D. 普通税率

2. 以下属于关税减免项目的有(　　)。

A. 关税税额在人民币500元以下的一票货物

B. 无商业价值的广告品和货样

C. 外国政府、国际组织无偿赠送的物资

D. 在海关放行前因不可抗力损失的货物

3. 进口货物的完税价格还包括(　　)。

A. 由买方负担的购货佣金以外的佣金和经纪费

B. 由买方负担的在审查确定完税价格时与货物视为一体的容器费用

C. 由买方负担的包装材料费用和包装劳务费用

D. 进口货物运抵境内输入地点起卸后的运输及相关费用、保险费

4. 出口货物离岸价格不包含(　　)。

A. 出口关税

B. 出口货物国内段运输、装卸等费用

C. 售价中包含的离境口岸至境外口岸之间的运输费用

D. 包含在成交价格中的支付给境外的佣金

5. 我国出口货物的退(免)税政策有(　　)。

A. 出口免税并退税　　B. 出口免税不退税

C. 出口不免税不退税　　D. 先征后退

6. 我国进口关税的计税方法包括(　　)。

A. 从量定额计税　B. 从价定率计税　C. 复合计税　D. 核定计税

7. 我国进口下列(　　)应税消费品按从量方法计算进口环节消费税。

A. 黄酒　B. 啤酒　C. 新闻纸　D. 成品油

8. 当出口货物的成交价格不能确定时,完税价格由海关依次使用下列方法估定:(　　)。

A. 同时或大约同时向同一国家或地区出口的相同货物的成交价格

B. 同时或大约同时向同一国家或地区出口的类似货物的成交价格

C. 根据境内生产相同或类似货物的成本、利润和一般费用,境内发生的运输及其相关费用、保险费计算所得的价格

D. 按照合理方法估定的价格

四、判断题

1. 关税的征税对象是贸易性商品,不包括入境旅客携带的个人行李和物品。(　　)

2. 出口货物的完税价格,是由海关以货物向境外销售的成交价格为基础审查确定的,包括货物运至我国境内输出地点装卸前的运输费、保险费,但不包括出口关税。(　　)

3. 我国对所有的出口货物都征收关税。(　　)

4. 如一国境内设有自由贸易港,关境大于国境。(　　)

5. 出口货物应全部退还以前环节已纳的增值税。(　　)

6. 出口应税消费品的退税率为《消费税暂行条例》规定的税率。(　　)

7. 进口环节应纳的关税、增值税和消费税均由海关征收。(　　)

8. 进口货物自运输工具申报进境之日起14日内,应由进口货物的纳税义务人向货物进境地海关申报。(　　)

五、计算操作题

某公司具有对外贸易经营权,当月发生以下业务:

(1) 2日,进口小汽车10辆,该批小汽车的国外买价为100万元,运抵我国海关前发生的包装费、运输费、保险费等共计20万元。

(2) 5日,从生丝厂购进生丝,取得增值税专用发票,注明的价款为200万元,税款为34万元。

(3) 10日,出口生丝一批,离岸价格为450万元。

(假定小汽车的关税税率为20%,消费税税率为8%;生丝的关税税率为50%,增值税退税率为5%。)

要求:

(1) 计算进口环节应纳关税、消费税和增值税。

(2) 计算出口环节应纳关税、应退增值税税额。

六、税收新政策补充

要求同学们登录国家税务总局网站 http://www.chinatax.gov.cn/,查阅2019年7月1日以后发布的关于进出口环节的税收新政策,并简述新政策的主要内容。

项目五

企业所得税纳税实务

项目目标

1. 能够根据企业业务资料判断居民企业和非居民企业、相关的征税范围以及相应的企业所得税税率。

2. 能够根据企业业务资料正确计算应纳税所得额和应纳企业所得税。

3. 能够根据企业业务资料填制企业所得税纳税申报表。

4. 能够利用网络资源查阅有关企业所得税学习所需的资料。

项目描述

一、企业基本概况

企业名称:某贸易公司

企业法人代表:王××

企业地址及电话:上海市××路×××号　021-××××××××

开户银行及账号:××银行上海市××支行　××××××××××××××××××××

纳税人识别号:218106789654321

二、企业业务资料

某贸易公司(居民企业)2019年度企业账面会计利润628万元,已预交企业所得税157万元,具体生产经营情况如下:

1. 销售收入4 500万元,销售成本2 000万元,增值税700万元,税金及附加80万元。

2. 其他业务收入300万元。

3. 销售费用1 500万元,其中,广告费800万元,业务宣传费20万元。

4. 管理费用500万元,其中,业务招待费50万元,研究新产品费用40万元。

5. 财务费用80万元,其中,向非金融机构借款1年的利息50万元,年息10%(银行同期同类贷款利率6%)。

6. 营业外支出30万元,其中,向供货商支付违约金5万元,接受工商局罚款1万元,通过政府部门向灾区捐赠20万元。

7. 投资收益18万元,系从直接投资外地居民公司而分回税后利润17万元(该居民公司适用税率15%)和国债利息1万元。

三、任务要求

1. 计算2019年度该企业应纳所得税和应补缴的企业所得税税额。

2. 在纳税申报期内填写2019年度《企业所得税纳税申报表(A类,2017年版)》。

任务一 企业所得税应纳税额的计算

【知识准备】

一、企业所得税的概念及特点

(一) 企业所得税的概念

企业所得税又称公司所得税或法人所得税,是以企业取得的生产经营所得和其他所得为征税对象所征收的一种税。它是国家参与企业的利润分配,调节企业盈利水平的一个重要税种。它的基本法律依据是2007年3月16日第十届全国人民代表大会第五次会议审议通过的《中华人民共和国企业所得税法》和2007年11月28日国务院颁布的《中华人民共和国企业所得税法实施条例》。

（二）企业所得税的特点

企业所得税是我国税制的主要税种之一，具有以下主要特点：

① 征税范围广。企业所得税的征税对象是所得额，从范围上看，包括来源于中国境内和境外的所得；从内容上看，包括来源于生产经营所得和其他所得。

② 税负直接，不易转嫁。企业所得税纳税人和实际负担人通常是一致的。

③ 计税技术复杂。企业所得税的计税依据为应纳税所得额。应税所得额的计算比较复杂，它是纳税人的收入总额按税法规定的标准扣除各项成本、费用、税金、损失等支出后的净所得额。

④ 征税体现量能负担原则。企业所得多，多纳税；所得少，少纳税；无所得，不纳税。

⑤ 实行按年计征、分期预缴的征收管理办法。企业所得税以全年的应纳税所得额作为计税依据，分月或分季预缴，年终汇算清缴。

二、企业所得税的纳税人

企业所得税的纳税人是指我国境内负有纳税义务的企业和其他取得收入的组织。个人独资企业、合伙企业不适用企业所得税法。

提示

个人独资企业和合伙企业适用个人所得税法。

（一）纳税义务人

我国企业所得税法按登记注册地和实际管理机构地相结合的标准，将企业所得税纳税人划分为居民企业和非居民企业，并分别规定其纳税义务。

1. 居民企业

居民企业是指依法在中国境内成立，或者依照外国（地区）法律成立但实际管理机构在中国境内的企业。具体包括：国有企业、集体企业、私营企业、联营企业、股份制企业、中外合资经营企业、中外合作经营企业、外商投资企业、外国企业以及从事生产、经营活动所得的其他组织如事业单位、社会团体等。

2. 非居民企业

非居民企业是指依照外国（地区）法律成立且实际管理机构不在中国境内，但在中国境内设立机构、场所的，或者在中国境内未设立机构、场所，但有来源于中国境内所得的企业。实际管理机构，是指对企业的生产经营、人员、账务、财产等实施实质性全面管理和控制的机构；实际联系，是指非居民企业在中国境内设立的机构、场所拥有据以取得所得的股权、债权，以及拥有、管理、控制据以取得所得的财产等。

> **提示**
>
> 居民企业和非居民企业划分标准二选一：注册地或实际管理机构所在地。

（二）扣缴义务人

① 对非居民企业在中国境内未设立机构、场所的，或者虽设立机构、场所但取得的所得与其所设机构、场所没有实际联系的，就其来源于中国境内所得缴纳的所得税，实行源泉扣缴，以支付人为扣缴义务人。

② 对非居民企业在中国境内取得工程作业和劳务所得应缴纳的所得税，税务机关可以指定工程价款或者劳务费的支付人为扣缴义务人。

三、企业所得税的征税对象

企业所得税的征税对象是企业的所得，包括销售货物所得、提供劳务所得、转让财产所得、股息红利等权益性投资所得、利息所得、租金所得、特许权使用费所得、接受捐赠所得和其他所得。企业的所得按照以下原则确定：

① 销售货物所得，按照交易活动发生地确定。

② 提供劳务所得，按照劳务发生地确定。

③ 转让财产所得，不动产转让所得按照不动产所在地确定，动产转让所得按照转让动产的企业或者机构、场所所在地确定，权益性投资资产转让所得按照被投资企业所在地确定。

④ 股息、红利等权益性投资所得，按照分配所得的企业所在地确定。

⑤ 利息所得、租金所得、特许权使用费所得，按照负担、支付所得的企业或者机构、场所所在地确定，或者按照负担、支付所得的个人的住所地确定。

⑥ 其他所得，由国务院财政、税务主管部门确定。

居民企业承担无限纳税义务，就其来源于境内、境外的全部所得纳税。

非居民企业在中国境内设立机构、场所的，应当就其所设机构、场所取得的来源于中国境内的所得，以及发生在中国境外但与其所设机构、场所有实际联系的所得，缴纳企业所得税。

非居民企业在中国境内未设立机构、场所的，或者虽设立机构、场所但取得的所得与其所设机构、场所没有实际联系的，应当就其来源于中国境内的所得缴纳企业所得税。来源于中国境内的所得包括：

① 股息、红利等权益性投资收益和利息、租金、特许权使用费所得，以收入全额为应纳税所得额。

② 转让财产所得，以收入全额减除财产净值后的余额为应纳税所得额。

③ 其他所得，参照前两项规定的方法计算应纳税所得额。

四、企业所得税的税率

企业所得税的税率如下：

（一）基本税率

企业所得税的基本税率为25%，适用于居民企业和在中国境内设立机构、场所且所得与所设机构、场所有关联的非居民企业。

（二）低税率

企业所得税的低税率为20%，适用于非居民企业在中国境内未设立机构、场所的，或者虽设立机构、场所但取得的所得与所设机构、场所没有实际联系的，就其来源于中国境内的所得按20%的税率缴纳企业所得税，实际征收时减按10%的税率征收企业所得税。

（三）优惠税率

在我国企业所得税税收优惠政策中，国家对重点扶持和鼓励发展的产业和项目，给予企业所得税优惠税率。例如，符合条件的小型微利企业，减按20%的税率征收企业所得税；国家需要重点扶持的高新技术企业和经认定的技术先进型服务企业，减按15%的税率征收企业所得税。

五、企业所得税的税收优惠

我国企业所得税税收优惠的主要原则是建立产业优惠为主、区域优惠为辅的税收优惠体系，促进技术创新和科技进步，鼓励基础设施建设，鼓励农业发展及环境保护与节能，支持安全生产，统筹区域发展，促进公益事业和照顾弱势群体等，进一步促进国民经济全面、协调、可持续发展和社会全面进步。我国企业所得税优惠政策对企业的免减企业所得税收入、加计扣除等方面做了具体规定。

（一）免税政策

企业的下列收入为免税收入：

1. 国债利息收入

国债利息收入是指企业持有国务院、财政部发行的国债取得的利息收入，免征企业所得税。

2. 权益性投资收益

符合条件的居民企业之间的股息、红利等权益性投资收益是指居民企业直接投资于其他居民企业取得的投资收益，不包括连续持有居民企业公开发行并上市流通的股票不足12个月取得的权益性投资收益。

在中国境内设立机构、场所的非居民企业从居民企业取得与该机构、场所有实际联系的股息、红利等权益性投资收益。该收益不包括连续持有居民企业公开发行并上市流通的股票不足12个月取得的投资收益。

3. 符合条件的非营利组织的收入

符合以下条件的非营利组织取得的收入免征企业所得税：

① 依法履行非营利组织登记手续。

② 从事公益性或者非营利性活动。

③ 取得的收入除用于与该组织有关的、合理的支出外，全部用于登记核定或者章程规定的公益性或者非营利性事业。

④ 财产及利息不用于分配。

⑤ 按照登记核定或者章程规定，该组织注销后的剩余财产用于公益性或者非营利性目的，或者由登记管理机关转赠给与该组织性质、宗旨相同的组织，并向社会公告。

⑥ 投入人对投入该组织的财产不保留或者享有任何财产权。

⑦ 工作人员工资福利开支控制在规定的比例内，不变相分配该组织的财产。

（二）减免税优惠

企业的下列所得可以免征、减征企业所得税，但企业从事国家限制和禁止发展的项目不得享受优惠。

1. 从事农、林、牧、渔业项目的所得免征或减半征收企业所得税

（1）企业从事以下农、林、牧、渔业项目的所得免征企业所得税

具体包括：

① 蔬菜、谷物、薯类、油料、豆类、棉花、麻类、糖料、水果、坚果的种植。

② 农作物新品种的选育。

③ 中药材的种植。

④ 林木的培育和种植。

⑤ 牲畜、家禽的饲养。

⑥ 林产品的采集。

⑦ 灌溉、农产品初加工、兽医、农技推广、农机作业和维修等农、林、牧、渔服务业项目。

⑧ 远洋捕捞。

（2）企业从事下列项目的所得减半征收企业所得税

① 花卉、茶以及其他饮料作物和香料作物的种植。

② 海水养殖、内陆养殖。

2. 从事国家重点扶持的公共基础设施项目和环境保护、节能节水项目的所得

从事以下项目的所得，自项目取得第一笔生产经营收入所属纳税年度起，第1年至第3年免征企业所得税，第4年至第6年减半征收企业所得税，简称“三免三减半”。

（1）从事国家重点扶持的公共基础设施项目投资经营的所得

国家重点扶持的公共基础设施项目，是指《公共基础设施项目企业所得税优惠目录》规定的港口码头、机场、铁路、公路、城市公共交通、电力、水利等项目。

(2) 从事符合条件的环境保护、节能节水项目的所得

符合条件的环境保护、节能节水项目，包括公共污水处理、公共垃圾处理、沼气综合开发利用、节能减排技术改造、海水淡化等。

3. 符合条件的技术转让所得

符合条件的技术转让所得免征、减征企业所得税，是指一个纳税年度内，居民企业技术转让所有权所得不超过500万元的部分，免征企业所得税；超过500万元的部分，减半征收企业所得税。

(三) 高新技术企业、技术先进型服务企业的税收优惠

符合条件的高新技术企业、技术先进型服务企业享受减按15%的优惠税率征收企业所得税。国家重点扶持的高新技术企业指拥有核心自主知识产权并同时符合下列条件的企业：

① 产品(服务)属于《国家重点支持的高新技术领域》规定的范围；

② 研究开发费用占销售收入的比例不低于规定的比例；

③ 高新技术产品(服务)收入占企业总收入的比例不低于规定比例；

④ 科技人员占企业职工总数的比例不低于规定比例；

⑤ 高新技术企业认定管理办法规定的其他条件。

享受企业所得税优惠政策的技术先进型服务企业必须同时符合以下条件：

① 中国境内(不包括港、澳、台地区)注册的法人企业；

② 从事《技术先进型服务业务认定范围(试行)》中的一种或多种技术先进型服务业务，采用先进技术或具备较强的研发能力；

③ 有大专以上学历的员工占企业职工总数的50%以上；

④ 从事《技术先进型服务业务认定范围(试行)》中的技术先进型服务业务取得的收入占企业当年总收入的50%以上；

⑤ 从事离岸服务外包业务取得的收入不低于企业当年总收入的35%。

(四) 小型微利企业的税收优惠

2019年1月1日至2021年12月31日，对小型微利企业年应纳税所得额不超过100万元的部分，减按25%计入应纳税所得额，按20%的税率缴纳企业所得税；对年应纳税所得额超过100万元但不超过300万元的部分，减按50%计入应纳税所得额，按20%的税率缴纳企业所得税。

小型微利企业是指从事国家非限制和禁止行业，并同时符合年度应纳税所得额不超过300万元、从业人数不超过300人、资产总额不超过5 000万元等三个条件的企业。

（五）非居民企业的税收优惠

在中国境内未设立机构、场所的，或者虽设立机构、场所但取得的所得与其所设机构、场所没有实际联系的非居民企业，来源于中国境内的所得，减按10%的税率征收企业所得税。该类非居民企业取得下列所得可以免征企业所得税：

① 外国政府向中国政府提供贷款取得的利息所得。

② 国际金融组织向中国政府和居民企业提供优惠贷款取得的利息所得。

③ 经国务院批准的其他所得。

（六）加计扣除

加计扣除是指按照税法规定在实际发生数额的基础上，再加成一定比例，作为计算应纳税所得额时的扣除数额的一种税收优惠措施。

1. 企业研发费用加计扣除的优惠

企业为开发新技术、新产品、新工艺而发生的开发费用，未形成无形资产计入当期损益的，在按照规定实行据实扣除的基础上，按照研究开发费用的50%加计扣除；形成无形资产的，按照无形资产成本的150%摊销。

根据财税〔2018〕99号的规定，企业开展研发活动中实际发生的研发费用，未形成无形资产计入当期损益的，在按规定据实扣除的基础上，在2018年1月1日至2020年12月31日期间，再按照实际发生额的75%在税前加计扣除；形成无形资产的，在上述期间按照无形资产成本的175%在税前摊销。

2. 企业安置残疾人员就业所支付工资的加计扣除优惠

对鼓励安置残疾人员的优惠政策是按照企业支付给符合条件的残疾人员工资的一定比例加成计算扣除办法，即按照支付给残疾职工工资据实扣除的基础上，按照支付给上述人员工资的100%加计扣除。安置残疾人员的企业享受增值税的退税、营业税的减免，国家对其不征收企业所得税。

（七）减计收入

企业综合利用资源，生产符合国家产业政策规定的产品所取得的收入，可以在计算应纳税所得额时减计收入。

减计收入，是指企业以《资源综合利用企业所得税优惠目录》规定的资源作为主要原材料，生产国家非限制和禁止并符合国家和行业相关标准的产品取得的收入，减按90%计入收入总额。

（八）加速折旧

企业拥有并用于生产经营的主要或关键的固定资产，由于技术进步，产品更新换代较快的或常年处于强震动、高腐蚀状态而确实需要加速折旧的，可以缩短折旧年限或者采取加速折旧的方法。

对所有行业企业 2014 年 1 月 1 日以后新购进的专门用于研发的仪器、设备，单位价值不超过 100 万元的，允许一次性计入当期成本费用并在计算应纳税所得额时扣除，不再分年度计算折旧；单位价值超过 100 万元的，可以缩短折旧年限或采取加速折旧的方法。

对所有行业企业持有的单位价值不超过 5 000 元的固定资产，允许一次性计入当期成本费用并在计算应纳税所得额时扣除，不再分年度计算折旧。

采取缩短折旧年限方法的，最低折旧年限不得低于规定折旧年限的 60%；采取加速折旧方法的，可以采取双倍余额递减法或者年数总和法。

（九）应纳税额抵免

企业购置并实际使用《环境保护专用设备企业所得税优惠目录》《节能节水专用设备企业所得税优惠目录》和《安全生产专用设备企业所得税优惠目录》规定的环境保护、节能节水、安全生产等专用设备，其设备投资额的 10%可以从企业当年的应纳税额中抵免；当年不足抵免的，可以在以后 5 个纳税年度结转抵免。

（十）应纳税所得额抵扣

创业投资企业从事国家需要重点扶持和鼓励的创业投资，可以按投资额的一定比例抵扣应纳税所得额。

创业投资企业优惠，是指创业投资企业采取股权投资方式直接投资于未上市的中小高新技术企业、初创科技型企业 2 年以上的，可以按照其投资额的 70%在股权持有满 2 年的当年抵扣该创业投资企业的应纳税所得额；当年不足抵扣的，可以在以后纳税年度结转抵扣。

（十一）民族自治地方的减免税

民族自治地方的自治机关对本民族自治地方的企业应缴纳的企业所得税中属于地方分享的部分，可以决定减征或者免征。自治州、自治县决定减征或者免征的，须报省、自治区、直辖市人民政府批准。对民族自治地方内国家限制和禁止行业的企业，不得减征或者免征企业所得税。

民族自治地方，是指依照《民族区域自治法》的规定，实行民族区域自治的自治区、自治州、自治县。

六、应纳税所得额的计算

应纳税所得额是企业所得税的计税依据。应纳税所得额为企业每一个纳税年度的收入总额减去不征税收入、免税收入、各项扣除，以及弥补以前年度的亏损之后的余额。由于税收法律制度和财务会计制度的规定有所不同，应纳税所得额有两种计算方法：

（一）直接计算法

应纳税所得额根据税法确定纳税人一定纳税期间的计税所得。应纳税所得额的计算公式（直接法）为：

应纳税所得额＝收入总额－不征税收入额－免税收入额－准予扣除项目金额－准予弥补的以前年度亏损额

（二）间接计算法

按照企业所得税申报办法，应纳税所得额是在企业依据有关财务会计制度规定计算的利润总额的基础上，按照税法的规定对相关纳税事项进行调整确定。应纳税所得额的计算公式（间接法）为：

应纳税所得额＝会计利润总额±纳税调整项目金额

其中：

会计利润总额＝营业收入－营业成本－税金及附加－销售费用－管理费用－财务费用－资产减值损失±公允价值变动损益±投资收益＋营业外收入－营业外支出

提示

应纳税所得额和会计利润的联系与区别：

应纳税所得额根据税法确定纳税人一定纳税期间的计税所得；会计利润是指企业依据有关财务会计制度规定核算出来的，反映企业一定会计期间的经营成果，包括营业利润、利润总额和净利润。会计制度与税法对收益、费用、资产、负债等的确认时间和范围的规定不同，导致税前会计利润与应纳税所得额之间的差异。会计利润是应纳税所得额的基础，但是不能等同于应纳税所得额。企业依据财务会计制度规定核算出来的会计利润应该根据税法规定进行纳税调整后，才能作为企业的应纳税所得额。

企业应纳税所得额的计算同成本、费用核算关系密切。应纳税所得额的计算，以权责发生制为原则。权责发生制从企业经济权利和经济义务是否发生作为计算应纳税所得额的依据，注重强调企业收入与费用的时间配比，要求企业收入费用的确认时间不得提前或滞后。需要注意的是，税法规定的收入不同于会计规定的收入，税法规定的准予扣除项目不同于会计规定的成本、费用、税金、损失。纳税人的财务会计处理与税法规定不一致的，应依照税法规定予以调整。

1. 应税收入总额

应税收入总额是指企业在纳税年度内各项应税收入的总和，包括纳税人来源于中国境内、境外的企业以货币形式和非货币形式从各种来源取得的收入。货币收入是指企业取得的现金以及将以固定或可确定金额的货币收取的收入，具体包括现金（库存现金、银行存款和其他货币资金)、应收账款和应收票据以及准备持有至到期日的债券投资等。非货币收入是指企业取得的货币形式以外的收入，包括存货(原材料、包装物、低值易耗品、库存商品、委托加工物资、委托代销商品、分期收款发出商品等)、固定资产、无形资产、股权投资、不准备持有至到期的债券投资、劳务以及债务的豁免等。对企业以非货币形式取得的收入，有别于货币性收入的固定性和确定性，通常以公允价值确定收入额。具体而言，应税收入总额包括以下九个部分：

① 销售货物收入。销售货物收入是指企业销售库存商品、产成品、半成品、原材料、包装物、低值易耗品以及其他货物而取得的收入。

以分期收款方式销售货物的，按照合同约定的收款日期确认收入的实现；采取产品分成方式取得收入的，按照企业分得产品的日期确认收入的实现，其收入额按照产品的公允价值确定。

② 提供劳务收入。提供劳务收入是指企业从事建筑安装、交通运输、仓储、邮政、信息传输、计算机服务、住宿、餐饮、金融、商务服务、科学研究、技术服务、地质勘查、水利管理、环境管理、公共设施管理、居民服务、教育、卫生、社会保障、社会福利、文化、体育、娱乐和其他劳务服务活动而取得的收入。

企业受托加工制造大型机械设备、船舶、飞机，以及从事建筑、安装、装配工程业务或者提供其他劳务等，持续时间超过 12 个月的，按照纳税年度内完工进度或者完成的工作量确认收入的实现。

③ 视同销售收入。企业发生非货币性资产交换，以及将货物、财产、劳务用于捐赠、偿债、赞助、集资、广告、样品、职工福利或者利润分配等用途时，因资产所有权属已发生改变而不属于内部处置资产，应按规定视同销售确定收入，按照被移送资产的公允价值确定销售收入。

提示

企业发生下列情形的处置资产，除将资产转移至境外以外，由于资产所有权属在形式和实质上均不发生改变，可作为内部处置资产，不视同销售确认收入。

① 将资产用于生产、制造、加工产品。

② 改变资产形状、结构或性能。

③ 改变资产用途(如自建商品房转为自用或经营)。

④ 将资产在总机构及其分支机构之间转移。

⑤ 上述两种或两种以上情形的混合。

⑥ 其他不改变资产所有权属的用途。

④ 转让财产收入。转让财产收入是指企业转让固定资产、无形资产、股权、股票、债券、债权等所取得的收入。

⑤ 股息、红利等权益性投资收益。股息、红利等权益性投资收益是指企业凭借权益性

投资从被投资方分配取得的收入，包括股息、红利、联营分利等。股息、红利等权益性投资收益按照被投资方做出利润分配决定的日期确认收入的实现。

⑥ 利息收入。利息收入是指企业将资金提供给他人使用或他人占用本企业资金所取得的利息收入，包括存款利息、贷款利息、债券利息、欠款利息等收入。利息收入按照合同约定的债务人应付利息的日期确认收入的实现。

⑦ 租金收入。租金收入是指企业提供固定资产、包装物和其他有形资产的使用权而取得的收入。租金收入按照合同约定的承租人应付租金的日期确认收入的实现。

⑧ 特许权使用费收入。特许权使用费收入是指企业提供专利权、非专利技术、商标权、著作权以及其他特许权的使用权而取得的收入。特许权使用费收入按照合同约定的特许权使用人应付特许权使用费的日期确认收入的实现。

⑨ 接受捐赠收入。接受捐赠收入是指企业接受的来自其他企业、组织或者个人无偿给予的货币性资产、非货币性资产。接受捐赠收入按照实际收到捐赠资产的日期确认收入的实现。

⑩ 其他收入。其他收入是指企业取得的除以上九项收入外的其他收入，包括企业资产盘盈或溢余收入、逾期未退包装物押金收入、确实无法偿付的应付款项、已作坏账损失处理后又收回的应收款项、债务重组收入、非货币性资产交换实现的收入、补贴收入、罚款收入、违约金收入、汇兑收益等以及国务院规定的其他收入。

2. 不征税收入

不征税收入是指从性质和根源上不属于企业营利性活动带来的经济利益、不负有纳税义务并不作为应纳税所得额组成部分的收入。不征税收入包括：

① 财政拨款。财政拨款是指各级人民政府对纳入预算管理的事业单位、社会团体等组织拨付的财政资金，但国务院和国务院财政、税务主管部门另有规定的除外。

② 依法收取并纳入财政管理的行政事业性收费、政府性基金。

行政事业性收费是指依照法律、法规等有关规定，按照国务院规定程序批准，在实施社会公共管理，以及在向公民、法人或者其他组织提供特定公共服务过程中，向特定对象收取并纳入财政管理的费用。

政府性基金是指企业依照法律、行政法规等有关规定，代政府收取的具有专项用途的财政性资金。

③ 国务院规定的其他不征税收入。其是指企业取得的，由国务院财政、税务主管部门规定专项用途并经国务院批准的财政性资金。财政性资金是指企业取得的来源于政府及其有关部门的财政补助、补贴、贷款贴息，以及其他各类财政专项资金，包括直接减免的增值税和即征即退、先征后退、先征后返的各种税收，但不包括企业按规定取得的出口退税。

提示

企业取得的上述不征税收入用于支出所形成的费用，不得在计算应纳税所得额时扣除；用于支出所形成的资产，其计算的折旧、摊销不得在计算应纳税所得额时扣除。

3. 免税收入

免税收入是指属于企业的应税所得但按照税法规定免予征收企业所得税的收入。免税收入属于税收优惠政策范围，详见前述的“企业所得税税收优惠”部分内容。

4. 税前准予扣除项目

税前准予扣除项目，是指企业实际发生的与取得收入有关的、合理的支出，包括成本、费用、税金、损失和其他支出，准予在计算应纳税所得额时扣除。

第一，准予扣除项目的基本规定如下：

① 成本。成本是指企业在生产经营活动中发生的销售成本、销货成本、业务支出以及其他耗费。即纳税人销售商品（产品、材料、下脚料、废料、废旧物资等）、提供劳务、转让固定资产、无形资产（包括技术转让）的成本。

② 费用。费用是指纳税人每一纳税年度为生产、经营商品和提供劳务等所发生的可扣除的销售（经营）费用、管理费用和财务费用。已计入成本的有关费用除外。

销售费用是指应由纳税人负担的为销售商品而发生的费用，包括广告费、运输费、装卸费、展览费、保险费、销售佣金（能直接认定的进口佣金调整商品进价成本）、代销手续费、经营性租赁费及销售部门发生的差旅费、工资、福利费等费用。

管理费用是指纳税人的行政管理部门为管理组织经营活动提供各项支援性服务而发生的费用，包括由纳税人统一负担的公司经费（包括总部行政管理人员的工资薪金、福利费、差旅费、办公费、折旧费、修理费、物料消耗、低值易耗品摊销等）、研究开发费（技术开发费）、社会保障性缴款、劳动保护费、业务招待费、工会经费、职工教育经费、股东大会或董事会费、开办费摊销（含土地使用费、土地损失补偿费）、矿产资源补偿费、坏账损失、消防费、排污费、绿化费、外事费和法律、财务、资料处理和会计事务方面的成本（咨询费、诉讼费、聘请中介机构费、商标注册费等），以及向总机构（指同一法人的总公司性质的总机构）支付的与本身营利性活动有关的合理的管理费等。除经国家税务总局或其授权的税务机关批准外，纳税人不得列支向其关联企业支付的管理费。

财务费用是指纳税人筹集经营性资金而发生的费用，包括利息净支出、汇兑净损失、金融机构手续费以及其他非资本化支出。

③ 税金。税金是指企业发生的除企业所得税和允许抵扣的增值税以外的企业缴纳的各项税金及附加，即纳税人按规定缴纳的消费税、城市维护建设税、资源税、教育费附加及房产税、土地使用税、车船税、印花税等。计入“税金及附加”账户的税费，可以在发生当期扣除。计入资产成本的有关税金，在以后各期分摊扣除，如进口关税、契税、车辆购置税等。企业缴纳的增值税属于价外税，在应纳税所得额中不得扣除。

④ 损失。损失是指纳税人在生产经营活动中发生的固定资产和存货的盘亏、毁损、报废损失、转让财产损失、呆账损失、坏账损失、自然灾害等不可抗力因素造成的损失以及其他损失。

企业发生的损失，减除责任人赔偿和保险赔款后的余额，依照国务院财政、税务主管部门的规定扣除。企业已经作为损失处理的资产，在以后纳税年度又全部收回或者部分收回时，应当计入当期收入。

⑤ 其他支出。其他支出是指除成本、费用、税金、损失外，企业在生产经营活动中发生的与生产经营活动有关的、合理的支出。

第二，准予扣除项目的具体规定如下：

① 工资薪金支出。企业发生的合理的工资薪金支出，准予扣除。工资薪金是指企业每一纳税年度支付给在本企业任职或者受雇的员工的所有现金形式或者非现金形式的劳动报酬，包括基本工资、奖金、津贴、补贴、年终加薪、加班工资以及与员工任职或者受雇有关的其他支出。

② 三项费用。企业发生的职工福利费、工会经费、职工教育经费按标准扣除，未超过标准的按实际数扣除，超过标准的只能按标准扣除。

企业发生的职工福利费支出，不超过工资薪金总额14%的部分准予扣除。企业发生的职工福利费应单独设置账册，进行准确核算。没有单独设置账册进行准确核算的，税务机关应责令企业在规定的期限内进行改正。逾期仍未改正的，税务机关可对企业发生的职工福利费进行合理的核定。

企业拨缴的工会经费，不超过工资薪金总额2%的部分，凭工会组织开具的《工会经费收入专用收据》或合法有效的工会经费代收凭据依法准予在税前扣除。

除国务院财政、税务主管部门另有规定外，2018年1月1日起，企业发生的职工教育经费支出，不超过工资薪金总额8%的部分，准予扣除；超过部分，准予在以后的纳税年度结转扣除。

学中做5-1

某居民企业，2019年计入成本、费用中的合理的实发工资540万元，当年发生的工会经费15万元、职工福利费80万元、职工教育经费11万元。

要求：请计算税前可扣除的职工工会经费、职工福利费、职工教育经费。

解析：

(1) 三项费用税前扣除分别计算如下：

① 工会经费扣除限额＝540×2%＝10.8(万元)，实际发生额为15万元，超支额为4.2万元。

② 职工福利费扣除限额＝540×14%＝75.6(万元)，实际发生额为80万元，超支额为4.4万元。

③ 职工教育经费扣除限额＝540×8%＝43.2(万元)，实际发生额为11万元，没有超支额，按照实际发生额扣除。

(2) 税前可扣除的三项经费合计＝10.8＋75.6＋11＝97.4(万元)；应调增应纳税所得额＝15＋80＋11－97.4＝8.6(万元)。

③ 保险费用。企业依照国务院有关主管部门或者省级人民政府规定的范围和标准为职工缴纳“五险一金”，即基本养老保险费、基本医疗保险费、失业保险费、工伤保险费、生育保险费等基本社会保险费和住房公积金，准予扣除。企业为投资者或者职工支付的补充养老保险费、补充医疗保险费，在国务院财政、税务主管部门规定的范围和标准内，准予扣除。

企业参加财产保险，按照规定缴纳的保险费，准予扣除。企业职工因公出差乘坐交通工具发生的人身意外保险费支出，准予企业在计算应纳税所得额时扣除。企业参加雇主责任险、公众责任险等责任保险，按照规定缴纳的保险费，准予在企业所得税前扣除。企业依照国家有关规定为特殊工种职工支付的人身安全保险费和符合国务院财政、税务主管部门规定可以扣除的商业保险费准予扣除。企业为投资者或者职工支付的其他商业保险费，不得扣除。

④ 利息支出。非金融企业向金融企业借款的利息支出、金融企业的各项存款利息支出和同业拆借利息支出、企业经批准发行债券的利息支出，准予按实际发生数扣除；非金融企业向非金融企业借款的利息支出，不超过按照金融企业同期同类贷款利率计算的数额的部分，准予扣除。

学中做5-2

某居民企业2019年度向银行借入生产用资金200万元，借用期限6个月，支付借款利息5万元；经过批准向本企业职工借入生产用资金60万元，借用期限10个月，支付借款利息3.5万元。

要求：计算税前可扣除的利息支出。

解析：

① 企业向银行支付借款利息5万元，按实际发生数税前扣除。

② 企业向本企业职工支付借款利息3.5万元，不超过按照银行同期同类贷款利率计算的数额的部分，准予扣除。

银行贷款年利率＝(5×2)÷200＝5%。

税前可扣除的职工借款利息＝60×5%÷12×10＝2.5(万元)，超过标准的利息＝3.5－2.5＝1(万元)，应调增应纳税所得额1万元。

③ 税前可扣除的利息支出＝5＋2.5＝7.5(万元)。

⑤ 借款费用。企业在生产经营活动中发生的合理的不需要资本化的借款费用，准予扣除。

企业为购置、建造固定资产、无形资产和经过12个月以上的建造才能达到预定可销售状态的存货发生借款的，在有关资产购置、建造期间发生的合理的借款费用，应当作为资本性支出计入有关资产的成本；有关资产交付使用后发生的借款利息，可在发生当期扣除。

学中做5-3

某企业2019年4月1日向银行借款500万元用于建造厂房，借款期限1年，当年向银行支付了3个季度的借款利息22.5万元，该厂房于10月31日完工结算并投入使用。

要求：计算税前可扣除的利息费用。

解析：固定资产建造尚未竣工决算投产前的利息，不得扣除；竣工决算投产后的利息，可计入当期损益。

税前可扣除的利息费用＝22.5÷9×2＝5(万元)。

⑥ 汇兑损失。企业在货币交易中，以及纳税年度终了时，将人民币以外的货币性资产、负债按照期末即期人民币汇率中间价折算为人民币时产生的汇兑损失，除已经计入有关资产成本以及与向所有者进行利润分配相关的部分外，准予扣除。

⑦ 业务招待费。企业发生的与生产经营活动有关的业务招待费支出，按照发生额的60%扣除，但最高不得超过当年销售(营业)收入的5‰。

提示

当年销售(营业)收入包括主营业务收入、其他业务收入和视同销售收入，不包括营业外收入。

学中做5-4

某纳税人实现年销售收入2 000万元，当实际发生业务招待费为40万元时和当实际发生业务招待费为15万元时，请计算以上两种情况下税前可扣除业务招待费。

解析：业务招待费扣除最高限额为2 000×5‰＝10(万元)。

① 如果实际发生业务招待费为40万元，40×60%＝24(万元)>10(万元)，则税前可扣除业务招待费10万元，应调增应纳税所得额＝40－10＝30(万元)。

② 如果实际发生业务招待费为15万元，15×60%＝9(万元)<10万元，则税前可扣除业务招待费9万元，应调增应纳税所得额＝15－9＝6(万元)。

⑧ 广告费和业务宣传费。企业发生的符合条件的广告费和业务宣传费支出，除国务院财政、税务主管部门另有规定外，不超过当年销售(营业)收入15%的部分，准予扣除；超过的部分，准予在以后纳税年度结转扣除。

学中做5-5

某居民企业2019年度销售收入为30万元，发生广告费和业务宣传费5万元，计算该企业当年可以在税前扣除的广告费和业务宣传费。

解析：企业每一纳税年度发生的广告费和业务宣传费用不超过当年销售(营业)收入15%的部分，可据实扣除；超过的部分，准予在以后纳税年度结转扣除。

税前可扣除的广告费和业务宣传费＝30×15%＝4.5(万元)。

应调增应纳税所得额＝5－4.5＝0.5(万元)。

超支额0.5万元，在以后纳税年度结转扣除。

⑨ 环保专项资金。企业依照法律、行政法规有关规定提取的用于环境保护、生态恢复等方面的专项资金，准予扣除。上述专项资金提取后改变用途的，不得扣除。

⑩ 固定资产租赁费的扣除。企业根据生产经营活动的需要，以经营租赁方式租入固定资产发生的租赁费支出，按照租赁期限均匀扣除；以融资租赁方式租入固定资产发生的租赁费支出，按照规定构成融资租入固定资产价值的部分应当提取折旧费用，分期扣除。

学中做5-6

某贸易公司2019年3月1日以经营租赁方式租入固定资产使用，租期为1年，按独立纳税人交易原则支付租金1.2万元；6月1日以融资租赁方式租入机器设备一台，租期为2年，当年支付租金1.5万元。

要求：计算当年企业应纳税所得额时应扣除的租赁费用。

解析：以经营租赁方式租入固定资产按受益期计入成本费用；融资租赁方式租入固定资产按构成融资租入固定资产价值的部分应当提取折旧费用，分期扣除。

2019年应纳税所得额时应扣除的租赁费用＝1.2÷12×10＝1(万元)。

⑪ 劳动保护的扣除。企业发生的合理的劳动保护支出，准予扣除。

劳动保护支出是指确因工作需要为雇员配备或提供工作服、手套、安全保护用品、防暑降温用品等所发生的支出。

⑫ 公益性捐赠支出。企业发生的公益性捐赠支出，在年度会计利润总额12%以内的部分，准予在计算应纳税所得额时扣除。超过部分，准予在以后三个纳税年度结转扣除。

公益性捐赠，是指企业通过公益性社会团体或者县级以上人民政府及其部门，用于《中华人民共和国公益事业捐赠法》规定的公益事业的捐赠。公益性社会团体是指依法成立的，以社会弱势群体或者全社会为服务对象的，以发展公益事业为宗旨的基金会、慈善组织等社会团体。具体认定管理由国务院财政、税务主管部门会同国务院民政部门等制定。

学中做5-7

某居民企业2019年度实现的利润总额为700万元，营业外支出中，通过红十字会向贫困山区捐款100万元，请计算税前可扣除的公益性捐赠支出。

解析：企业发生的公益性捐赠支出，在年度会计利润总额12%以内的部分，准予在计算应纳税所得额时扣除，超支的部分应调增应纳税所得额。

税前可扣除的公益性捐赠支出＝700×12%＝84(万元)。

应调增应纳税所得额＝100－84＝16(万元)。

⑬ 资产的费用。企业转让各类资产发生的费用，允许扣除。企业按规定计算的固定资产折旧费、无形资产和递延资产的摊销费，准予扣除。

⑭ 资产的损失。企业当期发生的固定资产和流动资产盘亏、毁损净损失，由其提供清查盘存经主管税务机关审核后，准予扣除；企业因存货盘亏、毁损、报废等原因不得从销项税金中抵扣的进项税金，应视同企业财产损失，准予与存货损失一起在所得税前按规定扣除。

⑮ 手续费及佣金支出。企业发生的与生产经营有关的手续费及佣金支出，不超过以下规定计算限额以内的部分，准予扣除；超过部分，不得扣除。

财产保险企业按当年全部保费收入扣除退保金等后余额的15%(含本数)计算限额；人身保险企业按当年全部保费扣除退保金等后余额的10%计算限额。其他企业按与具有合法经营资格的中介服务机构或个人(不含交易双方及其雇员、代理人和代表人等)所签订服务协议或合同确认的收入金额的5%计算限额。

提示

企业应与具有合法经营资格的中介服务企业或个人签订代办协议或合同，并按国家有关规定支付手续费及佣金。除委托个人代理外，企业以现金等非转账方式支付的手续费及佣金不得在税前扣除。企业为发行权益性证券支付给有关证券承销机构的手续费及佣金不得在税前扣除。

⑯ 其他项目。税法规定准予扣除的其他项目，如会员费、会议费、违约金、诉讼费等，其中违约金、诉讼费与经济合同相关，并非违反国家法律法规的行政处罚行为，因此准予在税前扣除。

第三，税前不得扣除项目如下：

① 向投资者支付的股息、红利等权益性投资收益款项。

② 企业所得税税款。

③ 税收滞纳金。

④ 罚金、罚款和被没收财物的损失。

⑤ 超过规定标准的公益性捐赠支出以及非公益性捐赠支出。

⑥ 非广告性质的赞助支出。

⑦ 未经核定的准备金支出。不符合国务院财政、税务主管部门规定的各项资产减值准备、风险准备等准备金支出，不得扣除。企业只有在资产实际发生损失时(如实体发生毁损等)，按税法规定确认损失税前扣除。

⑧ 企业之间支付的管理费、企业内营业机构之间支付的租金和特许权使用费，以及非银行企业内营业机构之间支付的利息，不得扣除。

⑨ 与取得收入无关的其他支出。

提示

税收滞纳金，是指纳税人违反税收法规被税务机关处以的滞纳金；罚金、罚款和被没收财物的损失，是指纳税人因违反国家有关法律、法规规定，被有关部门处以的罚款，以及被司法机关处以的罚金和被没收的财物；税法规定准予扣除的其他项目中，违约金、诉讼费与经济合同相关，并非违反国家法律法规的行政处罚行为，因此准予在税前扣除。

5. 亏损弥补

税法规定，企业纳税年度发生的亏损，准予向以后年度结转，用以后年度的所得弥补，但结转年限最长不超过 5 年。5 年内不管是盈利还是亏损，都作为实际弥补期限。但是，企业在汇总计算缴纳企业所得税时，其境外营业机构的亏损不得抵减境内营业机构的盈利。

自 2018 年 1 月 1 日起，当年具备高新技术企业或科技型中小企业资格的企业，其具备资格年度之前 5 个年度发生的尚未弥补完的亏损，准予结转以后年度弥补，最长结转年限由 5 年延长至 10 年。

提示

① 企业所得税允许弥补的“亏损”并不是企业利润表中的亏损额，而是企业利润表中的亏损额按税法规定调整后的余额。即企业每一纳税年度的收入总额，减除不征税收入、免税收入、各项扣除后小于零的数额。

② 企业筹办期间不计算为亏损年度，企业开始生产经营的年度为开始计算企业损益的年度。

学中做5-8

某居民企业2013～2019年度应纳税所得额情况如表5.1所示,企业所得税税率为25%。

要求:请计算该企业每年缴纳的企业所得税。

表5.1 某居民企业2013～2019年应纳税所得额 单位:万元

生产经营年度	2013年度	2014年度	2015年度	2016年度	2017年度	2018年度	2019年度
应纳税所得额	−50	10	−2	5	−8	20	39

解析:企业纳税年度发生的亏损,准予用以后年度的所得弥补,但弥补年限最长不超过5年。

① 2013年度发生亏损,不缴企业所得税。

② 2014年度盈利10万元,全部用于弥补2013年的亏损,因此,2014年度不缴企业所得税,2013年尚有40万元亏损未得到弥补。

③ 2015年度发生亏损,不缴企业所得税。

④ 2016年度盈利5万元,全部用于弥补2013年的亏损,因此,2016年度不缴企业所得税,2013年尚有35万元亏损未弥补,2015年尚有2万元亏损未得到弥补。

⑤ 2017年度发生亏损,不缴企业所得税。

⑥ 2018年度盈利20万元,全部用于弥补2013年的亏损,2013年还有15万元的亏损不能用以后年度的所得来弥补。

⑦ 2019年度盈利39万元,可以用来弥补2015年的2万元亏损和2017年的8万元亏损,按弥补亏损后的所得额征税,应纳企业所得税=(39−2−8)×25%=6.75(万元)

七、企业所得税应纳税额的计算

根据纳税人的会计核算健全程度,企业所得税的征收有两种方式:核算(查账)征收和核定征收。

(一) 核算(查账)征收应纳税额的计算

核算(查账)征收适用于会计核算体系健全、能正确计算盈亏、依法办理纳税申报的居民企业。企业所得税按年计征,分月或者分季预缴,年终汇算清缴,多退少补。

1. 分月或者分季预缴

纳税人分月或者分季预缴税款时，可根据情况选择“按照实际利润额预缴”“按照上一纳税年度应纳税所得额平均额预缴”和“按照税务机关确定的其他方法预缴”的预缴方式。

(1) 按实际利润额预缴税款

本月(季)预缴所得税额＝实际利润累计金额×税率－减免所得税额－已累计预缴税额

提示

实际利润累计金额是指纳税人在按会计制度核算的累计利润总额的基础上，经过预缴享受优惠政策的纳税调整后的累计数额。公式中的税率统一按25%计算。

减免所得税额是指纳税人累计实际享受减免所得税优惠，包括小型微利企业税率优惠、高新技术企业税率优惠、民族自治地方企业所得税减征优惠、过渡期税收优惠等。

已累计预缴税额是指本年度此前月份、季度累计已经预缴的企业所得税额。

学中做5-9

某高新技术企业按实际利润额预缴税款，2019年第一季度营业收入900万元、营业成本280万元、实际利润额300万元，至第二季度末营业收入累计金额为2 000万元、营业成本累计金额600万元、实际利润累计金额1 000万元，第一季度已预缴企业所得税45万元，计算第二季度应预缴的企业所得税额。

解析：高新技术企业按15%的优惠税率计算。因此

减免所得税额＝1 000×(25%－15%)＝100(万元)。

本月(季)预缴所得税额＝1 000×25%－100－45＝105(万元)。

(2) 按照上一纳税年度应纳税所得额平均额计算预缴税款

本月(季)实际预缴所得税额＝上年应纳税所得额÷12(4)×适用税率－减免所得税额

提示

公式中税率统一按25%计算，减免所得税额是指纳税人当期实际享受减免所得税优惠，包括小型微利企业税率优惠、高新技术企业税率优惠、民族自治地方企业所得税减征优惠、过渡期税收优惠等。

学中做5-10

某高新技术企业按上一纳税年度应纳税所得额平均额计算预缴税款，2018年度应纳税所得额为600万元。请计算2019年第一季度应预缴企业所得税。

解析：

减免所得税额＝600×1/4×(25%－15%)＝15(万元)。

第一季度应预缴所得税额＝600×1/4×25%－15＝22.5(万元)。

(3) 按照税务机关确定的其他方法预缴税款

本月(季)预缴所得税额为税务机关认可的其他方法确定的本月(季)度应缴纳所得税额。

2. 年终汇算清缴

全年应纳所得税额＝全年应纳税所得额×适用税率－减免税额－抵免税额＋境外所得应补税额

提示

公式中的税率统一按25%计算，减免税额和抵免税额是指依照《中华人民共和国企业所得税法》和国务院的税收优惠规定减征、免征和抵免的应纳税额。

境外所得应补税额＝境外所得应纳所得税额－境外所得抵免所得税额

多退少补所得税额＝全年应纳所得税额－月(季)已预缴所得税额

居民企业来源于中国境外的应税所得和非居民企业在中国境内设立机构、场所，取得发生在中国境外但与该机构、场所有实际联系的应税所得，已在境外缴纳的所得税税额，可以从其当期应纳税额中抵免，抵免限额为该项所得依照我国企业所得税法规定计算的应纳税额；超过抵免限额的部分，可以在以后5个年度内，用每年度抵免限额抵免当年应抵税额后的余额进行抵补。除国务院财政、税务主管部门另有规定外，该抵免限额应当分国(地区)不分项计算，计算公式如下：

抵免限额＝中国境内、境外所得依照企业所得税法和实施条例的规定计算的应纳税总额×来源于某国(地区)的应纳税所得额÷中国境内、境外应纳税所得总额

学中做5－11

某企业2019年度境内应纳税所得额为4 000万元，来源于境外税前所得100万元，在境外已纳税款20万元。当年企业购置并实际使用《环境保护专用设备企业所得税优惠目录》规定的环境保护专用设备，取得增值税专用发票上注明的价款为5万元，税额为0.85万元，已累计预缴所得税额840万元，请计算年终汇算清缴时应补(退)税额。

解析：居民企业来源于中国境外的应税所得，已在境外缴纳的所得税税额，可以从其当期应纳税额中抵免。抵免限额＝(4 000＋100)×25%×100/4 100＝25(万元)，大于实际缴纳税款20万元，按实际缴纳税款从当期应纳税额中抵免。

境外所得应补税额＝境外所得应纳所得税额－境外所得抵免所得税额＝100×25%－20＝5(万元)。

当年企业购置并实际使用《环境保护专用设备企业所得税优惠目录》规定的环境保护专用设备，其设备投资额的10%可以从企业当年的应纳税额中抵免；当年不足抵免的，可以在以后5个纳税年度结转抵免。抵免税额＝5×10%＝0.5(万元)。

全年应纳所得税额＝全年应纳税所得额×适用税率－减免税额－抵免税额＋境外所得应补税额＝4 000×25%－0.5＋5＝1 004.5(万元)。

多退少补所得税额＝全年应纳所得税额－月(季)已预缴所得税额＝1 004.5－840＝164.5(万元)。

(二) 核定征收应纳税额的计算

1. 核定征收企业所得税的适用范围

核定征收办法适用于居民纳税人，纳税人具有下列情形之一的，核定征收企业所得税：

① 依照法律、行政法规的规定可以不设置账簿的；

② 依照法律、行政法规的规定应当设置但未设置账簿的；

③ 擅自销毁账簿或者拒不提供纳税资料的；

④ 虽设置账簿，但账目混乱或者成本资料、收入凭证、费用凭证残缺不全，难以查账的；

⑤ 发生纳税义务，未按照规定的期限办理纳税申报，经税务机关责令限期申报，逾期仍不申报的；

⑥ 申报的计税依据明显偏低，又无正当理由的。

2. 核定征收的办法

税务机关应根据纳税人具体情况，对核定征收企业所得税的纳税人，核定应税所得率或者核定应纳所得税额。

具有下列情形之一的，核定其应税所得率：

① 能正确核算（查实）收入总额，但不能正确核算（查实）成本费用总额的；

② 能正确核算（查实）成本费用总额，但不能正确核算（查实）收入总额的；

③ 通过合理方法，能计算和推定纳税人收入总额或成本费用总额的。

用应税所得率方式核定征收企业所得税的，应纳所得税额计算公式如下：

应纳所得税额＝应纳税所得额×适用税率

应纳税所得额＝应税收入额×应税所得率

或

应纳税所得额＝成本（费用）支出额÷（1－应税所得率）×应税所得率

应税所得率按表 5.2 规定的幅度标准确定：

表 5.2 应税所得率的幅度标准

行业	应税所得率（%）
农、林、牧、渔业	3～10
制造业	5～15
批发和零售贸易业	4～15
交通运输业	7～15
建筑业	8～20
饮食业	8～25
娱乐业	15～30
其他行业	10～30

实行应税所得率方式核定征收企业所得税的纳税人，经营多业的，无论其经营项目是否单独核算，均由税务机关根据其主营项目确定适用的应税所得率。纳税人的生产经营范围、主营业务发生重大变化，或者应纳税所得额或应纳税额增减变化达到 20%的，应及时向税务机关申报调整已确定的应纳税额或应税所得率。

学中做 5－12

某企业不能正确核算收入总额，2019 年发生成本费用 180 万元，税务机关核定的应税所得率为 10%。请计算 2019 年该企业应缴纳的企业所得税。

解析：

应纳税所得额＝成本（费用）支出额÷（1－应税所得率）×应税所得率＝180÷（1－10%）×10%＝20（万元）。

应纳所得税额＝应纳税所得额×适用税率＝20×25%＝5（万元）。

纳税人不能正确核算（查实）成本费用总额，也不能正确核算（查实）收入总额的，税务机关采用下列方法核定征收企业所得税：

① 参照当地同类行业或者类似行业中经营规模和收入水平相近的纳税人的税负水平核定；

② 按照应税收入额或成本费用支出额定率核定；

③ 按照耗用的原材料、燃料、动力等推算或测算核定；

④ 按照其他合理方法核定。

（三）企业所得税的源泉扣缴

对非居民企业在中国境内未设立机构、场所的，或者虽设立机构、场所但取得的所得与其所设机构、场所没有实际联系的，就其来源于中国境内所得缴纳的所得税，实行源泉扣缴，以支付人为扣缴义务人。

在中国境内未设立机构、场所的，或者虽设立机构、场所但取得的所得与所设机构、场所没有实际联系的非居民企业，按下列方法计算应纳税所得额：

① 股息、红利等权益性投资收益和利息、租金、特许权使用费所得，以收入全额为应纳税所得额。

② 转让财产所得，以收入全额减除财产净值后的余额为应纳税所得额。

③ 其他所得，参照前两项规定的方法计算应纳税所得额。

扣缴义务人应扣缴企业所得税＝应纳税所得额×实际征收率

提示

非居民企业在中国境内未设立机构、场所的，或者虽设立机构、场所但取得的所得与所设机构、场所没有实际联系的，就其来源于中国境内的所得按20%的税率缴纳企业所得税，实际征收时减按10%的税率征收企业所得税。

学中做5－13

某外国公司实际管理机构不在中国境内，也未在中国设立机构场所，2019年从中国境内某企业获得专有技术的特许权使用费收入100万元，该技术的成本80万元，此外转让其在中国境内的房屋一栋，转让收入3 000万元，原值1 500万元，已提折旧900万元。计算该外国公司应当缴纳的企业所得税（不考虑其他税费）。

解析：

应纳所得税额＝{100＋[3000－(1 500－900)]}×10%＝250(万元)。

该外国公司缴纳的企业所得税应由扣缴义务人在每次支付或到期应支付时，从支付或者到期应支付的款项中扣缴。

【任务操作】

根据本项目的任务描述，计算该公司 2019 年度应纳企业所得税税额。

操作步骤：

第一步，计算 2019 年度利润总额。

① 营业收入＝主营业务收入＋其他业务收入＝4 500＋300＝4 800(万元)。

② 营业利润＝营业收入－营业成本－税金及附加－销售费用－管理费用－财务费用－资产减值损失±公允价值变动损益±投资收益＝4 800－2 000－80－1 500－500－80＋18＝658(万元)。

③ 利润总额＝营业利润＋营业外收入－营业外支出＝658－30＝628(万元)。

第二步，计算 2019 年度应纳税所得额。

1. 纳税调整增加额

① 销售费用中，广告费和业务宣传费支出共计 820 万元，广告费和业务宣传费限额＝4 800×15%＝720(万元)，应调增应税所得额＝820－720＝100(万元)。

② 管理费用中，业务招待费支出 50 万元，50×60%＝30(万元)＞4 800×5‰＝24(万元)，应调增应税所得额＝50－24＝26(万元)。

③ 财务费用中，利息支出 50 万元，利息超标，应调增应税所得额＝50÷10%×(10%－6%)＝20(万元)。

④ 营业外支出中，向供货商支付的违约金 5 万元可以扣除，工商局罚款的 1 万元不得税前扣除，应调增应税所得额 1 万元；捐赠扣除限额＝628×12%＝75.36(万元)，公益性捐赠 20 万元未超限额，不用调整。纳税调整增加额共计＝100＋26＋20＋1＝147(万元)。

2. 免税、减计收入及加计扣除调减额

① 国债利息收入 1 万元和符合条件的居民企业之间的股息、红利等权益性投资收益 17 万元属于免税收入，应调减应税所得额 18 万元。

② 研发费用支出 40 万元，根据税收优惠政策可按实际发生额的 50%加计扣除，应调减应税所得额＝40×50%＝20(万元)。免税、减计收入及加计扣除调减额共计＝18＋20＝38(万元)。

第三步，计算 2019 年度企业所得税应纳税所得额、应纳税额和应补缴的企业所得税税额。

① 该企业 2019 年度应纳税所得额＝628＋147－38＝737(万元)。

② 该企业 2019 年度应纳所得税＝737×25%＝184.25(万元)。

③ 该企业 2019 年度应补缴的企业所得税税额＝184.25－157＝27.25(万元)。

任务二　企业所得税的纳税申报

【知识准备】

一、征收缴纳方法

企业所得税按年计征，分月或者分季预缴，年终汇算清缴，多退少补。

二、纳税期限

企业所得税的纳税年度，自公历1月1日起至12月31日止。企业在一个纳税年度的中间开业，或者由于合并、关闭等原因终止经营活动，使该纳税年度的实际经营期不足12个月的，应当以其实际经营期为1个纳税年度。企业清算时，应当以清算期间作为1个纳税年度。

企业所得税分月或者分季预缴，由税务机关具体核定。企业应当自月份或者季度终了之日起15日内，向税务机关报送预缴企业所得税纳税申报表，预缴税款。

企业自年度终了之日起5个月内，向税务机关报送年度企业所得税纳税申报表，并汇算清缴，结清应缴应退税款。

企业在年度中间终止经营活动的，应当自实际经营终止之日起60日内，向税务机关办理当期企业所得税汇算清缴。

三、纳税地点

（一）居民企业的纳税地点

居民企业以企业登记注册地为纳税地点。但登记注册地在境外的，以实际管理机构所在地为纳税地点。企业登记注册地是指企业依照国家有关规定登记注册的住所地。

居民企业在中国境内设立不具有法人资格的营业机构的，应当汇总计算并缴纳企业所得税。企业汇总计算并缴纳企业所得税时，应当统一核算应纳税所得额，具体办法由国务院财政、税务主管部门另行制定。

（二）非居民企业的纳税地点

在中国境内设立机构、场所的非居民企业，以机构、场所所在地为纳税地点。

非居民企业在中国境内设立两个或者两个以上机构、场所的，经税务机关审核批准，可以选择由其主要机构、场所汇总缴纳企业所得税。

非居民企业经批准汇总缴纳企业所得税后，需要增设、合并、迁移、关闭机构、场所或者停止机构、场所业务的，应当事先由负责汇总申报缴纳企业所得税的主要机构、场所向其所在地税务机关报告；需要变更汇总缴纳企业所得税的主要机构、场所的，依照前述规定办理。

四、纳税申报

企业在纳税年度内无论盈利或者亏损，都应当依照企业所得税法规定的期限，向税务机关报送预缴企业所得税纳税申报表、年度企业所得税纳税申报表、财务会计报告和税务机关规定应当报送的其他有关资料。依照企业所得税法缴纳的企业所得税以人民币计算。所得以人民币以外的货币计算的，应当折合成人民币计算并缴纳税款。

（一）预缴纳税申报

根据国家税务总局公告2018年第26号，自2018年7月1日起，实行查账征收企业所得税的居民企业预缴纳税申报时填报一张主表《中华人民共和国企业所得税月（季）度预缴纳税申报表（A类，2018年版）》和三个附列资料：《免税收入、减计收入、所得减免等优惠明细表》《固定资产加速折旧（扣除）优惠明细表》《减免所得税优惠明细表》。《中华人民共和国企业所得税月（季）度预缴纳税申报表（A类，2018年版）》见表5.3。

表5.3　中华人民共和国企业所得税月（季）度预缴纳税申报表（A类，2018年版）

税款所属期间：　　年　月　日至　　年　月　日

纳税人识别号（统一社会信用代码）：□□□□□□□□□□□□□□□□□□

纳税人名称：　　　　　　　　　　　　　　金额单位：人民币元（列至角分）

预缴方式	□ 按照实际利润额预缴	□ 按照上一纳税年度应纳税所得额平均额预缴	□ 按照税务机关确定的其他方法预缴
企业类型	□ 一般企业	□ 跨地区经营汇总纳税企业总机构	□ 跨地区经营汇总纳税企业分支机构

预缴税款计算		
行次	项　　目	本年累计金额
1	营业收入	
2	营业成本	
3	利润总额	
4	加：特定业务计算的应纳税所得额	
5	减：不征税收入	
6	减：免税收入、减计收入、所得减免等优惠金额（填写A201010）	
7	减：固定资产加速折旧（扣除）调减额（填写A201020）	
8	减：弥补以前年度亏损	

续表

<table>
<tr><th>行次</th><th colspan="2">项　　目</th><th>本年累计金额</th></tr>
<tr><td>9</td><td colspan="2">实际利润额(3＋4－5－6－7－8)＼按照上一纳税年度应纳税所得额平均额确定的应纳税所得额</td><td></td></tr>
<tr><td>10</td><td colspan="2">税率(25％)</td><td></td></tr>
<tr><td>11</td><td colspan="2">应纳所得税额(9×10)</td><td></td></tr>
<tr><td>12</td><td colspan="2">减:减免所得税额(填写 A201030)</td><td></td></tr>
<tr><td>13</td><td colspan="2">减:实际已缴纳所得税额</td><td></td></tr>
<tr><td>14</td><td colspan="2">减:特定业务预缴(征)所得税额</td><td></td></tr>
<tr><td>15</td><td colspan="2">本期应补(退)所得税额(11－12－13－14)＼税务机关确定的本期应纳所得税额</td><td></td></tr>
<tr><td colspan="4">汇总纳税企业总分机构税款计算</td></tr>
<tr><td>16</td><td rowspan="4">总机构填报</td><td>总机构本期分摊应补(退)所得税额(17＋18＋19)</td><td></td></tr>
<tr><td>17</td><td>其中:总机构分摊应补(退)所得税额(15×总机构分摊比例__％)</td><td></td></tr>
<tr><td>18</td><td>财政集中分配应补(退)所得税额(15×财政集中分配比例__％)</td><td></td></tr>
<tr><td>19</td><td>总机构具有主体生产经营职能的部门分摊所得税额(15×全部分支机构分摊比例__％×总机构具有主体生产经营职能部门分摊比例__％)</td><td></td></tr>
<tr><td>20</td><td rowspan="2">分支机构填报</td><td>分支机构本期分摊比例</td><td></td></tr>
<tr><td>21</td><td>分支机构本期分摊应补(退)所得税额</td><td></td></tr>
</table>

<table>
<tr><th colspan="4">附报信息</th></tr>
<tr><td>小型微利企业</td><td>□是　□否</td><td>科技型中小企业</td><td>□是　□否</td></tr>
<tr><td>高新技术企业</td><td>□是　□否</td><td>技术入股递延纳税事项</td><td>□是　□否</td></tr>
<tr><td>期末从业人数</td><td colspan="3"></td></tr>
</table>

谨声明:此纳税申报表是根据《中华人民共和国企业所得税法》《中华人民共和国企业所得税法实施条例》以及有关税收政策和国家统一会计制度的规定填报的,是真实的、可靠的、完整的。

法定代表人(签章):　　　　年　　月　　日

纳税人公章: 会计主管: 填表日期:　　年　　月　　日	代理申报中介机构公章: 经办人: 经办人执业证件号码: 代理申报日期:　　年　　月　　日	主管税务机关受理专用章: 受理人: 受理日期:　　年　　月　　日

国家税务总局监制

(二) 年终汇算清缴

国家税务总局公告 2017 年第 54 号规定,实行查账征收企业所得税的居民企业年终汇算清缴需填报 37 张报表,由 1 张基础信息表、1 张主表、6 张收入费用明细表、13 张纳税调整表、1 张亏损弥补表、9 张税收优惠表、4 张境外所得抵免表和 2 张汇总纳税表构成。

《中华人民共和国企业所得税年度纳税申报表(A 类,2017 年版)》见表 5.4,其余 36 张报表样表略。

【任务操作】

根据本项目的任务描述,在纳税申报期内填写2019年度的《企业所得税纳税申报表(A类,2017年版)》,操作结果详见表5.4。

操作步骤:

第一步,根据企业基本概况,填写纳税人名称、纳税人识别号。税款所属期为2019年1月1日至2019年12月31日。

第二步,填写企业利润总额、企业所得税应纳税所得额、企业所得税应纳税额。

1. 填写2018年度利润总额

① 营业收入=主营业务收入+其他业务收入=4 500+300=4 800(万元)。

② 营业利润=营业收入-营业成本-税金及附加-销售费用-管理费用-财务费用-资产减值损失±投资收益=4 800-2 000-80-1 500-500-80+18=658(万元)。

③ 利润总额=营业利润+营业外收入-营业外支出=658-30=628(万元)。

2. 填写2019年度应纳税所得额

① 纳税调整增加额共计=100+26+20+1=147(万元)。

② 免税、减计收入及加计扣除调减额共计=18+20=38(万元)。

③ 该企业2019年度应纳税所得额=628+147-38=737(万元)。

3. 2019年度企业所得税应纳税额和应补缴的企业所得税税额

① 该企业2019年度应纳所得税=737×25%=184.25(万元)。

② 该企业2019年度应补缴的企业所得税税额=184.25-157=27.25(万元)。

表5.4 中华人民共和国企业所得税年度纳税申报表(A类,2017年版)

税款所属期间:2019年1月1日至2019年12月31日

纳税人识别号:×××××××××××××××

纳税人名称:某贸易公司　　　　金额单位:元(列至角分)

行次	类别	项目	金额
1	利润总额计算	一、营业收入(填写A101010\101020\103000)	48 000 000
2		减:营业成本(填写A102010\102020\103000)	20 000 000
3		营业税金及附加	800 000
4		销售费用(填写A104000)	15 000 000
5		管理费用(填写A104000)	5 000 000
6		财务费用(填写A104000)	800 000
7		资产减值损失	
8		加:公允价值变动收益	
9		投资收益	180 000

续表

行次	类别	项　　目	金　　额
10		二、营业利润(1－2－3－4－5－6－7＋8＋9)	6 580 000
11		加:营业外收入(填写 A101010\101020\103000)	
12		减:营业外支出(填写 A102010\102020\103000)	300 000
13		三、利润总额(10＋11－12)	6 280 000
14	应纳税所得额计算	减:境外所得(填写 A108010)	
15		加:纳税调整增加额(填写 A105000)	1 470 000
16		减:纳税调整减少额(填写 A105000)	
17		减:免税、减计收入及加计扣除(填写 A107010)	380 000
18		加:境外应税所得抵减境内亏损(填写 A108000)	
19		四、纳税调整后所得(13－14＋15－16－17＋18)	7 370 000
20		减:所得减免(填写 A107020)	
21		减:抵扣应纳税所得额(填写 A107030)	
22		减:弥补以前年度亏损(填写 A106000)	
23		五、应纳税所得额(19－20－21－22)	7 370 000
24	应纳税额计算	税率(25%)	
25		六、应纳所得税税额(23×24)	1 842 500
26		减:减免所得税税额(填写 A107040)	
27		减:抵免所得税税额(填写 A107050)	
28		七、应纳税额(25－26－27)	1 842 500
29		加:境外所得应纳所得税税额(填写 A108000)	
30		减:境外所得抵免所得税税额(填写 A108000)	
31		八、实际应纳所得税税额(28＋29－30)	1 842 500
32		减:本年累计实际已预缴的所得税税额	1 570 000
33		九、本年应补(退)所得税税额(31－32)	272 500
34		其中:总机构分摊本年应补(退)所得税税额(填写 A109000)	
35		财政集中分配本年应补(退)所得税税额(填写 A109000)	
36		总机构主体生产经营部门分摊本年应补(退)所得税税额(填写 A109000)	
37	附列资料	以前年度多缴的所得税税额在本年抵减额	
38		以前年度应缴未缴在本年入库所得税税额	

一、思考题

1. 企业所得税纳税人如何分类?

2. 企业所得税征税范围包括哪些?

3. 企业所得税税率包括哪些?

4. 企业所得税应税所得额计算方法有哪些? 如何运用?

5. 企业所得税纳税申报时,要做好年度汇算清缴工作,需要注意哪些问题?

二、单项选择题

1. 根据税法的规定,下列是企业所得税纳税人的是(　　)。

A. 个体工商户　　B. 个人独资企业　　C. 合伙企业　　D. 非居民企业

2. 在中国设立机构、场所且所得与机构、场所有实际联系的非居民企业适用的企业所得税优惠税率是(　　)。

A. 10%　　B. 20%　　C. 25%　　D. 33%

3. 根据企业所得税法的规定,下列收入的确认不正确的是(　　)。

A. 特许权使用费收入,按照合同约定的特许权使用人应付特许权使用费的日期确认收入的实现

B. 股息、红利等权益性投资收益,按照被投资方做出利润分配决定的日期确认收入的实现

C. 租金收入,按照合同约定的承租人应付租金的日期确认收入的实现

D. 接受捐赠收入,按照接受捐赠资产的入账日期确认收入的实现

4. 企业的下列收入中,属于不征税收入范围的是(　　)。

A. 转让财产收入　　B. 财政拨款收入

C. 国债利息收入　　D. 居民企业之间的股息收入

5. 下列各项税金中,纳税人在计算企业所得税应纳税所得额时不得扣除的有(　　)。

A. 增值税　　B. 土地增值税

C. 城镇土地使用税　　D. 城市维护建设税

6. 企业综合利用资源,生产国家非限制和禁止并符合国家和行业相关标准的产品取得的收入,减按(　　)计入收入总额。

A. 10%　　B. 12%　　C. 30%　　D. 50%

7. 企业发生的公益性捐赠支出,在(　　)以内的部分,准予在计算应纳税所得额时扣除。

A. 年度应纳税所得额3%　　B. 年度利润总额3%

C. 年度利润总额12%　　D. 年度应纳税所得额12%

8. 按照企业所得税法和实施条例的规定，下列有关企业所得税税率说法不正确的是(　　)。

A. 居民企业适用税率为25%

B. 非居民企业取得来源于中国境内的所得适用税率均为10%

C. 符合条件的小型微利企业适用税率为20%

D. 未在中国境内设立机构、场所的非居民企业，取得中国境内的所得适用税率为10%

9. 企业自年度终了之日起(　　)个月内，向税务机关报送年度企业所得税纳税申报表，并汇算清缴，结清应缴应退税款。

A. 5　　B. 4　　C. 6　　D. 3

10. 根据企业所得税法的规定，企业所得税的征收办法是(　　)。

A. 按月征收　　B. 按季计征，分月预缴

C. 按季征收　　D. 按年计征，分月或分季预缴

三、多项选择题

1. 下列属于企业所得税居民纳税人的有(　　)。

A. 在我国注册成立的沃尔玛(中国)公司

B. 在我国注册但在国外开展工程承包的企业

C. 在英国注册，但实际管理机构在我国境内的公司

D. 在德国注册，实际管理机构也在德国境内的公司

2. 根据《中华人民共和国企业所得税法》的规定，以下适用25%税率的有(　　)。

A. 依照外国法律成立但实际管理机构在中国境内的企业

B. 在中国境内设有机构、场所且所得与机构、场所有关联的非居民企业

C. 在中国境内未设立机构、场所但有来源于中国境内所得的非居民企业

D. 在中国境内虽设立机构、场所但取得所得与境内机构、场所没有实际联系的非居民企业

3. 税法规定可以在税前扣除的项目，下列说法正确的是(　　)。

A. 实际发生额小于或等于税法规定的扣除标准(扣除限额)时，按实际发生额扣除

B. 实际发生额小于或等于税法规定的扣除标准(扣除限额)时，按扣除限额扣除

C. 实际发生额大于税法规定的扣除标准时，按扣除标准进行扣除。

D. 实际发生额大于税法规定的扣除标准时，按实际发生额进行扣除。

4. 企业的下列收入中，属于免税收入的有(　　)。

A. 国债利息收入

B. 居民企业之间的股息、红利等权益性投资收益

C. 在中国境内设立机构、场所的非居民企业从居民企业取得与该机构、场所有实际联系的股息、红利等权益性投资收益

D. 非营利组织的收入

5. 根据企业所得税法律制度的规定，企业的下列收入中，属于不征税收入范围的有（　　）。

A. 财政拨款

B. 依法收取并纳入财政管理的行政事业性收费

C. 视同销售收入

D. 国债利息收入

6. 在中国境内未设立机构、场所的非居民企业从中国境内取得的下列所得，应按收入全额计算征收企业所得税的有（　　）。

A. 股息　　B. 转让财产所得　　C. 租金　　D. 特许权使用费

7. 根据企业所得税法的规定，下列支出项目中，企业所得税前不得扣除的有（　　）。

A. 税收滞纳金　　B. 银行按规定加收的罚息

C. 被没收财物的损失　　D. 经营过程中支付的违约金

8. 根据企业所得税法的规定，下列各项中，不得提取折旧的固定资产是（　　）。

A. 以经营租赁方式租出的固定资产　　B. 以经营租赁方式租入的固定资产

C. 以融资租赁方式租出的固定资产　　D. 以融资租赁方式租入的固定资产

9. 根据企业所得税法的规定，下列项目可以享有加计扣除的有（　　）。

A. 企业安置残疾人员所支付的工资

B. 企业购置节能节水专用设备的投资

C. 企业从事国家需要重点扶持和鼓励的创业投资

D. 新技术、新产品、新工艺的研究开发费用

10. 可以采取加速折旧方式的固定资产主要是指（　　）类固定资产。

A. 技术进步较快　　B. 价值特别巨大

C. 常年处于强震动　　D. 常年处于高腐蚀状态

四、判断题

1. 非居民企业在中国境内设立机构、场所的，应当就其来源于中国境内的所得按25%的税率缴纳企业所得税。（　　）

2. 非居民企业从居民企业取得其公开发行并上市流通不足12个月的股票取得的投资收益，不属于企业所得税计税收入。（　　）

3. 企业发生的公益救济性捐赠，在应纳税所得额12%以内的部分，准予在计算应纳税所得额时扣除。（　　）

4. 不征税收入就是免税收入。（　　）

5. 除国务院财政、税务主管部门另有规定外，企业发生的职工教育经费支出，不超过工资薪金总额2.5%的部分，准予扣除；超过的部分，不得扣除。（　　）

五、计算操作题

1. 某居民企业2019年经营业务如下：

(1) 销售收入5 000万元。

(2) 销售成本2 200万元。

(3) 销售费用1 340万元(其中,广告费900万元),管理费用960万元(其中,业务招待费30万元),财务费用120万元,营业税金及附加320万元(含增值税240万元)。

(4) 营业外收入140万元,营业外支出100万元(含通过公益性社会团体向贫困山区捐款60万元,支付税收滞纳金12万元)。

(5) 计入成本、费用中的实发工资总额300万元、拨缴职工工会经费6万元、提取职工福利费46万元、职工教育经费10万元。

要求:

(1) 计算该企业2019年实际应缴纳的企业所得税税额。

(2) 在纳税申报期内填写2019年度的《企业所得税纳税申报表(A类,2017年版)》。

2. 某居民企业2019年度有关经营情况如下:

(1) 全年实现产品销售收入5 000万元,固定资产盘盈收入20万元,经国家批准发行的金融债券利息收入20万元;转让技术所有权取得收入800万元(属于自然科学领域的技术转让,发生成本及相关税费200万元);本年度企业从境内联营企业分回税后利润74万元,联营企业的企业所得税税率为15%(国家鼓励的高新技术企业)。

(2) 全年应结转产品销售成本3 000万元。

(3) 应缴纳增值税90万元,消费税110万元。

(4) 发生产品销售费用250万元(其中,广告费用及业务宣传费150万元)。

(5) 发生财务费用12万元(其中,因逾期归还银行贷款,支付银行罚息2万元)。

(6) 发生管理费用802万元(其中,新产品研究开发费用90万元,业务招待费100万元)。

(7) 发生营业外支出70万元(其中,含通过中国慈善总会为灾区捐款20万元,因排污不当被环保部门罚款1万元,未经核定的准备金支出2万元)。

(8) 全年已计入各项成本、费用中的实际发放合理工资为160万元,提取并实际发生了职工福利费20万元、职工工会经费4万元、职工教育经费8万元。

要求:

(1) 计算该企业2019年应纳企业所得税税额。

(2) 在纳税申报期内填写2019年度的《企业所得税纳税申报表(A类,2017年版)》。

六、税收新政策补充

要求同学们登录国家税务总局网站http://www.chinatax.gov.cn/,查阅2019年7月1日以后发布的关于企业所得税的税收新政策,并简述新政策的主要内容。

项目六

个人所得税纳税实务

项目目标

1. 能够判断居民纳税人和非居民纳税人，掌握个人所得税应税所得项目以及相应的个人所得税税率。

2. 能够根据个人所得业务资料正确计算不同的应税所得项目的应纳个人所得税税额。

3. 能够根据个人所得业务资料熟练进行个人所得税的纳税申报。

4. 能够利用网络资源查阅有关个人所得税所需的学习资料。

项目描述

一、个人基本信息

纳税人姓名：李某

居民身份证号码：340××××××××××××××××

国籍/地区：中国合肥

手机号码：1××××××××××

任职、受雇单位：合肥某服装公司的模特

其他信息：李某为独生子女，未婚，母亲年满60岁。李某2018年1月首次购房，贷款20年，每月贷款利息6000元。

二、李某2019年收入情况

李某为居民个人，2019年收入（不考虑其他税费因素）如下：

1. 每月取得工薪收入5 000元，奖金9 000元，差旅费津贴6 000元，单位代扣代缴基本养老保险费400元、失业保险费50元、基本医疗保险费100元、住房公积金350元；

2. 4月参加非公司组织的农村文艺演出一次，取得收入3 000元，通过当地教育局向农村义务教育捐款2 000元；

3. 6月取得储蓄存款利息1 000元；

4. 8月取得父亲的遗作稿酬250 000元；

5. 10月因汽车被盗获得保险赔款80 000元；

6. 11月购买福利彩票中奖8 000元，领奖发生交通费200元。

7. 假定并无其他减免税额情况，单位已代扣代缴税额20 000元。

三、任务要求

计算李某2019年个人所得税汇算清缴时的全年应纳税额，填写《个人所得税年度自行纳税申报表》。

任务一　个人所得税应纳税额的计算

【知识准备】

一、个人所得税的概念及特点

个人所得税是主要以自然人取得的各类应税所得为征税对象而征收的一种所得税，是政府利用税收对个人收入进行调节的一种手段。个人所得税法是指国家制定的用以调整个人所得税征收与缴纳之间权利及义务关系的法律规范。1980年9月10日第五届全国人民代表大会第三次会议制定《中华人民共和国个人所得税法》，多年来经过了七次修改，目前个人所得税适用的是2018年8月31日，由第十三届全国人民代表大会常务委员会第五次会议修改通过并公布的《中华人民共和国个人所得税法》，自2019年1月1日起施行。

我国的个人所得税主要有以下特点：

① 实行综合与分类相结合的所得税制。将一些类别的收入归并在一起，按照综合收入

征收，这一部分的征管机制类似于综合所得税制，同时有选择性地把另一些收入仍沿用分类所得税制的办法。

② 累进税率与比例税率并用。根据各项个人所得的不同性质和特点，我国现行个人所得税采用累进税率与比例税率两种税率形式。

③ 计算简便。我国个人所得税的费用扣除采取了确定总额进行扣除的方法，免去了对个人实际生活费用支出逐项计算的麻烦。

④ 采取全员全额扣缴申报和自行申报的征收方法。

二、个人所得税的纳税人

个人所得税的纳税义务人包括中国公民、个体工商业户、个人独资企业、合伙企业投资者、在中国有所得的外籍人员（包括无国籍人员，下同）和香港、澳门、台湾同胞。上述纳税义务人依据住所和居住时间两个标准，个人所得税纳税人可分为居民个人和非居民个人，分别承担不同的纳税义务。

在中国境内有住所，或者无住所而一个纳税年度内在中国境内居住累计满 183 天的个人，为居民个人。居民个人从中国境内和境外取得的所得，缴纳个人所得税。

在中国境内无住所又不居住或者无住所而一个纳税年度内在中国境内居住累计不满 183 天的个人，为非居民个人。非居民个人从中国境内取得的所得，缴纳个人所得税。

在中国境内有住所是指因户籍、家庭、经济利益关系而在中国境内习惯性居住。纳税年度，自公历 1 月 1 日至 12 月 31 日。

提示

《中华人民共和国个人所得税法实施条例》规定，在中国境内无住所的个人，在中国境内居住累计满 183 天的年度连续不满六年的，经向主管税务机关备案，其来源于中国境外且由境外单位或者个人支付的所得，免予缴纳个人所得税；在中国境内居住累计满 183 天的任一年度中有一次离境超过 30 天的，其在中国境内居住累计满 183 天的年度的连续年限重新起算。

在中国境内无住所的个人，在一个纳税年度内在中国境内居住累计不超过 90 天的，其来源于中国境内的所得，由境外雇主支付并且不由该雇主在中国境内的机构、场所负担的部分，免予缴纳个人所得税。

个人所得税的纳税人不仅包括个人还包括具有自然人性质的企业。个人独资企业和合伙企业不缴纳企业所得税，只对投资者个人或个人合伙人取得的生产经营所得征收个人所得税。

三、个人所得税应税所得项目及所得来源地的确定

（一）个人所得税的应税所得项目

按应纳税所得的来源划分，现行个人所得税共分为9个应税项目。居民个人取得下列第1项至第4项所得（以下简称综合所得），按纳税年度合并计算个人所得税；非居民个人取得下列第1项至第4项所得，按月或者按次分项计算个人所得税。纳税人取得下列第5项至第9项所得，依照法律规定分别计算个人所得税。

1. 工资、薪金所得

工资、薪金所得，是指个人因任职或者受雇而取得的工资、薪金、奖金、年终加薪、劳动分红、津贴、补贴以及与任职或者受雇有关的其他所得。

下列项目不属于工资、薪金性质的补贴、津贴，不征收个人所得税。这些项目包括：

① 独生子女补贴；

② 执行公务员工资制度未纳入基本工资总额的补贴、津贴差额和家属成员的副食补贴；

③ 托儿补助费；

④ 差旅费津贴、误餐补助；

⑤ 外国来华留学生领取的生活津贴费、奖学金。

其中，误餐补助是指按照财政部规定，个人因公在城区、郊区工作，不能在工作单位或返回就餐的，根据实际误餐顿数，按规定的标准领取的误餐费。单位以误餐补助名义发给职工的补助、津贴不包括在内。

2. 劳务报酬所得

劳务报酬所得，是指个人独立从事非雇佣的各种劳务取得的所得。内容包括：设计、装潢、安装、制图、化验、测试、医疗、法律、会计、咨询、讲学、新闻、广播、翻译、审稿、书画、雕刻、影视、录音、录像、演出、表演、广告、展览、技术服务、介绍服务、经纪服务、代办服务、其他劳务。

3. 稿酬所得

稿酬所得，是指个人因其作品以图书、报刊形式出版、发表而取得的所得。作品包括文学作品、书画作品、摄影作品以及其他作品。作者去世后，财产继承人取得的遗作稿酬，也应征收个人所得税。

4. 特许权使用费所得

特许权使用费所得，是指个人提供专利权、商标权、著作权、非专利技术以及其他特许权的使用权取得的所得。

作者将自己的文字作品手稿原件或复印件公开拍卖（竞价）取得的所得，属于提供著作权的使用所得，应按“特许权使用费所得”项目征收个人所得税。

个人取得特许权的经济赔偿收入，应按“特许权使用费所得”项目缴纳个人所得税，税款

由支付赔偿的单位或个人代扣代缴。

从2002年5月1日起,编剧从电视剧的制作单位取得的剧本使用费,不再区分剧本的使用方是否为其任职单位,均按"特许权使用费所得"项目征收个人所得税。

5. 经营所得

经营所得,包括:

① 个人通过在中国境内注册登记的个体工商户、个人独资企业、合伙企业从事生产、经营活动取得的所得;

② 个人依法取得执照,从事办学、医疗、咨询以及其他有偿服务活动取得的所得;

③ 个人承包、承租、转包、转租取得的所得;

④ 个人从事其他生产、经营活动取得的所得。

个人独资企业、合伙企业的个人投资者以企业资金为本人、家庭成员及其相关人员支付与企业生产经营无关的消费性支出及购买汽车、住房等财产性支出,视为企业对个人投资者的利润分配,并入投资者个人的生产经营所得,依照"经营所得"项目计征个人所得税。

提示

个体工商户和从事生产、经营的个人,取得与生产、经营活动无关的其他各项应税所得,应分别按照其他应税项目的有关规定,计算征收个人所得税。如取得银行存款的利息所得、对外投资取得的股息所得,应按"股息、利息、红利"项目的规定单独计征个人所得税。

6. 利息、股息、红利所得

利息、股息、红利所得是指个人拥有债权、股权而取得的利息、股息、红利所得。其中,利息一般是指存款、贷款和债券的利息。股息、红利是指个人拥有股权取得的公司、企业分红。

7. 财产租赁所得

财产租赁所得,是指个人出租不动产、土地使用权、机器设备、车船以及其他财产取得的所得。

个人取得的房屋转租收入,属于"财产租赁所得"项目。取得转租收入的个人向房屋出租方支付的租金,凭房屋租赁合同和合法支付凭据允许在计算个人所得税时,从该项转租收入中扣除。

房地产开发企业与商店购买者个人签订协议,以优惠价格出售其商店给购买者个人,购买者个人在一定期限内必须将购买的商店无偿提供给房地产开发企业对外出租使用。该行为实质上是购买者个人以所购商店交由房地产开发企业出租而取得的房屋租赁收入支付了部分购房价款。对购买者个人少支出的购房价款,应视同个人财产租赁所得,按照"财产租赁所得"项目征收个人所得税。每次财产租赁所得的收入额,按照少支出的购房价款和协议规定的租赁月份数平均计算确定。

8. 财产转让所得

财产转让所得是指个人转让有价证券、股权、合伙企业中的财产份额、不动产、土地使用权、机器设备、车船以及其他财产取得的所得。

个人将投资在中国境内成立的企业或组织(不包括个人独资企业和合伙企业)的股权或股份,转让给其他个人或法人的行为,按照“财产转让所得”项目,依法计算缴纳个人所得税,具体包括以下情形:出售股权;公司回购股权;发行人首次公开发行新股时,被投资企业股东将其持有的股份以公开发行方式一并向投资者发售;股权被司法或行政机关强制过户;以股权对外投资或进行其他非货币性交易;以股权抵偿债务;其他股权转移行为。

个人因各种原因终止投资、联营、经营合作等行为,从被投资企业或合作项目、被投资企业的其他投资者以及合作项目的经营合作人取得股权转让收入、违约金、补偿金、赔偿金及以其他名目收回的款项等,均属于个人所得税应税收入,应按照“财产转让所得”项目适用的规定计算缴纳个人所得税。

个人以非货币性资产投资,属于个人转让非货币性资产和投资同时发生。对个人转让非货币性资产的所得应按照“财产转让所得”,依法计算缴纳个人所得税。

个人通过招标、竞拍或其他方式购置债权以后,通过相关司法或行政程序主张债权而取得的所得,应按照“财产转让所得”缴纳个人所得税。

个人通过网络收购玩家的虚拟货币,加价后向他人出售取得的收入,属于个人所得税应税所得,应按照“财产转让所得”计算缴纳个人所得税。

9. 偶然所得

偶然所得是指个人得奖、中奖、中彩以及其他偶然性质的所得。得奖是指参加各种有奖竞赛活动,取得名次得到的奖金;中奖、中彩是指参加各种有奖活动,如有奖储蓄或者购买彩票,经过规定程序抽中、摇中号码而取得的奖金。

企业对累积消费达到一定额度的顾客,给予额外抽奖机会,个人的获奖所得,按照“偶然所得”项目,全额缴纳个人所得税。

个人取得单张有奖发票奖金所得超过800元的,应全额按照“偶然所得”项目征收个人所得税。税务机关或其指定的有奖发票兑奖机构,是有奖发票奖金所得个人所得税的扣缴义务人。

个人取得的所得,难以界定应纳税所得项目的,由主管税务机关确定。

(二)所得来源地的确定

除国务院财政、税务主管部门另有规定外,下列所得,不论支付地点是否在中国境内,均为来源于中国境内的所得:

① 因任职、受雇、履约等而在中国境内提供劳务取得的所得。

② 在中国境内开展经营活动时取得与经营活动相关的所得。

③ 将财产出租给承租人在中国境内使用而取得的所得。

④ 许可各种特许权在中国境内使用而取得的所得。

⑤ 转让中国境内的不动产、土地使用权取得的所得;转让对中国境内企事业单位和其他经济组织投资形成的权益性资产取得的所得;在中国境内转让动产以及其他财产取得的

所得。

⑥ 由中国境内企事业单位和其他经济组织以及居民个人支付或负担的稿酬所得、偶然所得。

⑦ 从中国境内企事业单位和其他经济组织或者居民个人取得的利息、股息、红利所得。

四、个人所得税应纳税额的计算

（一）居民个人取得综合所得的应纳税额的计算

居民个人取得综合所得，按年计算个人所得税；有扣缴义务人的，由扣缴义务人按月或者按次预扣预缴税款。

居民个人的综合所得，以每一纳税年度的收入额减除费用6万元以及专项扣除、专项附加扣除和依法确定的其他扣除后的余额，为应纳税所得额。劳务报酬所得、稿酬所得、特许权使用费所得以收入减除20%的费用后的余额为收入额。稿酬所得的收入额减按70%计算。个人兼有不同的劳务报酬所得，应当分别减除费用，计算缴纳个人所得税。专项扣除，包括居民个人按照国家规定的范围和标准缴纳的基本养老保险、基本医疗保险、失业保险等社会保险费和住房公积金等。专项附加扣除，是指个人所得税法规定的子女教育、继续教育、大病医疗、住房贷款利息、住房租金和赡养老人6项专项附加扣除。

综合所得应纳税额的计算公式为：

全年应纳税额＝全年应纳税所得额×适用税率－速算扣除数
＝（每一纳税年度的收入额－费用6万元－专项扣除
－专项附加扣除－依法确定的其他扣除）
×适用税率－速算扣除数

综合所得适用3%～45%的超额累进税率。具体税率见表6.1。

表6.1　综合所得个人所得税税率表（含速算扣除数）

级数	全年应纳税所得额	税率	速算扣除数（元）
1	不超过36 000元的	3%	0
2	超过36 000元至144 000元的部分	10%	2 520
3	超过144 000元至300 000元的部分	20%	16 920
4	超过300 000元至420 000元的部分	25%	31 920
5	超过420 000元至660 000元的部分	30%	52 920
6	超过660 000元至960 000元的部分	35%	85 920
7	超过960 000元的部分	45%	181 920

学中做6-1

假定某居民个人纳税人2019年扣除“三险一金”后共取得含税工资收入100 000元，除住房贷款专项附加扣除12 000元外，该纳税人不享受其余专项附加扣除和税法规定的其他扣除。

要求：计算其当年应纳个人所得税税额。

解析：

全年应纳税所得额=100 000-60 000-12 000=28 000(元)。

应纳税额=28 000×3%=840(元)。

扣缴义务人向居民个人支付工资、薪金所得时，应当按照累计预扣法计算预扣税款，并按月办理扣缴申报。

累计预扣法，是指扣缴义务人在一个纳税年度内预扣预缴税款时，以纳税人在本单位截至当前月份工资、薪金所得累计收入减除累计免税收入、累计减除费用、累计专项扣除、累计专项附加扣除和累计依法确定的其他扣除后的余额为累计预扣预缴应纳税所得额，适用个人所得税预扣率表(表6.2所示)，计算累计应预扣预缴税额，再减除累计减免税额和累计已预扣预缴税额，其余额为本期应预扣预缴税额。余额为负值时，暂不退税。纳税年度终了后余额仍为负值时，由纳税人通过办理综合所得年度汇算清缴，税款多退少补。

具体计算公式如下：

本期应预扣预缴税额=(累计预扣预缴应纳税所得额×预扣率-速算扣除数)
-累计减免税额-累计已预扣预缴税额

累计预扣预缴应纳税所得额=累计收入-累计免税收入-累计减除费用-累计专项扣除
-累计专项附加扣除-累计依法确定的其他扣除

其中，累计减除费用，按照5 000元/月乘以纳税人当年截至本月在本单位的任职受雇月份数计算。

表6.2 个人所得税预扣率表(居民个人工资、薪金所得预扣预缴适用)

级数	累计预扣预缴应纳税所得额	预扣率	速算扣除数
1	不超过36 000元的	3%	0
2	超过36 000元至144 000元的部分	10%	2 520
3	超过144 000元至300 000元的部分	20%	16 920
4	超过300 000元至420 000元的部分	25%	31 920
5	超过420 000元至660 000元的部分	30%	52 920
6	超过660 000元至960 000元的部分	35%	85 920
7	超过960 000元的部分	45%	181 920

学中做6-2

某职员2015年入职,2019年各月应发工资均为30 000元,每月减除费用5 000元,“三险一金”等专项扣除为4 500元,享受子女教育、赡养老人两项专项附加扣除共计2 000元,假设没有减免收入及减免税额等情况。

要求:计算1月、2月、3月应预扣预缴税额。

解析:

1月份应预扣预缴税额=(30 000-5 000-4 500-2 000)×3%=555(元)。

2月份应预扣预缴税额=(30 000×2-5 000×2-4 500×2-2 000×2)×10%-2 520-555=625(元)。

3月份应预扣预缴税额=(30 000×3-5 000×3-4 500×3-2 000×3)×10%-2 520-555-625=1 850(元)。

扣缴义务人向居民个人支付劳务报酬所得、稿酬所得、特许权使用费所得,按次或者按月预扣预缴个人所得税。具体预扣预缴方法如下:

劳务报酬所得、稿酬所得、特许权使用费所得以收入减除费用后的余额为收入额。其中,稿酬所得的收入额减按70%计算。

劳务报酬所得、稿酬所得、特许权使用费所得每次收入不超过4 000元的,减除费用按800元计算;每次收入4 000元以上的,减除费用按20%计算。

劳务报酬所得、稿酬所得、特许权使用费所得以每次收入额为预扣预缴应纳税所得额。劳务报酬所得适用20%至40%的超额累进预扣率,见表6.3所示。稿酬所得、特许权使用费所得适用20%的比例预扣率。

劳务报酬所得应预扣预缴税额=预扣预缴应纳税所得额×预扣率-速算扣除数

稿酬所得、特许权使用费所得应预扣预缴税额=预扣预缴应纳税所得额×20%

表6.3 个人所得税预扣率表(居民个人劳务报酬所得预扣预缴适用)

级数	预扣预缴应纳税所得额	预扣率	速算扣除数
1	不超过20 000元的	20%	0
2	超过20 000元至50 000元的部分	30%	2 000
3	超过50 000元的部分	40%	7 000

学中做6-3

ABC公司3月支付某居民个人王某劳务报酬收入30 000元(一次)，支付某居民个人张某稿酬2 000元，支付某居民个人李某特许权使用费2 000元。

要求：计算ABC公司3月应分别预扣预缴王某、张某、李某的个人所得税税额是多少。

解析：

劳务报酬所得预扣预缴应纳税所得额＝每次收入×(1－20%)＝30 000×(1－20%)＝24 000(元)。

劳务报酬所得预扣预缴税额＝预扣预缴应纳税所得额×预扣率速算扣除数＝24 000×30%－2 000＝5 200(元)。

稿酬所得预扣预缴应纳税所得额＝(每次收入－800元)×70%＝(2 000－800)×70%＝840(元)。

稿酬所得预扣预缴税额＝预扣预缴应纳税所得额×预扣率＝840×20%＝168(元)。

特许权使用费所得预扣预缴应纳税所得额＝(每次收入－800元)＝(2 000－800)＝1 200(元)。

特许权使用费所得预扣预缴税额＝预扣预缴应纳税所得额×预扣率＝1 200×20%＝240(元)。

(二) 非居民个人取得综合所得的应纳税额的计算

非居民个人的工资、薪金所得，按月计算个人所得税。以每月收入额减除费用5 000元后的余额为应纳税所得额。

非居民个人取得劳务报酬所得、稿酬所得和特许权使用费所得，按次分项计算个人所得税。劳务报酬所得、稿酬所得、特许权使用费所得以收入减除20%的费用后的余额为收入额。稿酬所得的收入额减按70%计算。

劳务报酬所得、稿酬所得、特许权使用费所得，属于一次性收入的，以取得该项收入为一次；属于同一项目连续性收入的，以一个月内取得的收入为一次。具体规定如下：

① 劳务报酬所得，只有一次性收入的，以取得该项收入为一次；属于同一项目连续性收入的，以一个月内取得的收入为一次。

② 稿酬所得，以每次出版、发表取得的收入为一次。其中：同一作品再版取得的所得，应视作另一次稿酬所得计征个人所得税。同一作品先在报刊上连载，然后再出版，或先出版，再在报刊上连载的，应视为两次稿酬所得征税。即连载作为一次，出版作为另一次。同一作品在报刊上连载取得收入的，以连载完成后取得的所有收入合并为一次。同一作品在出版和发表时，以预付稿酬或分次支付稿酬等形式取得的稿酬收入，应合并计算为一次。同一作品出版、发表后，因添加印数而追加稿酬的，应与以前出版、发表时取得的稿酬合并计算

为一次。在两处或两处以上出版、发表或再版同一作品而取得的稿酬所得，则可分别各处取得的所得或再版所得按分次所得计征个人所得税。作者去世后，对取得其遗作稿酬的个人，按稿酬所得征收个人所得税。

③ 特许权使用费所得，以某项特许权使用权的一次转让所取得的收入为一次。

非居民个人取得综合所得，适用3%～45%的超额累进税率。其税率表见表6.4。

表6.4 非居民个人所得税税率表

（非居民个人工资、薪金所得，劳务报酬所得，稿酬所得，特许权使用费所得适用）

级数	全月(每次)应纳税所得额	税率	速算扣除数
1	不超过3 000元的	3%	0
2	超过3 000元至12 000元的部分	10%	210
3	超过12 000元至25 000元的部分	20%	1 410
4	超过25 000元至35 000元的部分	25%	2 660
5	超过35 000元至55 000元的部分	30%	4 410
6	超过55 000元至80 000元的部分	35%	7 160
7	超过80 000元的部分	45%	15 160

非居民个人工资薪金所得应纳税额的计算公式为：

每月应纳税额＝全月应纳税所得额×适用税率－速算扣除数

＝(月工资收入额－费用5 000元)×适用税率－速算扣除数

非居民个人劳务报酬、特许权使用费所得应纳税额的计算公式为：

每次应纳税额＝每次应纳税所得额×适用税率－速算扣除数

＝每次收入额×(1－20%)×适用税率－速算扣除数

非居民个人稿酬所得应纳税额的计算公式为：

每次应纳税额＝每次应纳税所得额×适用税率－速算扣除数

＝每次收入额×70%×(1－20%)×适用税率－速算扣除数

学中做6-4

某外商投资企业中的韩国专家金某为非居民纳税人，2019年3月取得由该企业发放的含税工资收入10 000元，此外还从别处取得劳务报酬5 000元。

要求：计算金某当月应纳个人所得税税额。

解析：

当月工资、薪金所得应纳税额＝(10 000－5 000)×10%－210＝290(元)。

当月劳务报酬所得应纳税额＝5 000×(1－20%)×10%－210＝190(元)。

当月应纳个人所得税税额＝290＋190＝480(元)。

（三）纳税人取得经营所得的应纳税额的计算

个体工商户业主、个人独资企业投资者、合伙企业个人合伙人、承包承租经营者个人以及其他从事生产、经营活动的个人取得经营所得，以每一纳税年度的收入总额减除成本、费用以及损失后的余额为应纳税所得额。成本、费用是指生产、经营活动中发生的各项直接支出和分配计入成本的间接费用以及销售费用、管理费用、财务费用。损失是指生产、经营活动中发生的固定资产和存货的盘亏、毁损、报废损失，转让财产损失，坏账损失，自然灾害等不可抗力因素造成的损失以及其他损失。

应纳税额＝应纳税所得额×适用税率－速算扣除数
＝(全年收入总额－成本、费用、损失)×适用税率－速算扣除数

取得经营所得的个人，没有综合所得的，计算其每一纳税年度的应纳税所得额时，应当减除费用6万元、专项扣除、专项附加扣除以及依法确定的其他扣除。专项附加扣除在办理汇算清缴时减除。

应纳税额＝应纳税所得额×适用税率－速算扣除数
＝(全年收入总额－成本、费用、损失－基本扣除费用6万元－专项扣除
－专项附加扣除－依法确定的其他扣除)×适用税率－速算扣除数

经营所得适用3％～45％的五级超额累进税率。具体税率见表6.5。

表6.5　个人所得税税率表(经营所得适用)

级　数	全年应纳税所得额	税　率	速算扣除数
1	不超过30 000元的	5％	0
2	超过30 000元至90 000元的部分	10％	1 500
3	超过90 000元至300 000元的部分	20％	10 500
4	超过300 000元至500 000元的部分	30％	40 500
5	超过500 000元的部分	35％	65 500

学中做6-5

某小型运输公司系个体工商户，账证健全，2019年12月取得经营收入400 000元，准许扣除的当月成本、费用(不含业主工资)及相关税金共计250 000元。1～11月累计应纳税所得额80 000元(未扣除业主费用减除标准)，1～11月累计已预缴个人所得税20 000元。除经营所得外，业主本人没有其他收入，且2019年全年均享受赡养老人一项专项附加扣除2 000元/月。

要求：不考虑专项扣除和符合税法规定的其他扣除，计算该个体工商户在2019年度汇算清缴时应申请的个人所得税退税额。

解析：纳税人取得经营所得，按年计算个人所得税，由纳税人在月度或季度终了后15日内，向经营管理所在地主管税务机关办理预缴纳税申报；在取得所得的次年3月31日前，向经营管理所在地主管税务机关办理汇算清缴。因此，按照税收法律、法规和文件规定，先计算全年应纳税所得额，再计算全年应纳税额。并根据全年应纳税额和当年已预缴税额计算出当年度应补(退)税额。

全年应纳税所得额＝400 000－250 000＋80 000－60 000－24 000＝146 000(元)。

全年应缴纳个人所得税＝146 000×20%－10 500＝18 700(元)。

该个体工商户2019年度应申请的个人所得税退税额＝20 000－18 700＝1 300(元)。

(四) 纳税人取得财产租赁所得的应纳税额的计算

纳税人取得财产租赁所得，按次计算征收个人所得税。财产租赁所得，以一个月内取得的收入为一次。

财产租赁所得，以定额或定率减除规定费用后的余额为应税所得额。每次收入不超过4 000元，定额减除费用800元；每次收入4 000元以上，定率减除20%的费用。

在确定财产租赁的应纳税所得额时，纳税人在出租财产过程中缴纳的税金和教育费附加，可持完税(缴款)凭证，从其财产租赁收入中扣除。准予扣除的项目除了规定费用和有关税费外，还准予扣除能够提供有效、准确凭证，证明由纳税人负担的该出租财产实际开支的修缮费用。允许扣除的修缮费用，以每次800元为限。一次扣除不完的，准予在下一次继续扣除，直到扣完为止。

财产租赁所得应纳税额的计算公式为：

① 每次(月)收入不足4 000元的

应纳税额＝[每次(月)收入额－财产租赁过程中缴纳的税费
　　－由纳税人负担的租赁财产实际开支的修缮费用(800元为限)－800元]
　　×适用税率

② 每次(月)收入在4 000元以上的

应纳税额＝[每次(月)收入额－财产租赁过程中缴纳的税费
　　－由纳税人负担的租赁财产实际开支的修缮费用(800元为限)]
　　×(1－20%)×适用税率

财产租赁所得适用20%的比例税率。但个人按市场价格出租的居民住房取得的所得，自2001年1月1日起暂减按10%的税率征收个人所得税。

个人出租房屋的个人所得税应税收入不含增值税，计算房屋出租所得可扣除的税费不包括本次出租缴纳的增值税。个人转租房屋的，其向房屋出租方支付的租金及增值税额，在计算转租所得时准予扣除。

学中做6-6

王某于2019年1月将其自有的面积为140平方米的居民住房按市场价出租给张某居住。王某每月取得租金收入5 000元,全年租金收入60 000元。

要求:计算王某全年租金收入应缴纳的个人所得税(不考虑其他税费)。

解析:财产租赁收入以每月内取得的收入为一次,按市场价出租给个人居住适用10%的税率,因此,王某每月及全年应纳税额为:

每月应纳税额=5 000×(1-20%)×10% =400(元)。

全年应纳税额=400×12=4 800(元)。

本例在计算个人所得税时未考虑其他税费。如果对租金收入计征增值税、城市维护建设税、房产税和教育费附加等,还应将其从税前的收入中先扣除后再计算应缴纳的个人所得税。

假定上例中,当年3月因下水道堵塞找人修理,发生修理费用1 200元,有维修部门的正式收据,则3月和4月的应纳税额为:

3月应纳税额=(5 000-800) ×(1-20%)×10%=336(元)。

4月应纳税额=(5 000-400) ×(1-20%)×10%=368(元)。

在实际征税过程中,有时会出现财产租赁所得的纳税人不明确的情况。对此,在确定财产租赁所得纳税人时,应以产权凭证为依据。无产权凭证的,由主管税务机关根据实际情况确定纳税人。如果产权所有人死亡,在未办理产权继承手续期间,该财产出租且有租金收入的,以领取租金收入的个人为纳税人。

(五)纳税人取得财产转让所得的应纳税额的计算

财产转让所得,以转让财产的收入额减除财产原值和合理费用后的余额为应纳税所得额。

财产原值,按照下列方法计算:

① 有价证券,为买入价以及买入时按照规定交纳的有关费用。

② 不动产,为建造费或者购进价格以及其他有关费用。

③ 土地使用权,为取得土地使用权所支付的金额、开发土地的费用以及其他有关费用。

④ 机器设备、车船,为购进价格、运输费、安装费以及其他有关费用。

⑤ 其他财产,参照上述规定的方法确定财产原值。

纳税人未提供完整、准确的财产原值凭证,不能正确计算财产原值的,由主管税务机关核定其财产原值。

合理费用,是指卖出财产时按照规定支付的有关税费。

个人发生非货币性资产交换,以及将财产用于捐赠、偿债、赞助、投资等用途的,应当视同转让财产并缴纳个人所得税,但国务院财政、税务主管部门另有规定的除外。

财产转让所得应纳税额的计算公式为:

应纳税额=应纳税所得额×适用税率=(收入总额−财产原值−合理费用)×20%

提示

① 受赠人转让受赠房屋的,以其转让受赠房屋的收入减除原捐赠人取得该房屋的实际购置成本以及赠与和转让过程中受赠人支付的相关税费后的余额,为受赠人的应纳税所得额,依法计征个人所得税。受赠人转让受赠房屋价格明显偏低且无正当理由的,税务机关可以依据该房屋的市场评估价格或其他合理方式确定的价格核定其转让收入。

② 个人转让房屋的个人所得税应税收入不含增值税,其取得房屋时所支付价款中包含的增值税计入财产原值,计算转让所得时可扣除的税费不包括本次转让缴纳的增值税。

学中做6-7

李某转让一处临街商铺(原值为200万元),取得不含增值税的转让收入450万元,支付可以税前扣除的各项合理税费合计5万元(均取得合法票据)。

要求:计算李某出售该商铺应纳个人所得税。

解析:

李某出售该商铺应纳个人所得税=(450−200−5)×20%=49(万元)。

(六)纳税人取得利息、股息、红利所得的应纳税额的计算

纳税人取得利息、股息、红利所得,按次计算征收个人所得税。以支付利息、股息、红利时取得的收入为一次。每次收入额就是应纳税所得额,没有任何扣除。

利息、股息、红利所得适用比例税率,税率为20%。利息、股息、红利所得应纳税额的计算公式为:

应纳税额=应纳税所得额×适用税率=每次收入额×适用税率

学中做6-8

张某2019年11月份从某非上市公司取得红利5 000元,为此支付交通费50元、银行手续费1元。

要求:计算张某取得红利应纳个人所得税额。

解析:

① 应按"利息、股息、红利所得"征税;

② 每次收入额即为应纳税所得额,不得减除任何支出、费用;

③ 应纳个人所得税=5 000×20%=1 000(元)。

（七）偶然所得应纳税额的计算

偶然所得按次计算纳税，以每次取得该项收入为一次。每次收入额就是应纳税所得额，没有任何扣除。

偶然所得应纳税额的计算公式为：

应纳税额＝应纳税所得额×适用税率 ＝每次收入额×20％

学中做6-9

2019 年 1 月周某在商场举办的有奖销售活动中获得奖金 4 000 元，周某领奖时支付交通费 30 元、餐费 70 元。已知偶然所得个人所得税税率为 20％。

要求：计算周某中奖奖金的所得税税额。

解析：偶然所得以每次收入额为应纳税所得额，没有任何扣除。因此，周某领奖时支付的交通费 30 元、餐费 70 元，均不得扣除，所得税税额＝4 000×20％＝800（元）。

五、应纳税额计算的其他规定

（一）关于个人发生公益、救济性捐赠支出的规定

1. 全额扣除的政策规定

① 个人通过非营利性的社会团体和国家机关向红十字事业的捐赠，在计算缴纳个人所得税时，准予在税前的所得额中全额扣除。

② 个人通过非营利的社会团体和国家机关向农村义务教育的捐赠，在计算缴纳个人所得税时，准予在税前的所得额中全额扣除。

③ 个人通过非营利性社会团体和国家机关对公益性青少年活动场所（其中包括新建）的捐赠，在计算缴纳个人所得税时，准予在税前的所得额中全额扣除。

④ 个人通过非营利性的社会团体和政府部门向福利性、非营利性老年服务机构捐赠、通过特定的基金会用于公益救济性的捐赠，符合相关条件的，准予在缴纳个人所得税前全额扣除。

⑤ 个人的所得（不含偶然所得，经国务院财政部门确定征税的其他所得）用于对非关联的科研机构和高等学校研究开发新产品、新技术、新工艺所发生的研究开发经费的资助，可以全额在下月（工资、薪金所得）或下次（按次计征的所得）或当年（按年计征的所得）计征个人所得税时，从应纳税所得额中扣除，不足抵扣的，不得结转抵扣。

⑥ 根据财政部，国家税务总局有关规定，个人通过非营利性的社会团体和政府部门向福利性、非营利性老年服务机构捐赠，通过宋庆龄基金会等 6 家单位、中国医药卫生事业发

展基金会、中国教育发展基金会、中国老龄事业发展基金会等8家单位、中华健康快车基金会等5家单位用于公益救济性的捐赠，符合相关条件的，准予在缴纳个人所得税前全额扣除。

2. 限额扣除的政策规定

个人将其所得向教育、扶贫、济困等公益慈善事业进行捐赠，捐赠额未超过纳税人申报的应纳税所得额30%的部分，可以从其应纳税所得额中扣除；国务院规定对公益慈善事业捐赠实行全额扣除的，从其规定。

提示

个人将其所得向教育、扶贫、济困等公益慈善事业进行捐赠，是指个人将其所得通过中国境内的公益性社会组织、国家机关向教育、扶贫、济困等公益慈善事业的捐赠。

学中做6-10

张某2019年1月在参加某商场组织的有奖销售活动中，中奖所得共计价值30 000元。将其中的10 000元通过市教育局用于公益性捐赠。

要求：计算中奖所得应纳的个人所得税。

解析：

公益捐赠扣除限额＝30 000×30%＝9 000(元)。

由于实际捐赠额超过扣除限额，只能按扣除限额扣除。

中奖所得应纳个人所得税＝(30 000－9 000)×20%＝4 200(元)。

（二）关于境外所得已纳税额的抵免政策

居民个人从中国境内和境外取得的综合所得、经营所得，应当分别合并计算应纳税额；居民个人从中国境外取得的所得，可以从其应纳税额中抵免已在境外缴纳的个人所得税税额，但抵免额不得超过该纳税人境外所得依照个人所得税法规定计算的应纳税额。

已在境外缴纳的个人所得税税额，是指居民个人来源于中国境外的所得，依照该所得来源国家或者地区的法律应当缴纳并且实际已经缴纳的所得税税额。纳税人依照个人所得税法规定计算的应纳税额，是居民个人抵免已在境外缴纳的综合所得、经营所得以及其他所得的所得税税额的限额(以下简称抵免限额)。除国务院财政、税务主管部门另有规定外，来源于中国境外一个国家(地区)的综合所得抵免限额、经营所得抵免限额以及其他所得抵免限额之和，为来源于该国家(地区)所得的抵免限额，是居民个人境外所得已缴境外个人所得税的抵免限额。其中：

来源于一国(地区)综合所得的抵免限额＝中国境内、境外综合所得依照个人所得税法及其实施条例计算的综合所得应纳税总额×来源于该国（地区）的综合所得收入额/中国境内、境外综合所得收入总额；

来源于一国（地区）经营所得抵免限额＝中国境内、境外经营所得依照个人所得税法和个人所得税法实施条例计算的经营所得应纳税总额×来源于该国（地区）的经营所得的应纳税所得额/中国境内、境外经营所得的应纳税所得额；

来源于一国（地区）的其他所得项目抵免限额，为来源于该国（地区）的其他所得项目依照个人所得税法和个人所得税法实施条例计算的应纳税额。

居民个人在中国境外一个国家或者地区实际已经缴纳的个人所得税税额，低于依照前款规定计算出的该国家或者地区抵免限额的，应当在中国缴纳差额部分的税款；超过该国家或者地区抵免限额的，其超过部分不得在本纳税年度的应纳税额中扣除，但是可以在以后纳税年度的该国家或者地区抵免限额的余额中补扣。补扣期限最长不得超过5年。

居民个人申请抵免已在境外缴纳的个人所得税税额，应当提供境外税务机关出具的税款所属年度的有关纳税凭证。

学中做6-11

张某为我国居民纳税人，2019年综合所得的年度扣除金额为80 000元。取得境外某企业支付的专利权使用费150 000元，该项收入境外纳税10 000元并取得境外税务机关开具的完税凭证，已知该国与我国之间尚未签订税收协定。

要求：

① 判断张某取得的专利权使用费境外所纳税款是否能在本纳税年度足额抵扣并说明理由。

② 计算张某从境外取得的专利权使用费在我国应缴纳的个人所得税。

解析：

境外所得抵免限额＝(150 000×80%－80 000)×10%－2 520＝1 480(元)。

张某从境外某企业取得应税所得在境外缴纳的个人所得税额的抵免限额为1 480元，其在境外实际缴纳个人所得税10 000元，高于抵免限额，只能按照抵免限额1 480元抵免，不能足额抵扣。

在我国应纳个人所得税＝1 480－1 480＝0。

（三）关于企业年金和职业年金缴费的个人所得税处理

① 企业和事业单位根据国家有关政策规定的办法和标准，为在本单位任职或者受雇的全体职工缴付的企业年金或职业年金（以下统称年金）单位缴费部分，在计入个人账户时，个人暂不缴纳个人所得税。

② 个人根据国家有关政策规定缴付的年金个人缴费部分，在不超过本人缴费工资计税基数的4%标准内的部分，暂从个人当期的应纳税所得额中扣除。超过规定的标准缴付的年金单位缴费和个人缴费部分，应并入个人当期的工资、薪金所得，依法计征个人所得税。

企业年金个人缴费工资计税基数为本人上一年度月平均工资。月平均工资按国家统计局规定列入工资总额统计的项目计算。月平均工资超过职工工作地所在设区城市上一年度职工月平均工资300%以上的部分，不计入个人缴费工资计税基数。职业年金个人缴费工资计税基数为职工岗位工资和薪级工资之和。职工岗位工资和薪级工资之和超过职工工作地所在设区城市上一年度职工月平均工资300%以上的部分，不计入个人缴费工资计税基数。

③ 年金基金投资运营收益分配计入个人账户时，个人暂不缴纳个人所得税。

④ 个人达到国家规定的退休年龄，领取的企业年金、职业年金，不并入综合所得，全额单独计算应纳税款。其中按月领取的，适用月度税率表计算纳税；按季领取的，平均分摊计入各月，按每月领取额适用月度税率表计算纳税；按年领取的，适用综合所得税率表计算纳税。个人因出境定居而一次性领取的年金个人账户资金，或个人死亡后，其指定的受益人或法定继承人一次性领取的年金个人账户余额，适用综合所得税率表计算纳税。

（四）关于解除劳动关系、提前退休、内部退养的一次性补偿收入的政策

① 个人与用人单位解除劳动关系取得一次性补偿收入（包括用人单位发放的经济补偿金、生活补助费和其他补助费），在当地上年职工平均工资3倍数额以内的部分，免征个人所得税；超过3倍数额的部分，不并入当年综合所得，单独适用综合所得税率表，计算纳税。

② 个人办理提前退休手续而取得的一次性补贴收入，应按照办理提前退休手续至法定离退休年龄之间实际年度数平均分摊，确定适用税率和速算扣除数，单独适用综合所得税率表，计算纳税。计算公式为：

应纳税额＝[（一次性补贴收入÷办理提前退休手续至法定退休年龄的实际年度数
　　－费用扣除标准）×适用税率－速算扣除数]
　　×办理提前退休手续至法定退休年龄的实际年度数

③ 个人在办理内部退养手续后从原任职单位取得的一次性收入，应按办理内部退养手续后至法定离退休年龄之间的所属月份进行平均，并与领取当月的"工资、薪金"所得合并后减除当月费用扣除标准，以余额为基数确定适用税率，再将当月工资、薪金加上取得的一次性收入，减去费用扣除标准，按适用税率计征个人所得税。

（五）关于单位低价向职工售房的政策

单位按低于购置或建造成本价格出售住房给职工，职工因此而少支出的差价部分，符合《财政部、国家税务总局关于单位低价向职工售房有关个人所得税问题的通知》（财税〔2007〕13号）第二条规定的，不并入当年综合所得，以差价收入除以12个月得到的数额，按照月度税率表确定适用税率和速算扣除数，单独计算纳税。计算公式为：

应纳税额＝职工实际支付的购房价款低于该房屋的购置或建造成本价格的差额
×适用税率－速算扣除数

（六）关于保险营销员、证券经纪人佣金收入的政策

保险营销员、证券经纪人取得的佣金收入，属于劳务报酬所得，以不含增值税的收入减除20％的费用后的余额为收入额，收入额减去展业成本以及附加税费后，并入当年综合所得，计算缴纳个人所得税。保险营销员、证券经纪人的展业成本按照收入额的25％计算。

（七）关于商业健康保险的个人所得税政策

取得工资薪金所得、连续性劳务报酬所得的个人，以及取得个体工商户的生产经营所得、对企事业单位的承包承租经营所得的个体工商户业主、个人独资企业投资者、合伙企业个人合伙人和承包承租经营者，对其购买符合规定的商业健康保险产品支出，允许在当年（月）计算应纳税所得额时予以税前扣除，扣除限额为2 400元/年(200元/月)。单位统一为员工购买符合规定的商业健康保险产品的支出，应分别计入员工个人工资薪金，视同个人购买，按上述限额予以扣除。

保险公司销售符合规定的商业健康保险产品，及时为购买保险的个人开具发票和保单凭证，并在保单凭证上注明税优识别码。个人购买商业健康保险未获得税优识别码的，其支出金额不得税前扣除。

（八）关于出租车驾驶员应纳个人所得税的规定

① 出租汽车经营单位对出租车驾驶员采取单车承包或承租方式运营，出租车驾驶员从事客货营运取得的收入，按“工资、薪金所得”征税。

② 出租车属于个人所有，但挂靠出租汽车经营单位或企事业单位，驾驶员向挂靠单位缴纳管理费的，或出租汽车经营单位将出租车所有权转移给驾驶员的，出租车驾驶员从事客货运营取得的收入，比照“经营所得”征税。

③ 从事个体出租车运营的出租车驾驶员取得的收入，按“经营所得”计征个人所得税。

（九）关于企业改组改制过程中个人取得的量化资产征税问题

1. 取得量化资产

对职工个人以股份形式取得的仅作为分红依据，不拥有所有权的企业量化资产，不征收个人所得税；对职工个人以股份形式取得的拥有所有权的企业量化资产，暂缓征收个人所得税。

2. 分红

对职工个人以股份形式取得的企业量化资产参与企业分配而获得的股息、红利，应按“利息、股息、红利所得”征收个人所得税。

3. 转让

职工个人将其以股份形式取得的拥有所有权的企业量化资产转让时，就其转让收入额，减除个人取得该股份时实际支付的费用支出和合理转让费用后的余额，按“财产转让所得”计征个人所得税。

（十）关于企业为个人购买房屋或其他财产的规定

① 符合以下情形的房屋或其他财产，不论所有权人是否将财产无偿或有偿交付企业使用，其实质均为企业对个人进行了实物性质的分配，应依法计征个人所得税：

a. 企业出资购买房屋及其他财产，将所有权登记为投资者个人、投资者家庭成员或企业其他人员的；

b. 企业投资者个人、投资者家庭成员或企业其他人员向企业借款用于购买房屋及其他财产，将所有权登记为投资者、投资者家庭成员或企业其他人员，且借款年度终了后未归还借款的。

② 对个人独资企业、合伙企业的个人投资者或其家庭成员取得的上述所得，视为企业对个人投资者的利润分配，按照“经营所得”项目计征个人所得税；对除个人独资企业、合伙企业以外其他企业的个人投资者或其家庭成员取得的上述所得，视为企业对个人投资者的红利分配，按照“利息、股息，红利所得”项目计征个人所得税；对企业其他人员取得的上述所得，按照“综合所得”项目计征个人所得税。

提示

两个以上的个人共同取得同一项目收入的，应当对每个人取得的收入分别按照个人所得税法规定计算纳税。

居民个人从境内和境外取得的综合所得或者经营所得，应当分别合并计算应纳税额；从境内和境外取得的其他所得应当分别单独计算应纳税额。

个人独资企业、合伙企业及个人从事其他生产、经营活动在境外营业机构的亏损，不得抵减境内营业机构的盈利。

六、个人所得税的税收优惠

（一）免税项目

① 省级人民政府、国务院部委和中国人民解放军军以上单位，以及外国组织、国际组织颁发的科学、教育、技术、文化、卫生、体育、环境保护等方面的奖金。

② 国债和国家发行的金融债券利息。其中，国债利息是指个人持有中华人民共和国财政部发行的债券而取得的利息；国家发行的金融债券利息是指个人持有经国务院批准发行的金融债券而取得的利息。

③ 按照国家统一规定发给的补贴、津贴。其是指按照国务院规定发给的政府特殊律

贴、院士津贴，以及国务院规定免纳个人所得税的其他补贴、津贴。

④ 福利费、抚恤金、救济金。其中，福利费是指根据国家有关规定，从企业、事业单位、国家机关、社会团体提留的福利费或者从工会经费中支付给困难个人的生活补助费；救济金是指国家民政部门支付给个人的生活困难补助费。

⑤ 保险赔款。

⑥ 军人的转业费、复员费、退役金。

⑦ 按照国家统一规定发给干部、职工的安家费、退职费、基本养老金或者退休费、离休费、离休生活补助费。其中，退职费是指符合《国务院关于工人退休、退职的暂行办法》规定的退职条件，并按该办法规定的退职费标准所领取的退职费。

⑧ 对达到离休、退休年龄，但确因工作需要，适当延长离休、退休年龄的高级专家，其在延长离休、退休期间的工资、薪金所得，视同退休工资、离休工资免征个人所得税。

⑨ 符合条件的见义勇为者的奖金或奖品，经主管税务机关核准，免征个人所得税。

⑩ 对外籍个人取得的探亲费免征个人所得税。可以享受免征个人所得税优惠待遇的探亲费，仅限于外籍个人在我国的受雇地与其家庭所在地(包括配偶或父母居住地)之间搭乘交通工具且每年不超过 2 次的费用。

⑪ 企业和个人按照省级以上人民政府规定的比例缴付的住房公积金、医疗保险金、基本养老保险金、失业保险金，允许在个人应纳税所得额中扣除，免予征收个人所得税。超过规定的比例缴付的部分并入个人当期的工资、薪金收入，计征个人所得税。

个人领取原提存的住房公积金、医疗保险金、基本养老保险金时，免予征收个人所得税。

对按照国家或省级地方政府规定的比例缴付的住房公积金、医疗保险金、基本养老保险金和失业保险金存入银行个人账户所取得的利息收入，免征个人所得税。

⑫ 个人取得的拆迁补偿款按有关规定免征个人所得税。

⑬ 储蓄机构内从事代扣代缴工作的办税人员取得的扣缴利息税手续费所得，个人办理代扣代缴税款手续，按规定取得的扣缴手续费，免征个人所得税。

⑭ 国务院规定的其他免税所得。该项免税规定由国务院报全国人民代表大会常务委员会备案。

（二）减税项目

① 残疾、孤老人员和烈属的所得。

② 因严重自然灾害造成重大损失的。

上述减税项目的减征幅度和期限，由省、自治区、直辖市人民政府规定，并报同级人民代表大会常务委员会备案。

国务院可以规定其他减税情形，报全国人民代表大会常务委员会备案。

（三）暂免征税项目

根据《财政部、国家税务总局关于个人所得税若干政策问题的通知》和有关文件的规定，对下列所得暂免征收个人所得税：

① 2019 年 1 月 1 日至 2021 年 12 月 31 日期间，外籍个人符合居民个人条件的，可以选择享受个人所得税专项附加扣除，也可以选择按照相关规定，享受住房补贴、语言训练费、子女教育费等津补贴免税优惠政策，但不得同时享受。外籍个人一经选择，在一个纳税年度内不得变更。

自 2022 年 1 月 1 日起，外籍个人不再享受住房补贴、语言训练费、子女教育费津补贴免税优惠政策，应按规定享受专项附加扣除。

② 个人举报、协查各种违法、犯罪行为而获得的奖金。

③ 个人转让自用达 5 年以上、并且是唯一的家庭生活用房取得的所得。

④ 对个人购买福利彩票、赈灾彩票、体育彩票，一次中奖收入在 1 万元以下的(含 1 万元)暂免征收个人所得税，超过 1 万元的，全额征收个人所得税。

⑤ 个人取得单张有奖发票奖金所得不超过 800 元(含 800 元)的，暂免征收个人所得税。

⑥ 自 2008 年 10 月 9 日(含)起，对储蓄存款利息所得暂免征收个人所得税。

⑦ 自 2015 年 9 月 8 日起，个人从公开发行和转让市场取得的上市公司股票，持股期限超过 1 年的，股息红利所得暂免征收个人所得税。

税收法律、行政法规、部门规章和规范性文件中未明确规定纳税人享受减免税必须经税务机关审批，且纳税人取得的所得完全符合减免税条件的，无须经主管税务机关审核，纳税人可自行享受减免税。

税收法律、行政法规、部门规章和规范性文件中明确规定纳税人享受减免税必须经税务机关审批的，或者纳税人无法准确判断其取得的所得是否应享受个人所得税减免的，必须经主管税务机关按照有关规定审核或批准后，方可减免个人所得税。

任务二　个人所得税的纳税申报

【知识准备】

个人所得税的纳税办法，全国通用实行的有自行申报纳税和全员全额扣缴申报纳税两种。此外，税收征管法还对无法查账征收的纳税人规定了核定征收的方式。

一、自行申报纳税

自行申报纳税，是由纳税人自行在税法规定的纳税期限内，向税务机关申报取得的应税所得项目和数额，如实填写个人所得税纳税申报表，并按照税法规定计算应纳税额，据此缴纳个人所得税的一种方法。

（一）取得综合所得需要办理汇算清缴的纳税申报

取得综合所得且符合下列情形之一的纳税人，应当依法办理汇算清缴：

① 从两处以上取得综合所得，且综合所得年收入额减除专项扣除后的余额超过 6 万元。

② 取得劳务报酬所得、稿酬所得、特许权使用费所得中一项或者多项所得，且综合所得年收入额减除专项扣除的余额超过 6 万元。

③ 纳税年度内预缴税额低于应纳税额。

④ 纳税人申请退税。

需要办理汇算清缴的纳税人，应当在取得所得的次年 3 月 1 日至 6 月 30 日内，向任职、受雇单位所在地主管税务机关办理纳税申报，并报送《个人所得税年度自行纳税申报表》。纳税人有两处以上任职、受雇单位的，选择向其中一处任职、受雇单位所在地主管税务机关办理纳税申报；纳税人没有任职、受雇单位的，向户籍所在地或经常居住地主管税务机关办理纳税申报。

纳税人办理综合所得汇算清缴，应当准备与收入、专项扣除、专项附加扣除、依法确定的其他扣除、捐赠、享受税收优惠等相关的资料，并按规定留存备查或报送。

纳税人办理汇算清缴退税或者扣缴义务人为纳税人办理汇算清缴退税的，税务机关审核后，按照国库管理的有关规定办理退税。纳税人申请退税时提供的汇算清缴信息有错误的，税务机关应当告知其更正；纳税人更正的，税务机关应当及时办理退税。纳税人申请退税，应当提供其在中国境内开设的银行账户，并在汇算清缴地就地办理税款退库。

（二）取得经营所得的纳税申报

个体工商户业主、个人独资企业投资者、合伙企业个人合伙人、承包承租经营者个人以及其他从事生产、经营活动的个人取得经营所得，按年计算个人所得税，由纳税人在月度或季度终了后 15 日内纳税人取得经营所得，向经营管理所在地主管税务机关办理预缴纳税申报，并报送《个人所得税经营所得纳税申报表（A 表）》。在取得所得的次年 3 月 31 日前，向经营管理所在地主管税务机关办理汇算清缴，并报送《个人所得税经营所得纳税申报表（B 表）》；从两处以上取得经营所得的，选择向其中一处经营管理所在地主管税务机关办理年度汇算申报，并报送《个人所得税经营所得纳税申报表（C 表）》。

（三）取得应税所得，扣缴义务人未扣缴税款的纳税申报

纳税人取得应税所得，扣缴义务人未扣缴税款的，应当区别以下情形办理纳税申报：

① 居民个人取得综合所得的，按照取得综合所得需要办理汇算清缴的纳税申报的相关规定办理。

② 非居民个人取得工资、薪金所得，劳务报酬所得，稿酬所得，特许权使用费所得的，应当在取得所得的次年 6 月 30 日前，向扣缴义务人所在地主管税务机关办理纳税申报，并报

送《个人所得税自行纳税申报表(A表)》。有两个以上扣缴义务人均未扣缴税款的,选择向其中一处扣缴义务人所在地主管税务机关办理纳税申报。非居民个人在次年6月30日前离境(临时离境除外)的,应当在离境前办理纳税申报。

③ 纳税人取得利息、股息、红利所得,财产租赁所得,财产转让所得和偶然所得的,应当在取得所得的次年6月30日前,按相关规定向主管税务机关办理纳税申报,并报送《个人所得税自行纳税申报表(A表)》。

税务机关通知限期缴纳的,纳税人应当按照期限缴纳税款。

(四) 取得境外所得的纳税申报

居民个人从中国境外取得所得的,应当在取得所得的次年3月1日至6月30日内,向中国境内任职、受雇单位所在地主管税务机关办理纳税申报;在中国境内没有任职、受雇单位的,向户籍所在地或中国境内经常居住地主管税务机关办理纳税申报;户籍所在地与中国境内经常居住地不一致的,选择其中一地主管税务机关办理纳税申报;在中国境内没有户籍的,向中国境内经常居住地主管税务机关办理纳税申报。

(五) 因移居境外注销中国户籍的纳税申报

纳税人因移居境外注销中国户籍的,应当在申请注销中国户籍前,向户籍所在地主管税务机关办理纳税申报,进行税款清算。

① 纳税人在注销户籍年度取得综合所得的,应当在注销户籍前,办理当年综合所得的汇算清缴,并报送《个人所得税年度自行纳税申报表》。尚未办理上一年度综合所得汇算清缴的,应当在办理注销户籍纳税申报时一并办理。

② 纳税人在注销户籍年度取得经营所得的,应当在注销户籍前,办理当年经营所得的汇算清缴,并报送《个人所得税经营所得纳税申报表(B表)》。从两处以上取得经营所得的,还应当一并报送《个人所得税经营所得纳税申报表(C表)》。尚未办理上一年度经营所得汇算清缴的,应当在办理注销户籍纳税申报时一并办理。

③ 纳税人在注销户籍当年取得利息、股息、红利所得,财产租赁所得,财产转让所得和偶然所得的,应当在注销户籍前,申报当年上述所得的完税情况,并报送《个人所得税自行纳税申报表(A表)》。

④ 纳税人有未缴或者少缴税款的,应当在注销户籍前,结清欠缴或未缴的税款。纳税人存在分期缴税且未缴纳完毕的,应当在注销户籍前,结清尚未缴纳的税款。

⑤ 纳税人办理注销户籍纳税申报时,需要办理专项附加扣除、依法确定的其他扣除的,应当向税务机关报送《个人所得税专项附加扣除信息表》《商业健康保险税前扣除情况明细表》《个人税收递延型商业养老保险税前扣除情况明细表》等。

(六) 非居民个人在中国境内从两处以上取得工资、薪金所得的纳税申报

非居民个人在中国境内从两处以上取得工资、薪金所得的,应当在取得所得的次月15

日内，向其中一处任职、受雇单位所在地主管税务机关办理纳税申报，并报送《个人所得税自行纳税申报表(A表)》。

纳税人可以采用远程办税端、邮寄等方式申报，也可以直接到主管税务机关申报。纳税人办理自行纳税申报时，应当一并报送税务机关要求报送的其他有关资料。首次申报或者个人基础信息发生变化的，还应报送《个人所得税基础信息表(B表)》。纳税人在办理纳税申报时需要享受税收协定待遇的，按照享受税收协定待遇有关办法办理。

二、全员全额扣缴申报纳税

扣缴义务人向个人支付应税款项时，应当依照个人所得税法规定预扣或者代扣税款，按时缴库，并专项记载备查。

全员全额扣缴申报，是指扣缴义务人应当在代扣税款的次月15日内，向主管税务机关报送其支付所得的所有个人的有关信息、支付所得数额、扣除事项和数额、扣缴税款的具体数额和总额以及其他相关涉税信息资料。这种方法，有利于控制税源、防止漏税和逃税。

（一）扣缴义务人和代扣预扣税款的范围

扣缴义务人是指向个人支付所得的单位或者个人。支付包括现金支付、汇拨支付、转账支付和以有价证券、实物以及其他形式的支付。实行个人所得税全员全额扣缴申报的应税所得包括：

① 工资、薪金所得。

② 劳务报酬所得。

③ 稿酬所得。

④ 特许权使用费所得。

⑤ 利息、股息、红利所得。

⑥ 财产租赁所得。

⑦ 财产转让所得。

⑧ 偶然所得。

扣缴义务人应当依法办理全员全额扣缴申报。

（二）扣缴义务人责任与义务

① 支付工资、薪金所得的扣缴义务人应当于年度终了后两个月内，向纳税人提供其个人所得和已扣缴税款等信息。纳税人年度中间需要提供上述信息的，扣缴义务人应当提供。

纳税人取得除工资、薪金所得以外的其他所得，扣缴义务人应当在扣缴税款后，及时向纳税人提供其个人所得和已扣缴税款等信息。

② 扣缴义务人应当按照纳税人提供的信息计算税款、办理扣缴申报，不得擅自更改纳税人提供的信息。

扣缴义务人发现纳税人提供的信息与实际情况不符的，可以要求纳税人修改。纳税人拒绝修改的，扣缴义务人应当报告税务机关，税务机关应当及时处理。

纳税人发现扣缴义务人提供或者扣缴申报的个人信息、支付所得、扣缴税款等信息与实际情况不符的，有权要求扣缴义务人修改。扣缴义务人拒绝修改的，纳税人应当报告税务机关，税务机关应当及时处理。

③ 扣缴义务人对纳税人提供的《个人所得税专项附加扣除信息表》，应当按照规定妥善保存备查。

④ 扣缴义务人应当依法对纳税人报送的专项附加扣除等相关涉税信息和资料保密。

⑤ 对扣缴义务人按照规定扣缴的税款，按年付给2%的手续费。不包括税务机关、司法机关等查补或者责令补扣的税款。

扣缴义务人领取的扣缴手续费可用于提升办税能力、奖励办税人员。

⑥ 扣缴义务人依法履行代扣代缴义务，纳税人不得拒绝。纳税人拒绝的，扣缴义务人应当及时报告税务机关。

⑦ 扣缴义务人有未按照规定向税务机关报送资料和信息、未按照纳税人提供信息虚报虚扣专项附加扣除、应扣未扣税款、不缴或少缴已扣税款、借用或冒用他人身份等行为的，依照《中华人民共和国税收征收管理法》等相关法律、行政法规处理。

（三）代扣代缴期限

扣缴义务人每月或者每次预扣、代扣的税款，应当在次月15日内缴入国库，并向税务机关报送《个人所得税扣缴申报表》。

提示

① 居民个人办理年度综合所得汇算清缴时，应当依法计算劳务报酬所得、稿酬所得、特许权使用费所得的收入额，并入年度综合所得计算应纳税款，税款多退少补。

② 纳税人需要享受税收协定待遇的，应当在取得应税所得时主动向扣缴义务人提出，并提交相关信息、资料，扣缴义务人代扣代缴税款时按照享受税收协定待遇有关办法办理。

③ 扣缴义务人未将扣缴的税款解缴入库的，不影响纳税人按照规定申请退税，税务机关应当凭纳税人提供的有关资料办理退税。

三、专项附加扣除的相关规定

（一）专项附加扣除的内容

1. 子女教育专项附加扣除

纳税人的子女接受全日制学历教育的相关支出，按照每个子女每月1 000元的标准定额扣除。

学历教育包括义务教育(小学、初中教育)、高中阶段教育(普通高中、中等职业、技工教育)、高等教育(大学专科、大学本科、硕士研究生、博士研究生教育)。

年满3岁至小学入学前处于学前教育阶段的子女,按照每个子女每月1 000元的标准定额扣除。

父母可以选择由其中一方按扣除标准的100%扣除,也可以选择由双方分别按扣除标准的50%扣除,具体扣除方式在一个纳税年度内不能变更。

纳税人子女在中国境外接受教育的,纳税人应当留存境外学校录取通知书、留学签证等相关教育的证明资料备查。

2. 继续教育专项附加扣除

纳税人在中国境内接受学历(学位)继续教育的支出,在学历(学位)教育期间按照每月400元定额扣除。同一学历(学位)继续教育的扣除期限不能超过48个月。纳税人接受技能人员职业资格继续教育、专业技术人员职业资格继续教育的支出,在取得相关证书的当年,按照3 600元定额扣除。

个人接受本科及以下学历(学位)继续教育,符合《个人所得税专项附加扣除暂行办法》规定扣除条件的,可以选择由其父母扣除,也可以选择由本人扣除。

纳税人接受技能人员职业资格继续教育、专业技术人员职业资格继续教育的,应当留存相关证书等资料备查。

3. 大病医疗专项附加扣除

在一个纳税年度内,纳税人发生的与基本医保相关的医药费用支出,扣除医保报销后个人负担(指医保目录范围内的自付部分)累计超过15 000元的部分,由纳税人在办理年度汇算清缴时,在80 000元限额内据实扣除。

纳税人发生的医药费用支出可以选择由本人或者其配偶扣除;未成年子女发生的医药费用支出可以选择由其父母一方扣除。

纳税人应当留存医药服务收费及医保报销相关票据原件(或者复印件)等资料备查。医疗保障部门应当向患者提供在医疗保障信息系统记录的本人年度医药费用信息查询服务。

4. 住房贷款利息专项附加扣除

纳税人本人或者配偶单独或者共同使用商业银行或者住房公积金个人住房贷款为本人或者其配偶购买中国境内住房,发生的首套住房贷款利息支出,在实际发生贷款利息的年度,按照每月1 000元的标准定额扣除,扣除期限最长不超过240个月。纳税人只能享受一次首套住房贷款的利息扣除。

经夫妻双方约定,可以选择由其中一方扣除,具体扣除方式在一个纳税年度内不能变更。

夫妻双方婚前分别购买住房发生的首套住房贷款,其贷款利息支出,婚后可以选择其中一套购买的住房,由购买方按扣除标准的100%扣除,也可以由夫妻双方对各自购买的住房分别按扣除标准的50%扣除,具体扣除方式在一个纳税年度内不能变更。

纳税人应当留存住房贷款合同、贷款还款支出凭证备查。

5. 住房租金专项附加扣除

纳税人在主要工作城市没有自有住房而发生的住房租金支出，可以按照以下标准定额扣除：

直辖市、省会（首府）城市、计划单列市以及国务院确定的其他城市，扣除标准为每月1 500元；

除上述所列城市以外，市辖区户籍人口超过100万的城市，扣除标准为每月1 100元；市辖区户籍人口不超过100万的城市，扣除标准为每月800元。

纳税人的配偶在纳税人的主要工作城市有自有住房的，视同纳税人在主要工作城市有自有住房。夫妻双方主要工作城市相同的，只能由一方扣除住房租金支出。住房租金支出由签订租赁住房合同的承租人扣除。纳税人及其配偶在一个纳税年度内不能同时分别享受住房贷款利息和住房租金专项附加扣除。纳税人应当留存住房租赁合同、协议等有关资料备查。

6. 赡养老人专项附加扣除

纳税人赡养一位及以上被赡养人的赡养支出，统一按照以下标准定额扣除：

纳税人为独生子女的，按照每月2 000元的标准定额扣除；

纳税人为非独生子女的，由其与兄弟姐妹分摊每月2 000元的扣除额度，每人分摊的额度不能超过每月1 000元。可以由赡养人均摊或者约定分摊，也可以由被赡养人指定分摊。约定或者指定分摊的须签订书面分摊协议，指定分摊优先于约定分摊。具体分摊方式和额度在一个纳税年度内不能变更。

被赡养人是指年满60岁的父母，以及子女均已去世的年满60岁的祖父母、外祖父母。

（二）享受扣除及办理时间

① 纳税人享受符合规定的专项附加扣除的计算时间分别为：

a. 子女教育。学前教育阶段，为子女年满3周岁当月至小学入学前一月。学历教育，为子女接受全日制学历教育入学的当月至全日制学历教育结束的当月。

b. 继续教育。学历（学位）继续教育，为在中国境内接受学历（学位）继续教育入学的当月至学历（学位）继续教育结束的当月，同一学历（学位）继续教育的扣除期限最长不得超过48个月。技能人员职业资格继续教育、专业技术人员职业资格继续教育，为取得相关证书的当年。

c. 大病医疗。为医疗保障信息系统记录的医药费用实际支出的当年。

d. 住房贷款利息。为贷款合同约定开始还款的当月至贷款全部归还或贷款合同终止的当月，扣除期限最长不得超过240个月。

e. 住房租金。为租赁合同（协议）约定的房屋租赁期开始的当月至租赁期结束的当月。提前终止合同（协议）的，以实际租赁期限为准。

f. 赡养老人。为被赡养人年满60周岁的当月至赡养义务终止的年末。

上述规定的学历教育和学历(学位)继续教育的期间,包含因病或其他非主观原因休学但学籍继续保留的休学期间,以及施教机构按规定组织实施的寒暑假等假期。

② 享受子女教育、继续教育、住房贷款利息或者住房租金、赡养老人专项附加扣除的纳税人,自符合条件开始,可以向支付工资、薪金所得的扣缴义务人提供上述专项附加扣除有关信息,由扣缴义务人在预扣预缴税款时,按其在本单位本年可享受的累计扣除额办理扣除;也可以在次年 3 月 1 日至 6 月 30 日内,向汇缴地主管税务机关办理汇算清缴申报时扣除。

纳税人同时从两处以上取得工资、薪金所得,并由扣缴义务人办理上述专项附加扣除的,对同一专项附加扣除项目,一个纳税年度内,纳税人只能选择从其中一处扣除。

享受大病医疗专项附加扣除的纳税人,由其在次年 3 月 1 日至 6 月 30 日内,自行向汇缴地主管税务机关办理汇算清缴申报时扣除。

③ 扣缴义务人办理工资、薪金所得预扣预缴税款时,应当根据纳税人报送的《个人所得税专项附加扣除信息表》(以下简称《扣除信息表》)为纳税人办理专项附加扣除。

纳税人年度中间更换工作单位的,在原单位任职、受雇期间已享受的专项附加扣除金额,不得在新任职、受雇单位扣除。原扣缴义务人应当自纳税人离职不再发放工资薪金所得的当月起,停止为其办理专项附加扣除。

④ 纳税人未取得工资、薪金所得,仅取得劳务报酬所得、稿酬所得、特许权使用费所得需要享受专项附加扣除的,应当在次年 3 月 1 日至 6 月 30 日内,自行向汇缴地主管税务机关报送《扣除信息表》,并在办理汇算清缴申报时扣除。

⑤ 一个纳税年度内,纳税人在扣缴义务人预扣预缴税款环节未享受或未足额享受专项附加扣除的,可以在当年内向支付工资、薪金的扣缴义务人申请在剩余月份发放工资、薪金时补充扣除,也可以在次年 3 月 1 日至 6 月 30 日内,向汇缴地主管税务机关办理汇算清缴时申报扣除。

(三)报送信息及留存备查资料

① 纳税人选择在扣缴义务人发放工资、薪金所得时享受专项附加扣除的,首次享受时应当填写并向扣缴义务人报送《扣除信息表》;纳税年度中间相关信息发生变化的,纳税人应当更新《扣除信息表》相应栏次,并及时报送给扣缴义务人。

更换工作单位的纳税人,需要由新任职、受雇扣缴义务人办理专项附加扣除的,应当在入职的当月,填写并向扣缴义务人报送《扣除信息表》。

② 纳税人次年需要由扣缴义务人继续办理专项附加扣除的,应当于每年 12 月份对次年享受专项附加扣除的内容进行确认,并报送至扣缴义务人。纳税人未及时确认的,扣缴义务人于次年 1 月起暂停扣除,待纳税人确认后再行办理专项附加扣除。

扣缴义务人应当将纳税人报送的专项附加扣除信息,在次月办理扣缴申报时一并报送至主管税务机关。

③ 纳税人选择在汇算清缴申报时享受专项附加扣除的,应当填写并向汇缴地主管税务

机关报送《扣除信息表》。

④ 纳税人将需要享受的专项附加扣除项目信息填报至《扣除信息表》相应栏次。填报要素完整的，扣缴义务人或者主管税务机关应当受理；填报要素不完整的，扣缴义务人或者主管税务机关应当及时告知纳税人补正或重新填报。纳税人未补正或重新填报的，暂不办理相关专项附加扣除，待纳税人补正或重新填报后再行办理。

⑤ 纳税人享受子女教育专项附加扣除，应当填报配偶及子女的姓名、身份证件类型及号码、子女当前受教育阶段及起止时间、子女就读学校以及本人与配偶之间扣除分配比例等信息。

纳税人需要留存备查资料包括：子女在境外接受教育的，应当留存境外学校录取通知书、留学签证等境外教育佐证资料。

⑥ 纳税人享受继续教育专项附加扣除，接受学历（学位）继续教育的，应当填报教育起止时间、教育阶段等信息；接受技能人员或者专业技术人员职业资格继续教育的，应当填报证书名称、证书编号、发证机关、发证（批准）时间等信息。

纳税人需要留存备查资料包括：纳税人接受技能人员职业资格继续教育、专业技术人员职业资格继续教育的，应当留存职业资格相关证书等资料。

⑦ 纳税人享受住房贷款利息专项附加扣除，应当填报住房权属信息、住房坐落地址、贷款方式、贷款银行、贷款合同编号、贷款期限、首次还款日期等信息；纳税人有配偶的，填写配偶姓名、身份证件类型及号码。

纳税人需要留存备查资料包括：住房贷款合同、贷款还款支出凭证等资料。

⑧ 纳税人享受住房租金专项附加扣除，应当填报主要工作城市、租赁住房坐落地址、出租人姓名及身份证件类型和号码或者出租方单位名称及纳税人识别号（社会统一信用代码）、租赁起止时间等信息；纳税人有配偶的，填写配偶姓名、身份证件类型及号码。

纳税人需要留存备查资料包括：住房租赁合同或协议等资料。

⑨ 纳税人享受赡养老人专项附加扣除，应当填报纳税人是否为独生子女、月扣除金额、被赡养人姓名及身份证件类型和号码、与纳税人关系；有共同赡养人的，需填报分摊方式、共同赡养人姓名及身份证件类型和号码等信息。

纳税人需要留存备查资料包括：约定或指定分摊的书面分摊协议等资料。

⑩ 纳税人享受大病医疗专项附加扣除，应当填报患者姓名、身份证件类型及号码、与纳税人关系、与基本医保相关的医药费用总金额、医保目录范围内个人负担的自付金额等信息。

纳税人需要留存备查资料包括：大病患者医药服务收费及医保报销相关票据原件或复印件，或者医疗保障部门出具的纳税年度医药费用清单等资料。

⑪ 纳税人应当对报送的专项附加扣除信息的真实性、准确性、完整性负责。

（四）信息报送方式

① 纳税人可以通过远程办税端、电子或者纸质报表等方式，向扣缴义务人或者主管税

务机关报送个人专项附加扣除信息。

② 纳税人选择纳税年度内由扣缴义务人办理专项附加扣除的，按下列规定办理：

a. 纳税人通过远程办税端选择扣缴义务人并报送专项附加扣除信息的，扣缴义务人根据接收的扣除信息办理扣除。

b. 纳税人通过填写电子或者纸质《扣除信息表》直接报送扣缴义务人的，扣缴义务人将相关信息导入或者录入扣缴端软件，并在次月办理扣缴申报时提交给主管税务机关。《扣除信息表》应当一式两份，纳税人和扣缴义务人签字（章）后分别留存备查。

③ 纳税人选择年度终了后办理汇算清缴申报时享受专项附加扣除的，既可以通过远程办税端报送专项附加扣除信息，也可以将电子或者纸质《扣除信息表》（一式两份）报送给汇缴地主管税务机关。

报送电子《扣除信息表》的，主管税务机关受理打印，交由纳税人签字后，一份由纳税人留存备查，一份由税务机关留存；报送纸质《扣除信息表》的，纳税人签字确认、主管税务机关受理签章后，一份退还纳税人留存备查，一份由税务机关留存。

④ 扣缴义务人和税务机关应当告知纳税人办理专项附加扣除的方式和渠道，鼓励并引导纳税人采用远程办税端报送信息。

（五）后续管理

① 纳税人应当将《扣除信息表》及相关留存备查资料，自法定汇算清缴期结束后保存五年。纳税人报送给扣缴义务人的《扣除信息表》，扣缴义务人应当自预扣预缴年度的次年起留存五年。

② 纳税人向扣缴义务人提供专项附加扣除信息的，扣缴义务人应当按照规定予以扣除，不得拒绝。扣缴义务人应当为纳税人报送的专项附加扣除信息保密。

③ 扣缴义务人应当及时按照纳税人提供的信息计算办理扣缴申报，不得擅自更改纳税人提供的相关信息。

扣缴义务人发现纳税人提供的信息与实际情况不符，可以要求纳税人修改。纳税人拒绝修改的，扣缴义务人应当向主管税务机关报告，税务机关应当及时处理。

除纳税人另有要求外，扣缴义务人应当于年度终了后两个月内，向纳税人提供已办理的专项附加扣除项目及金额等信息。

④ 税务机关定期对纳税人提供的专项附加扣除信息开展抽查。

⑤ 税务机关核查时，纳税人无法提供留存备查资料，或者留存备查资料不能支持相关情况的，税务机关可以要求纳税人提供其他佐证；不能提供其他佐证材料，或者佐证材料仍不足以支持的，不得享受相关专项附加扣除。

⑥ 税务机关核查专项附加扣除情况时，可以提请有关单位和个人协助核查，相关单位和个人应当协助。

⑦ 纳税人有下列情形之一的，主管税务机关应当责令其改正；情形严重的，应当纳入有关信用信息系统，并按照国家有关规定实施联合惩戒；涉及违反税收征管法等法律法规的，

税务机关依法进行处理：

a. 报送虚假专项附加扣除信息；

b. 重复享受专项附加扣除；

c. 超范围或标准享受专项附加扣除；

d. 拒不提供留存备查资料；

e. 税务总局规定的其他情形。

纳税人在任职、受雇单位报送虚假扣除信息的，税务机关责令改正的同时，通知扣缴义务人。

四、自然人纳税识别号的规定

① 自然人纳税人识别号，是自然人纳税人办理各类涉税事项的唯一代码标识。

② 有中国公民身份号码的，以其中国公民身份号码作为纳税人识别号；没有中国公民身份号码的，由税务机关赋予其纳税人识别号。

③ 纳税人首次办理涉税事项时，应当向税务机关或者扣缴义务人出示有效身份证件，并报送相关基础信息。

④ 税务机关应当在赋予自然人纳税人识别号后告知或者通过扣缴义务人告知纳税人其纳税人识别号，并为自然人纳税人查询本人纳税人识别号提供便利。

⑤ 自然人纳税人办理纳税申报、税款缴纳、申请退税、开具完税凭证、纳税查询等涉税事项时应当向税务机关或扣缴义务人提供纳税人识别号。

⑥ 所称“有效身份证件”，是指：

a. 纳税人为中国公民且持有有效《中华人民共和国居民身份证》（以下简称“居民身份证”）的，为居民身份证。

b. 纳税人为华侨且没有居民身份证的，为有效的《中华人民共和国护照》和华侨身份证明。

c. 纳税人为港澳居民的，为有效的《港澳居民来往内地通行证》或《中华人民共和国港澳居民居住证》。

d. 纳税人为台湾居民的，为有效的《台湾居民来往大陆通行证》或《中华人民共和国台湾居民居住证》。

e. 纳税人为持有有效《中华人民共和国外国人永久居留身份证》（以下简称“永久居留证”）的外籍个人的，为永久居留证和外国护照；未持有永久居留证但持有有效《中华人民共和国外国人工作许可证》（以下简称“工作许可证”）的，为工作许可证和外国护照；其他外籍个人，为有效的外国护照。

五、个人所得税《税收完税证明》调整为《纳税记录》的规定

① 从 2019 年 1 月 1 日起，纳税人申请开具税款所属期为 2019 年 1 月 1 日（含）以后的

个人所得税缴(退)税情况证明的,税务机关不再开具《税收完税证明》(文书式),调整为开具《纳税记录》;纳税人申请开具税款所属期为2018年12月31日(含)以前个人所得税缴(退)税情况证明的,税务机关继续开具《税收完税证明》(文书式)。

② 纳税人2019年1月1日以后取得应税所得并由扣缴义务人向税务机关办理了全员全额扣缴申报,或根据税法规定自行向税务机关办理纳税申报的,不论是否实际缴纳税款,均可以申请开具《纳税记录》。

③ 纳税人可以通过电子税务局、手机APP申请开具本人的个人所得税《纳税记录》,也可到办税服务厅申请开具。

④ 纳税人可以委托他人持下列证件和资料到办税服务厅代为开具个人所得税《纳税记录》:

a. 委托人及受托人有效身份证件原件;

b. 委托人书面授权资料。

⑤ 纳税人对个人所得税《纳税记录》存在异议的,可以向该项记录中列明的税务机关申请核实。

⑥ 税务机关提供个人所得税《纳税记录》的验证服务,支持通过电子税务局、手机APP等方式进行验证。具体验证方法见个人所得税《纳税记录》中的相关说明。

【任务操作】

根据本项目的任务描述,操作步骤如下:

第一步,根据个人基本信息,填写《个人所得税基础信息表(B表)》,见表6.6。

第二步,填表计算过程如下:

第2行工资、薪金所得=(5 000+9 000)×12=168 000。

第3行劳务报酬所得=3 000。

第4行稿酬所得=250 000。

第5行特许权使用费所得=0。

第1行收入合计=168 000+3 000+250 000=421 000。

第6行费用合计=3 000×20%+250 000×20%=50 600。

第7行免税收入合计=250 000×(1-20%)×30%=60 000。

第8行减除费用=60 000。

第10行基本养老保险费=400×12=4 800。

第11行基本医疗保险费=100×12=1 200。

第12行失业保险费=50×12=600。

第13行住房公积金=350×12=4 200。

第9行专项扣除合计=4 800+1 200+600+4 200=10 800。

第15行、16行、17行、19行 均为0。

表 6.6 个人所得税基础信息表(B 表)

(适用于自然人填报)

纳税人识别号:□□□□□□□□□□□□□□□□□□

<table>
<tr><td colspan="8">基本信息(带 * 必填)</td></tr>
<tr><td rowspan="4">基本信息</td><td>* 纳税人姓名</td><td>中文名</td><td>李某</td><td>英文名</td><td colspan="3"></td></tr>
<tr><td rowspan="2">* 身份证件</td><td>证件类型一</td><td>身份证</td><td>证件号码</td><td colspan="3">340×××××××××××××××</td></tr>
<tr><td>证件类型二</td><td></td><td>证件号码</td><td colspan="3"></td></tr>
<tr><td>* 国籍/地区</td><td colspan="2">中国合肥</td><td>* 出生日期</td><td colspan="3">XX 年 XX 月 XX 日</td></tr>
<tr><td rowspan="4">联系方式</td><td>户籍所在地</td><td colspan="6">省(区、市)　市　区(县)　街道(乡、镇)________</td></tr>
<tr><td>经常居住地</td><td colspan="6">省(区、市)　市　区(县)　街道(乡、镇)________</td></tr>
<tr><td>联系地址</td><td colspan="6">省(区、市)　市　区(县)　街道(乡、镇)________</td></tr>
<tr><td>* 手机号码</td><td colspan="2">1××××××××××</td><td>电子邮箱</td><td colspan="3"></td></tr>
<tr><td rowspan="3">其他信息</td><td>开户银行</td><td colspan="2"></td><td>银行账号</td><td colspan="3"></td></tr>
<tr><td>学历</td><td colspan="6">□ 研究生　□ 大学本科　□ 大学本科以下</td></tr>
<tr><td>特殊情形</td><td colspan="6">□ 残疾　残疾证号________　□ 烈属　烈属证号________　□ 孤老</td></tr>
<tr><td colspan="8">任职、受雇、从业信息</td></tr>
<tr><td rowspan="3">任职受雇从业单位一</td><td>名称</td><td colspan="2"></td><td>国家/地区</td><td colspan="3"></td></tr>
<tr><td>纳税人识别号
(统一社会信用代码)</td><td colspan="2"></td><td>任职受雇从业日期</td><td>年　月</td><td>离职日期</td><td>年　月</td></tr>
<tr><td>类型</td><td colspan="2">□ 雇员 □ 保险营销员 □ 证券经纪人 □ 其他</td><td>职务</td><td colspan="3">□ 高层　□ 其他</td></tr>
</table>

第 18 行住房贷款利息＝1 000×12＝12 000。

第 20 行赡养老人＝2 000×12＝24 000。

第 14 行＝12 000＋24 000＝36 000。

第 21 至 26 行，均为 0。

第 27 行准予扣除的捐赠额＝2 000。

第 28 行应纳税所得额＝421 000－50 600－60 000－60 000－10 800－36 000－2 000＝201 600。

第 29 行税率＝20％。

第 30 行速算扣除数＝16 920。

第 31 行应纳税额＝201 600×20％－16 920＝23 400。

第三步，将计算数据填入《个人所得税年度自行纳税申报表》中，见表 6.7。

表 6.7　个人所得税年度自行纳税申报表

税款所属期：　　年　　月　　日至　　年　　月　　日

纳税人姓名：

纳税人识别号：□□□□□□□□□□□□□□□□□□　　金额单位：人民币元（列至角分）

项　目	行　次	金　额
一、收入合计(1＝2＋3＋4＋5)	1	421 000
（一）工资、薪金所得	2	168 000
（二）劳务报酬所得	3	3 000
（三）稿酬所得	4	250 000
（四）特许权使用费所得	5	0
二、费用合计	6	50 600
三、免税收入合计	7	60 000
四、减除费用	8	60 000
五、专项扣除合计(9＝10＋11＋12＋13)	9	10 800
（一）基本养老保险费	10	4 800
（二）基本医疗保险费	11	1 200
（三）失业保险费	12	600
（四）住房公积金	13	4 200
六、专项附加扣除合计(14＝15＋16＋17＋18＋19＋20)	14	36 000
（一）子女教育	15	0
（二）继续教育	16	0
（三）大病医疗	17	0
（四）住房贷款利息	18	12 000
（五）住房租金	19	0

续表

项　　目	行　次	金　额
（六）赡养老人	20	24 000
七、其他扣除合计(21=22+23+24+25+26)	21	0
（一）年金	22	0
（二）商业健康保险	23	0
（三）税延养老保险	24	0
（四）允许扣除的税费	25	0
（五）其他	26	0
八、准予扣除的捐赠额	27	2 000
九、应纳税所得额(28=1−6−7−8−9−14−21−27)	28	201 600
十、税率(%)	29	20%
十一、速算扣除数	30	16 920
十二、应纳税额(31=28×29−30)	31	23 400
十三、减免税额	32	0
十四、已缴税额	33	20 000
十五、应补/退税额(34=31−32−33)	34	3 400

无住所个人附报信息			
在华停留天数		已在华停留年数	

谨声明：本表是根据国家税收法律法规及相关规定填报的，是真实的、可靠的、完整的。

纳税人签字：　　　　年　　月　　日

经办人签字： 经办人身份证件号码： 代理机构签章： 代理机构统一社会信用代码：	受理人： 受理税务机关(章)： 受理日期：　　年　　月　　日

一、思考题

1. 个人所得税纳税人如何分类？与企业所得税的纳税人有什么不同？
2. 个人所得税的征税对象划分为9个应税所得项目，具体包括哪些？
3. 个人所得税税率包括哪些？它们各自的适用范围是什么？
4. 个人所得税计税依据中，对于专项扣除和专项附加扣除具体的规定有哪些？
5. 个人所得税纳税申报有哪些特点？

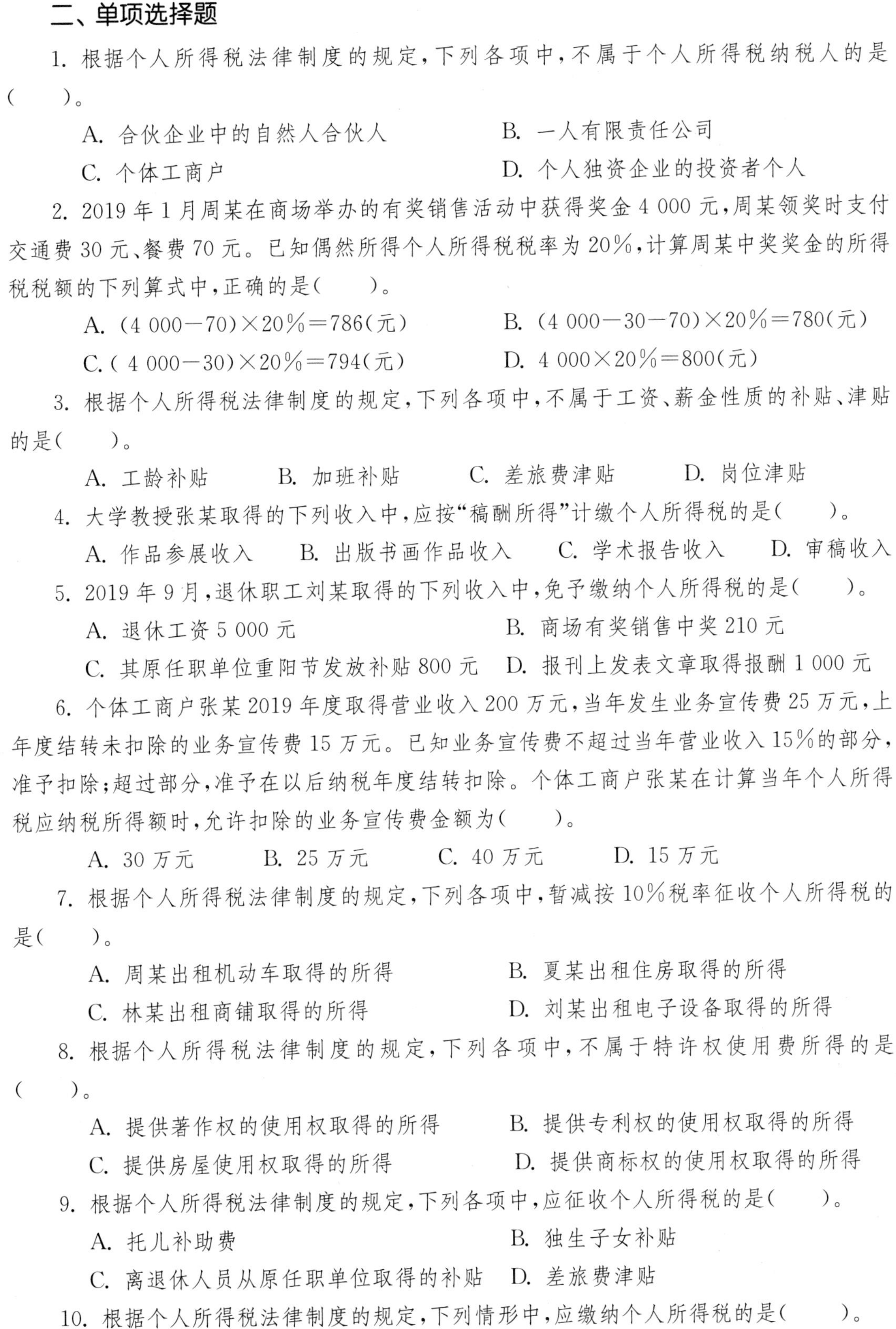

二、单项选择题

1. 根据个人所得税法律制度的规定，下列各项中，不属于个人所得税纳税人的是(　　)。

A. 合伙企业中的自然人合伙人　　B. 一人有限责任公司

C. 个体工商户　　D. 个人独资企业的投资者个人

2. 2019年1月周某在商场举办的有奖销售活动中获得奖金4 000元，周某领奖时支付交通费30元、餐费70元。已知偶然所得个人所得税税率为20%，计算周某中奖奖金的所得税税额的下列算式中，正确的是(　　)。

A. (4 000－70)×20%＝786(元)　　B. (4 000－30－70)×20%＝780(元)

C. (4 000－30)×20%＝794(元)　　D. 4 000×20%＝800(元)

3. 根据个人所得税法律制度的规定，下列各项中，不属于工资、薪金性质的补贴、津贴的是(　　)。

A. 工龄补贴　　B. 加班补贴　　C. 差旅费津贴　　D. 岗位津贴

4. 大学教授张某取得的下列收入中，应按“稿酬所得”计缴个人所得税的是(　　)。

A. 作品参展收入　　B. 出版书画作品收入　　C. 学术报告收入　　D. 审稿收入

5. 2019年9月，退休职工刘某取得的下列收入中，免予缴纳个人所得税的是(　　)。

A. 退休工资5 000元　　B. 商场有奖销售中奖210元

C. 其原任职单位重阳节发放补贴800元　　D. 报刊上发表文章取得报酬1 000元

6. 个体工商户张某2019年度取得营业收入200万元，当年发生业务宣传费25万元，上年度结转未扣除的业务宣传费15万元。已知业务宣传费不超过当年营业收入15%的部分，准予扣除；超过部分，准予在以后纳税年度结转扣除。个体工商户张某在计算当年个人所得税应纳税所得额时，允许扣除的业务宣传费金额为(　　)。

A. 30万元　　B. 25万元　　C. 40万元　　D. 15万元

7. 根据个人所得税法律制度的规定，下列各项中，暂减按10%税率征收个人所得税的是(　　)。

A. 周某出租机动车取得的所得　　B. 夏某出租住房取得的所得

C. 林某出租商铺取得的所得　　D. 刘某出租电子设备取得的所得

8. 根据个人所得税法律制度的规定，下列各项中，不属于特许权使用费所得的是(　　)。

A. 提供著作权的使用权取得的所得　　B. 提供专利权的使用权取得的所得

C. 提供房屋使用权取得的所得　　D. 提供商标权的使用权取得的所得

9. 根据个人所得税法律制度的规定，下列各项中，应征收个人所得税的是(　　)。

A. 托儿补助费　　B. 独生子女补贴

C. 离退休人员从原任职单位取得的补贴　　D. 差旅费津贴

10. 根据个人所得税法律制度的规定，下列情形中，应缴纳个人所得税的是(　　)。

A. 王某将房屋无偿赠与其子

B. 张某转让自用达5年以上且唯一家庭生活用房

C. 赵某转让无偿受赠的商铺

D. 杨某将房屋无偿赠与其外孙女

三、多项选择题

1. 根据个人所得税法律制度的规定，下列个人所得中，应按“劳务报酬所得”征收个人所得税的有(　　)。

A. 某大学教授从甲企业取得的咨询费

B. 某公司高管从乙大学取得的讲课费

C. 某设计院设计师从丙服装公司取得的设计费

D. 某编剧从丁电视剧制作单位取得的剧本使用费

2. 根据个人所得税法律制度的规定，个体工商户的下列支出中，在计算个人所得税应纳税所得额时，不得扣除的有(　　)。

A. 业主的工资薪金支出　　B. 个人所得税税款

C. 在生产经营活动中因自然灾害造成的损失　　D. 税收滞纳金

3. 中国公民李某，2019年11月取得房屋租金收入6 000元(不含增值税)，房屋租赁过程中缴纳的可以税前扣除的相关税费240元，支付该房屋的修缮费500元、购房贷款2 200元、供暖费2 300元。根据个人所得税法律制度的规定，李某当月下列各项支出中，在计算房屋租金收入应缴纳个人所得税税额时，准予扣除的有(　　)。

A. 供暖费2 300元　　B. 相关税费240元

C. 购房贷款2 200元　　D. 房屋修缮费500元

4. 根据个人所得税法律制度的规定，个人发生的下列公益性捐赠支出中，准予税前全额扣除的有(　　)。

A. 通过非营利社会团体向公益性青少年活动场所的捐赠

B. 通过国家机关向贫困地区的捐赠

C. 通过非营利社会团体向农村义务教育的捐赠

D. 通过国家机关向红十字事业的捐赠

5. 根据个人所得税法律制度的规定，居民个人的下列各项所得中，按次计征个人所得税的有(　　)。

A. 特许权使用费所得　　B. 财产租赁所得　　C. 偶然所得　　D. 劳务报酬所得

6. 根据个人所得税法律制度的规定，下列各项中，免征个人所得税的有(　　)。

A. 保险赔款　　B. 国家发行的金融债券利息　　C. 军人转业费　　D. 劳动分红

7. 根据个人所得税法律制度的规定，下列所得中，属于免税项目的有(　　)。

A. 保险赔款　　B. 军人的转业费

C. 国债利息　　D. 退休人员再任职取得的收入

8. 根据个人所得税法律制度的规定，下列个人所得中，不论支付地点是否在境内，均为来源于中国境内所得的有(　　)。

A. 转让境内房产取得的所得

B. 许可专利权在境内使用取得的所得

C. 因任职在境内提供劳务取得的所得

D. 将财产出租给承租人在境内使用取得的所得

9. 根据个人所得税法律制度的规定,个人取得的下列收入中,应按照“劳务报酬所得”计缴个人所得税的有(　　)。

A. 某职员取得的本单位优秀员工奖金

B. 某高校教师从任职学校领取的工资

C. 某工程师从非雇佣企业取得的咨询收入

D. 某经济学家从非雇佣企业取得的讲学收入

10. 根据个人所得税法律制度的规定,下列关于纳税期限的表述中,正确的有(　　)。

A. 居民个人取得综合所得需要办理汇算清缴的,应当在取得所得的次年3月1日至6月30日内办理汇算清缴

B. 非居民个人取得工资、薪金所得,有扣缴义务人的,由扣缴义务人按月代扣代缴税款,不办理汇算清缴

C. 非居民个人在中国境内从两处以上取得工资、薪金所得的,应当在取得所得的次月15日内申报纳税

D. 居民个人从中国境外取得所得的,应当在取得所得的次年3月1日至6月30内申报纳税

四、判断题

1. 在中国境内有住所,或者无住所而一个纳税年度内在境内居住累计满183天的个人,属于我国个人所得税的居民纳税人。(　　)

2. 个人出版画作取得的所得,应按“劳务报酬所得”计缴个人所得税。(　　)

3. 退休人员再任职取得的收入,免征个人所得税。(　　)

4. 个人通过网络收购玩家的虚拟货币,加价后向他人出售取得的收入,不征收个人所得税。(　　)

5. 集体所有制企业职工个人在企业改制过程中,以股份形式取得的仅作为分红依据,不拥有所有权的企业量化资产,应按“股息、利息、红利所得”计缴个人所得税。(　　)

五、计算操作题

1. 中国公民林某是甲歌舞团的舞蹈演员,2019年全年收入情况如下:

(1) 2019年全年工资明细表(部分数据)如下:　　　　单位(元)

姓名	基本工资	岗位工资	工龄补贴	差旅费津贴	工资总额	代扣		实发工资
						三险一金	个人所得税	
林某	120 000	30 000	8 000	600	158 600	20 000	—	—

(2) 受邀出演乙文化公司创作的舞剧，演出四场共获得劳务报酬 20 000 元。

(3) 出版专著取得稿费收入 15 000 元，发生资料费支出 4 000 元。

(4) 林某正在偿还首套住房贷款及利息，林某为独生女，其父母均已年过 60 岁。林某的独生子正在读小学 3 年级，夫妻约定由林某扣除贷款利息和子女教育费。

(5) 林某 2019 年 6 月以个人名义购入境内上市公司股票，同年 9 月出售，持有期间取得股息 1.9 万元；从境内非上市公司取得股息 0.7 万元。

已知：工资、薪金所得全年减除费用标准为 60 000 元/年。

要求：根据上述资料，不考虑其他因素，计算林某全年综合收入应缴纳个人所得税税额和股息所得应缴纳个人所得税税额。

2. 某外籍个人 2019 年 6 月来华应聘一大型企业工作，2019 年 10 月份的收入情况如下：

(1) 工资收入为 20 000 元，现金形式的伙食补贴 2 000 元，实报实销住房补贴 6 000 元；

(2) 向某家公司转让专有技术一项，获得特许权使用费 6 000 元，该技术研发成本 2 000 元；

(3) 为另外一家企业进行产品设计本月完成，分别在 9 月和 10 月各取得对方支付的报酬 12 000 元；

(4) 因汽车失窃，获得保险公司赔偿 80 000 元；

(5) 8 月在上海证券交易所购入甲上市公司股票 2 万股，本月取得股息收入 2 000 元，转让该股票，取得所得 160 000 元；

(6) 因科研项目获得省政府颁发的科技奖金 2 000 元。

已知：个人工资、薪金所得减除费用标准为 5 000 元/月。

要求：根据上述资料，计算该外籍个人本月应缴纳的个人所得税税款。

六、税收新政策补充

要求同学们登录国家税务总局网站 http://www.chinatax.gov.cn/，查阅 2019 年 7 月 1 日以后发布的关于个人所得税的税收新政策，并简述新政策的主要内容。

项目七

资源税类纳税实务

任务一　资源税纳税实务

【任务目标】

1. 掌握资源税的征税范围及计税依据。
2. 掌握资源税的税额计算。
3. 了解资源税的税收优惠。
4. 掌握资源税的纳税义务发生时间和纳税地点。
5. 能利用网络资源查阅有关学习所需的资料。

【任务描述】

2019年5月,甲煤矿(一般纳税人)开采原煤8 000吨。甲煤矿将2 000吨原煤直接对外销售,取得含增值税销售额50万元;甲煤矿将2 000吨原煤无偿赠予乙公司。已知,煤炭适用的资源税税率为10%、增值税税率为13%。

要求：

1. 计算该企业当月缴纳的资源税。
2. 填写《资源税纳税申报表》。

【知识准备】

一、资源税的概念及特点

资源税是对在我国领域及管辖海域从事应税矿产品开采和生产盐的单位和个人课征的一种税，属于对自然资源占用课税的范畴。

它的基本法律依据有1993年12月25日中华人民共和国国务院令第139号发布的《中华人民共和国资源税暂行条例》(2011年9月30日修订)、《中华人民共和国资源税暂行条例实施细则》(中华人民共和国财政部、国家税务总局令第66号)和《资源税征收管理规程》(国家税务总局公告2018年第13号)等。

资源税与其他税相比，具有以下几个特点：

1. 征税范围的有限性

从理论上讲，资源税的征税范围应包括一切可以开发和利用的国有资源，但是我国税法中规定以部分自然资源为课税对象，包括原油、天然气、煤炭、其他非金属矿、金属矿、盐、水等自然资源。

2. 纳税环节的一次性

资源税以开采者所得到的原材料产品级差收入为征税对象，不包括经过加工的产品，因而具有一次课税的特点。

3. 实施矿产资源税从价计征

2016年7月1日，将21种资源品目和未列举名称的其他金属矿实行从价计征。在实施资源税从价计征改革的同时，将全部资源品目矿产资源补偿费费率降为零，停止征收价格调节基金，取缔地方针对矿产资源违规设立的各种收费基金项目。

二、纳税义务人

在中华人民共和国领域及管辖海域从事应税矿产品开采和生产盐(以下称开采或者生产应税产品)的单位和个人，为资源税的纳税人。这里的单位包括国有企业、集体企业、私营企业、股份制企业、外商投资企业、外国企业、其他企业、行政单位、事业单位、军事单位、社会团体、其他单位。个人包括个体经营者和其他个人。

资源税的扣缴义务人是指购买未税矿产品的单位，应当主动向主管税务机关办理扣缴税款登记，依法代扣代缴资源税。资源税代扣代缴的适用范围应限定在除原油、天然气、煤炭以外的，税源小、零散、不定期开采等难以在采矿地申报缴纳资源税的矿产品。对已纳入开采地正常税务管理或者在销售矿产品时开具增值税发票的纳税人，不采用代扣代缴的征管方式。

三、税目、税率

（一）税目

我国按照“普遍征收、级差调节”的原则，对资源税使用人进行课税。资源税的征税范围为原油、天然气、盐、黑色金属矿原矿、有色金属矿原矿、煤炭、其他非金属矿原矿，共七个税目。

① 原油。仅限于开采的天然原油，不包括人造石油。开采原油过程中用于加热、修井的原油，免税。

② 天然气。仅限于专门开采或与原油同时开采的天然气，不包括煤矿生产的天然气。煤矿生产的天然气和煤矿瓦斯暂不征收资源税。

③ 煤炭。原煤和以未税原煤加工的洗选煤。

④ 其他非金属矿原矿。包括石墨、硅藻土、高岭土、萤石、石灰石、硫铁矿、磷矿、氯化钾、硫酸钾、井矿盐、湖盐、提取地下卤水晒制的盐、煤层(成)气。

⑤ 金属矿。包括铁矿、金矿、铜矿、铅锌矿、铝土矿、镍矿、锡矿及其他金属矿产品等。

⑥ 海盐(海盐原盐、湖盐原盐和井矿盐)和固体盐(海盐原盐、湖盐原盐和井矿盐)。

⑦ 水资源。

自 2016 年 7 月 1 日起，在河北省开展水资源税试点。各省、自治区、直辖市人民政府可以结合本地实际，根据森林、草场、滩涂等资源开发利用情况提出征收资源税的具体方案，报国务院批准后实施。

（二）税率

资源税的应纳税额，按照从价定率的办法，实施“级差调节”的原则。

资源税税目及相应税率如表 7.1 所示。

表 7.1　资源税税目及相应税率

税　　目		税　　率
实行从价计征的应税产品		
能源矿产	原油(天然石油，不包括人造石油)	6%
	天然气(专门开采或者与原油同时开采的天然气)	6%
	煤(原煤和以未税原煤加工的洗选煤)	2%～10%
	煤成气	1%～4%
	铀、钍	4%
	油页岩、油砂、天然沥青、石煤	1%～4%

续表

税目			税率
金属矿产	黑色金属	铁、锰、铬、钒、钛	1%～6%
	有色金属	铜	2%～8%
		铅、锌、锡、镍	2%～6%
		铝土矿	3%～10%
		钨	6.5%
		钼	11%
		汞	20%
		锑、镁、钴、铋	2%～6%
	贵重金属	金、银	3%～6%
		铂族(铂、钯、钌、锇、铱、铑)	5%～10%
	稀土金属	轻稀土	7%～12%
		中重稀土	27%
	稀有及分散元素金属	铍、锂、锆、锶、铷、铯、铌、钽、分散元素(锗、镓、铟、铊、铪、铼、镉、硒、碲)	2%～10%
非金属矿产	矿物类	石墨	3%～10%
		磷矿	3%～10%
		高岭土	2%～8%
		萤石、硫铁矿、自然硫	1%～6%
		天然石英砂、脉石英、粉石英、水晶、工业用金刚石、冰洲石、蓝晶石、硅线石、红柱石、石榴子石、刚玉、菱镁矿、颜料矿物、天然碱、芒硝、钠硝石、明矾石、砷、硼、碘、溴	2%～15%
		膨润土、硅藻土、陶瓷土、耐火黏土、铁矾土、凹凸棒石黏土、海泡石黏土、伊利石黏土、累托石黏土	2%～12%
		叶蜡石、硅灰石、透辉石、珍珠岩、云母、长石、沸石、重晶石、毒重石、方解石、滑石、蛭石、透闪石、工业用电气石、白垩、石棉、蓝石棉、石膏	4%～12%
	岩石类	大理岩、花岗岩、白云岩、石英岩、砂岩、辉绿岩、安山岩、闪长岩、板岩、玄武岩、片麻岩、角闪岩、页岩、浮石、凝灰岩、黑曜岩、霞石正长岩、蛇纹岩、麦饭石、泥灰岩、含钾岩石、含钾砂页岩、天然油石、橄榄岩、松脂岩、粗面岩、火山灰、火山渣、泥炭	2%～10%
	宝玉石类	宝石、玉石、宝石级金刚石、玛瑙、黄玉、碧玺	5%～20%
	水气类	二氧化碳气、硫化氢气、氦气、氡气	2%～5%

续表

税目			税率
盐	矿盐类	钠盐、钾盐、镁盐、锂盐	3%～15%
	海盐类	海盐	2%～5%
实行从价计征或者从量计征的应税产品			
非金属矿产	矿物类	石灰岩	5%～15%或 1～10元/立方米
		其他黏土	1%～5%或 1～10元/立方米
	岩石类	砂石(天然砂、卵石、机制砂石)	1%～5%或 1～10元/立方米
	水气类	地热、矿泉水	2%～10%或 不超过 200元/立方米
盐	矿盐类	天然卤水	3%～15%或 1～10元/吨

提示

纳税人开采或者生产不同税目应税产品的，应当分别核算不同税目应税产品的销售额或者销售数量；未分别核算或者不能准确提供不同税目应税产品的销售额或者销售数量的，从高适用税率。纳税人开采销售共伴生矿，共伴生矿与主矿产品销售额分开核算的，对共伴生矿暂不计征资源税；没有分开核算的，共伴生矿按主矿产品的税目和适用税率计征资源税。财政部、国家税务总局另有规定的，从其规定。

对伴采矿产品和开采未列举名称矿产品的征税规则：

① 纳税人在开采主矿的过程中伴采的其他应税矿产品，凡未单独规定适用税额的，一律按照主矿产品或视同主矿产品税目征收资源税。

② 开采未列举名称的其他非金属矿原矿和其他有色金属矿原矿，省、自治区、直辖市人民政府有权决定征收或暂缓征收资源税，并报财政部和国家税务总局备案。

四、计税依据

（一）从价定率征收的计税依据

① 从价定率征收以销售额为计税依据。销售额是指纳税人销售应税矿产品向购买方收取的全部价款和价外费用，但不包括收取的增值税销项税额。价外费用，包括价外向购买方收取的手续费、补贴、基金、集资费、返还利润、奖励费、违约金、滞纳金、延期付款利息、赔

偿金、代收款项、代垫款项、包装费、包装物租金、储备费、优质费、运输装卸费(原煤销售额不含从坑口到车站、码头等的运输费用)以及其他各种性质的价外收费。

② 纳税人以人民币以外的货币结算销售额的,应当折合成人民币计算。

③ 纳税人将其开采的原煤自用于连续生产洗选煤的,在原煤移送使用环节不缴纳资源税;将开采的原煤加工为洗选煤销售的,以洗选煤销售额与折算率之乘积作为应税煤炭销售额,计算缴纳资源税。

a. 洗选煤销售额包括洗选副产品的销售额,不包括洗选煤从洗选煤厂到车站、码头等的运输费用。

b. 折算率可通过洗选煤销售额扣除洗选环节成本、利润计算,也可通过洗选煤市场价格与其所用同类原煤市场价格的差额及综合回收率计算。折算率由省、自治区、直辖市财税部门或其授权地市级财税部门确定。

c. 纳税人同时以自采未税原煤和外购已税原煤加工洗选煤的,应当分别核算;未分别核算的,按上述规定,计算缴纳资源税。

d. 纳税人将其开采的原煤自用于其他方面的,视同销售原煤;将其开采的原煤加工为洗选煤自用的,视同销售洗选煤缴纳资源税。

e. 纳税人同时销售应税原煤和洗选煤的,应当分别核算原煤和洗选煤的销售额;未分别核算或者不能准确提供原煤和洗选煤销售额的,一并视同销售原煤计算缴纳资源税。

④ 征税对象为精矿的,纳税人销售原矿时,应将原矿销售额换算为精矿销售额计算缴纳资源税;征税对象为原矿的,纳税人销售自采原矿加工的精矿,应将精矿销售额折算为原矿销售额计算缴纳资源税。换算比或折算率原则上应通过原矿售价、精矿售价和选矿比计算,也可通过原矿销售额、加工环节平均产品和利润计算。

a. 金矿以标准金锭为征税对象,纳税人销售金原矿、金精矿的,应比照上述规定将其销售额换算为金锭销售额计算缴纳资源税。

b. 换算比或折算率应按简便可行、公平合理的原则,由省级财税部门确定,并报财政部、国家税务总局备案。

c. 纳税人销售其自采原矿的,可采用成本法或市场法将原矿销售额换算为精矿销售额计算缴纳资源税。

成本法公式为:

精矿销售额=原矿销售额+原矿加工为精矿的成本×(1+成本利润率)

市场法公式为:

精矿销售额=原矿销售额×换算比

换算比=同类精矿单位价格÷(原矿单位价格×选矿比)

选矿比=加工精矿耗用的原矿数量÷精矿数量

⑤ 纳税人申报的应税产品销售额明显偏低并且无正当理由的、有视同销售应税产品行为而无销售额的,除财政部、国家税务总局另有规定外,按下列顺序确定销售额:

a. 按纳税人最近时期同类产品的平均销售价格确定。

b. 按其他纳税人最近时期同类产品的平均销售价格确定。

c. 按组成计税价格确定。

组成计税价格＝成本×(1＋成本利润率)÷(1－税率)

（二）从量定额征收的计税依据

从量定额征收以销售数量为计税依据。

① 销售数量,包括纳税人开采或者生产应税产品的实际销售数量和视同销售的自用数量。

② 纳税人不能准确提供应税产品销售数量或移送使用数量的,以应税产品的产量或主管税务机关确定的折算比,换算成的数量为课税数量。

③ 金属和非金属矿产品原矿,因无法准确掌握纳税人移送使用原矿数量的,可将其精矿按选矿比折算成原矿数量,以此作为课税数量。

选矿比＝精矿数量÷耗用原矿数量

原矿课税数量＝精矿数量÷选矿比

④ 纳税人以自产的液体盐加工固体盐,按固体盐税额征税,以加工的固体盐数量为课税数量。纳税人以外购的液体盐加工成固体盐,其加工固体盐所耗用液体盐的已纳税额准予抵扣。

⑤ 凡同时开采多种资源产品的要分别核算,不能准确划分不同资源产品课税数量的,从高适用税率。

⑥ 纳税人的减税、免税项目,应当单独核算销售额和销售数量;未单独核算或者不能准确提供销售额和销售数量的,不予减税或者免税。

学中做 7－1

某铜矿 2019 年 5 月销售当月产铜矿石原矿取得销售收入 600 万元,销售精矿取得收入 1 200 万元。铜矿计税依据为精矿。已知:该矿山铜矿与精矿换算比为 20%,适用资源税税率为 6%。

要求:该铜矿 5 月份应纳资源税税额是多少?

解析:

应税产品销售额＝600×20%＋1 200＝1 320(万元)。

应纳资源税税额＝1 320×6%＝79.2(万元)。

五、应纳税额的计算

① 从价定率征收的计算公式:

应纳税额＝应税产品的销售额×适用的比例税率

② 从量定额征收的计算公式:

应纳税额＝应税产品的销售数量×适用的定额税率

③ 扣缴义务人代扣代缴资源税应纳税额的计算公式：

代扣代缴应纳税额＝收购未税矿产品的数量×适用定额税率

学中做7-2

甲公司2019年5月将其开采的天然气用于本单位的职工食堂，已知天然气的开采成本为100万元，成本利润率为10%，适用的资源税税率为6%。

要求：该批天然气的资源税税额是多少？

解析：

资源税＝100×(1＋10%)÷(1－6%)×6%＝7.02(万元)。

学中做7-3

某矿业公司本月计划开采砂石6 500吨，实际开采5 500吨，本月计划销售6 000吨，实际销售5 000吨。

要求：根据资源税法律制度的规定，该矿业公司本月应缴纳资源税的计税依据是多少吨？

解析：纳税人开采或者生产应税产品销售的，以实际销售数量(5 000吨)为课税数量。

六、税收优惠

资源税的减税、免税规定主要有：

① 开采原油过程中用于加热、修井的原油，免税。

② 纳税人开采或者生产应税产品过程中，因意外事故或者自然灾害等原因遭受重大损失的，由省、自治区、直辖市人民政府酌情决定减税或者免税。

③ 对已经缴纳资源税的岩金矿原矿经选矿形成的尾矿进行再利用的，只要纳税人能够在统计、核算上清楚地反映，并在堆放等具体操作上能够同应税原矿明确区隔开，不再计征资源税。尾矿与原矿如不能划分清楚的，应按原矿计征资源税。

④ 我国油气田稠油、高凝油和高含硫天然气资源税减征40%；三次采油资源税减征30%；低丰度油气田资源税暂减征20%；深水油气田减征30%；油田范围内运输稠油过程中用于加热的原油天然气免征资源税。纳税人开采的原油、天然气同时符合上述两项及两项以上减税规定的，只能选择其中一项执行，不能叠加适用。

⑤ 对依法在建筑物下、铁路下、水体下通过充填开采方式采出的矿产资源，资源税减征50%。

⑥ 对实际开采年限在15年以上的衰竭期矿山开采的矿产资源,资源税减征30%。

⑦ 纳税人开采销售共伴生矿,共伴生矿与主矿产品销售额分开核算的,对共伴生矿暂不计征资源税;没有分开核算的,共伴生矿按主矿产品的税目和适用税率计征资源税。

⑧ 国务院规定的其他减税、免税项目。

七、纳税义务发生时间

① 纳税人销售自产应税产品的纳税义务发生时间:

a. 纳税人采用分期收款结算方式的,为销售合同规定的收款日期当天。

b. 采取预收货款结算方式的,为发出应税产品的当天。

c. 采取其他结算方式的,为收讫销货款或者取得索取销货款凭据的当天。

② 纳税人自产自用应税产品的纳税义务发生时间,为移送使用应税产品的当天。

③ 扣缴义务人代扣代缴资源税的纳税义务发生时间,为支付首笔货款或首次开具支付货款凭据的当天。

八、纳税期限

资源税的纳税期限为1日、3日、5日、10日、15日或者1个月,由主管税务机关根据实际情况具体核定。不能按固定期限计算纳税的,可以按次计算纳税。其中,纳税人以1日、3日、5日、10日、15日为一期纳税的,自期满之日起5日内预缴税款,于次月1日起10日内申报纳税并结清上月税款;以1个月为一期纳税的,自期满之日起10日内申报纳税。

九、纳税地点

① 凡是需要缴纳资源税的纳税人,都应当向应税产品的开采或者生产所在地主管税务机关缴纳税款。

② 纳税人在本省、自治区、直辖市范围内开采或者生产应税产品,其纳税地点需要调整的,由所在省、自治区、直辖市税务机关决定。

③ 跨省、自治区、直辖市开采或者生产资源税应税产品的纳税人,其下属生产单位与核算单位不在同一省、自治区、直辖市的,对其开采或者生产的应税产品,一律在开采地纳税。

④ 扣缴义务人代扣代缴的资源税,应当向收购地主管税务机关缴纳。

【任务操作】

根据本任务的描述,计算该企业当月缴纳的资源税并填写《资源税纳税申报表》。

操作步骤:

第一步,计算该企业当月缴纳的资源税。

① 甲煤矿将2 000吨原煤直接对外销售,应缴纳资源税=50÷(1+13%)×10%=

4.425(万元)。

② 甲煤矿将2 000吨原煤无偿赠予乙公司,视同销售原煤,应按纳税人最近时期同类产品的平均销售价格确定销售额。甲煤矿应缴纳资源税=50÷(1+13%)×10%=4.425(万元)。

③ 资源税合计额=4.425+4.425=8.850(万元)。

第二步,填写《资源税纳税申报表》,详见表7.2。

【任务练习】

一、思考题

1. 简述资源税的计税依据。
2. 简述资源税的税收优惠。

二、单项选择题

1. 下列各项中,不属于资源税纳税人的是(　　)。
   A. 开采原煤的国有企业　　B. 进口铁矿石的私营企业
   C. 开采石灰石的个体经营者　　D. 开采天然原油的外商投资企业
2. 根据资源税法律制度的规定,下列各项中不属于资源税征税范围的是(　　)。
   A. 井矿盐　　B. 稀土　　C. 钨　　D. 柴油
3. 某原油开采企业为增值税一般纳税人,2019年5月开采原油10万吨,当月销售6万吨,取得不含税收入24 000万元,3万吨用于继续加工为成品油,1万吨用于加热、修井。该企业当月应纳资源税(　　)万元(原油资源税税率为6%)。
   A. 1 440　　B. 2 400　　C. 2 160　　D. 1 000
4. 根据资源税法律制度的规定,下列关于资源税适用税率的表述中,不正确的是(　　)。
   A. 纳税人开采或者生产不同税目应税产品的,应当分别核算不同税目应税产品的销售额或者销售数量,分别计算缴纳资源税
   B. 纳税人开采或者生产不同税目应税产品,未分别核算不同税目应税产品的销售额或者销售数量的,从低适用税率
   C. 纳税人开采销售共伴生矿,共伴生矿与主矿产品销售额没有分开核算的,共伴生矿按主矿产品的税目和适用税率计征资源税
   D. 独立矿山收购未税矿产品的,按照本单位应税产品税额(率)标准,代扣代缴资源税
5. 扣缴义务人代扣代缴的资源税,应当向(　　)主管税务机关缴纳。
   A. 收购地　　B. 开采地　　C. 生产地　　D. 销售地

三、多项选择题

1. 根据资源税法律制度的规定,下列资源产品中,应征收资源税的有(　　)。
   A. 与原油同时开采的天然气　　B. 人造石油
   C. 石墨　　D. 黏土

表 7.2　资源税纳税申报表

根据国家税收法律法规及资源税有关规定制定本表。纳税人不论有无销售额，均应按照税务机关核定的纳税期限填写本表，并向当地税务机关申报。

税款所属时间：自　　年　月　日至　　年　月　日

填表日期：2019 年 5 月 31 日　　　　金额单位：元至角分

纳税人识别号

纳税人名称	（公章）		法定代表人姓名			注册地址		生产经营地址		
开户银行及账号				登记注册类型				电话号码		
税目	子目	折算率或换算比	计量单位	计税销售量	计税销售额	适用税率	本期应纳税额	本期减免税额	本期已缴税额	本期应补（退）税额
1	2	3	4	5	6	7	8①=6×7；8②=5×7	9	10	11=8−9−10
原煤					442 500	10%	44 250			
					442 500	10%	44 250			
合计		—	—			—	88 500			

授权声明	如果你已委托代理人申报，请填写下列资料： 为代理一切税务事宜，现授权　　　　（地址） 为本纳税人的代理申报人，任何与本申报表有关的往来文件，都可寄予此人。 授权人签字：	申报人声明	本纳税申报表是根据国家税收法律法规及相关规定填写的，我确定它是真实的、可靠的、完整的。 声明人签字：

主管税务机关：　　　　接收人：　　　　接收日期：　　年　月　日

本表一式两份，一份纳税人留存，一份税务机关留存。

2. 根据资源税法律制度的规定，下列各项中，属于资源税征税范围的有（　　）。

A. 经济林木　　B. 人造石油　　C. 海盐原盐　　D. 稀土矿原矿

3. 根据资源税法律制度的规定，下列各项中，应缴纳资源税的有（　　）。

A. 开采销售的原矿　　B. 进口的原矿

C. 职工食堂领用的自产原矿　　D. 职工宿舍领用的自产原矿

4. 下列各项中，应同时征收增值税和资源税的有（　　）。

A. 生产销售人造石油　　B. 销售与原油同时开采的天然气

C. 自产的钼原矿连续生产钼精矿　　D. 开采的天然气用于职工食堂

5. 根据资源税法律制度的规定，下列关于资源税纳税义务发生时间的表述中，正确的有（　　）。

A. 采用分期收款结算方式销售应税产品的，为发出应税产品的当天

B. 采用预收货款结算方式销售应税产品的，为收到货款的当天

C. 自产自用应税产品的，为移送使用应税产品的当天

D. 扣缴义务人代扣代缴税款的纳税义务发生时间，为支付首笔货款或者首次开具应支付货款凭据的当天

四、税收新政策补充

要求同学们登录国家税务总局网站 http://www.chinatax.gov.cn/，查阅 2019 年 7 月 1 日以后发布的关于资源税的税收新政策，并简述新政策的主要内容。

任务二　耕地占用税纳税实务

【任务目标】

1. 了解耕地占用税的范围。
2. 掌握耕地占用税的计算。
3. 掌握耕地占用税的税收优惠。

【任务描述】

农村某村民新建住宅，经批准占用耕地 200 平方米。该地区耕地占用税额为 7 元/平方米，由于农村居民占用耕地新建住宅，按照当地使用税额减半征收耕地占用税。

要求：

1. 计算该村民应缴纳的耕地占用税。
2. 填写《耕地占用税纳税申报表》。

【知识准备】

一、耕地占用税的概念及特点

耕地占用税是国家对占用耕地建房或者从事其他非农业建设的单位和个人，依据实际占用耕地面积、按照规定税额一次性征收的一种税。耕地占用税属行为税范畴。耕地占用税是我国对占用耕地建房或从事非农业建设的单位或个人所征收的一种税收。它的基本法律依据为2018年12月29日第十三届全国人民代表大会常务委员会第七次会议通过的《中华人民共和国耕地占用税法》等。

耕地占用税作为一个出于特定目的、对特定的土地资源课征的税种，与其他税种相比，具有比较鲜明的特点，主要表现在：

1. 兼具资源税与特定行为税的性质

耕地占用税以占用农用耕地建房或从事其他非农用建设的行为为征税对象，以约束纳税人占用耕地的行为、促进土地资源的合理运用为课征目的，除具有资源占用税的属性外，还具有明显的特定行为税的特点。

2. 采用地区差别税率

耕地占用税采用地区差别税率，根据不同地区的具体情况，分别制定差别税额，以适应中国地域辽阔、各地区之间耕地质量差别较大、人均占有耕地面积相差悬殊的具体情况，具有因地制宜的特点。

3. 在占用耕地环节一次性课征

耕地占用税在纳税人获准占用耕地的环节征收，除对获准占用耕地后超过两年未使用者须加征耕地占用税外，此后不再征收耕地占用税。因而，耕地占用税具有一次性征收的特点。

4. 税收收入专用于耕地开发与改良

耕地占用税收入按规定应用于建立发展农业专项基金，主要用于开展宜耕土地开发和改良现有耕地之用，因此，具有“取之于地，用之于地”的补偿性特点。

二、纳税义务人与征税范围

（一）纳税义务人

耕地占用税的纳税人是在我国境内占用耕地建房或者从事非农业建设的单位或者个人，包括各类性质的企业、事业单位、社会团体、国家机关、部队以及其他单位，也包括个体工商户以及其他个人。

（二）征税范围

耕地占用税的征税范围包括纳税人为建房或从事其他非农业建设而征（占）用的国家所有和集体所有的耕地。

① 耕地，是指用于种植农作物的土地，包括菜地、园地。其中，园地包括花圃、苗圃、茶园、果园、桑园和其他种植经济林木的土地。

② 占用鱼塘及其他农用土地建房或者从事其他非农业建设的，也视同占用耕地，必须依法征收耕地占用税。

③ 占用林地、牧草地、农田水利用地、养殖水面以及渔业水域滩涂等其他农用地建房或者从事非农建设的，征收耕地占用税。

④ 建设直接为农业生产服务的生产设施占用农用地的，不征收耕地占用税。

⑤ 纳税人临时占用耕地的，应当缴纳耕地占用税。纳税人在批准临时占用耕地的期限内恢复所占用耕地原状的，全额退还已经缴纳的耕地占用税。

三、税率、计税依据和应纳税额的计算

（一）税率

实行地区差别幅度定额税率。人均耕地面积越少，单位税额越高。

（二）计税依据

耕地占用税以纳税人实际占用的耕地面积为计税依据。

（三）应纳税额的计算

耕地占用税以纳税人实际占用的耕地面积为计税依据，按照规定的适用税额标准计算应纳税额，实行一次性征收。

应纳税额＝纳税人实际占用的耕地面积×适用税额标准

学中做7-4

某农户有一处花圃，占地1 200平方米。2019年5月该农户将1 100平方米改造为果园，其余100平方米建造为住宅。已知该地适用的耕地占用税的定额税率为每平方米25元。

要求：计算该农户应缴纳的耕地占用税。

解析：

该农户应缴纳的耕地占用税＝100×25×50％＝1 250(元)。

四、税收优惠和征收管理

（一）税收优惠

1. 下列情形免征耕地占用税

① 军事设施占用耕地。

② 学校、幼儿园、养老院、医院占用耕地。

2. 减税

① 铁路线路、公路线路、飞机场跑道、停机坪、港口、航道占用耕地，减按每平方米2元的税额征收耕地占用税。

② 农村居民占用耕地新建住宅，按照当地适用税额减半征收耕地占用税。

农村烈士家属、残疾军人、鳏寡孤独以及革命老根据地、少数民族聚居区和边远贫困山区生活困难的农村居民，在规定用地标准以内新建住宅缴纳耕地占用税确有困难的，经所在地乡（镇）人民政府审核，报经县级人民政府批准后，可以免征或者减征耕地占用税。

依照条例规定免征或者减征耕地占用税后，纳税人改变原占地用途，不再属于免征或者减征耕地占用税情形的，应当按照当地适用税额补缴耕地占用税。

（二）征收管理与纳税申报

耕地占用税由地方税务机关负责征收。

获准占用耕地的单位或者个人应当在收到土地管理部门的通知之日起30日内缴纳耕地占用税。土地管理部门凭耕地占用税完税凭证或者免税凭证和其他有关文件发放建设用地批准书。

临时占用耕地先纳税，恢复原状后再退税。

建设直接为农业生产服务的生产设施占用林地、牧草场等规定的农用地的，不征收耕地占用税。

提示

与土地直接相关的主要税种简单比较如表7.3所示。

表7.3　与土地直接相关的主要税种简单比较

税种	开征区域	纳税人特点	纳税环节
耕地占用税	有耕地的地区	占用者	占用环节一次课征
土地增值税	有国有土地的地区	转让者	转让环节一次课征
城镇土地使用税	城市、县城、建制镇、工矿区	持(保)有者	持有期间按年计算、分期缴纳

【任务操作】

根据本任务的描述，计算该村民应纳的耕地占用税并填写纳税申报表。

操作步骤：

第一步，计算该村民应纳的耕地占用税。

该村民应纳耕地占用税＝200×7×50％＝700(元)。

第二步，填写《耕地占用税纳税申报表》，详见表7.4。

【任务练习】

一、思考题

1. 简述耕地占用税与城镇土地使用税的区别。

2. 简述耕地占用税的税收优惠。

二、单项选择题

1. 某企业占用林地50万平方米建造生态高尔夫球场，还占用林地50万平方米开发经济林木，所占耕地适用的定额税率为20元/平方米。该企业应缴纳的耕地占用税为(　　)。

A. 800万元　　B. 1 400万元　　C. 1 000万元　　D. 2 800万元

2. 农村居民李某占用耕地100平方米新建住宅，当地适用税额每平方米50元，另外，占用80平方米农用耕地建设直接为农业生产服务的生产设施，则李某应缴纳的耕地占用税为(　　)。

A. 0　　B. 200元　　C. 2 500元　　D. 5 000元

3. 下列选项中，不属于免征耕地占用税范围的是(　　)。

A. 学校占用耕地

B. 医院占用耕地

C. 铁路线路占用耕地

D. 军事设施占用耕地

三、多项选择题

1. 某企业2019年实际占地面积为3 000平方米，2019年4月30日该企业为扩大生产，根据有关部门的批准，新征用非耕地3 000平方米，新征用耕地1 000平方米。该企业所处地段适用城镇土地使用税年税额5元/平方米，耕地占用税20元/平方米。下列说法正确的有(　　)。

A. 该企业2010年应缴纳的城镇土地使用税为25 000元

B. 该企业2010年应缴纳的耕地占用税为20 000元

C. 该企业2011年应缴纳的城镇土地使用税为33 750元

D. 该企业2011年应缴纳的城镇土地使用税为33 333.33元

表 7.4 耕地占用税纳税申报表

填表日期：　　年　　月　　日　　　　　　　　　　　　金额单位：元（列至角分）；面积单位：平方米

纳税人识别号 □□□□□□□□□□□□□□□□□□□□

纳税人信息	名称				□单位　□个人			
	登记注册类型			所属行业				
	身份证照类型			联系人		联系方式		
耕地占用信息	项目（批次）名称			批准占地部门		批准占地文号		占地日期/批准日期
	占地位置			占地用途		占地方式		
	批准占地面积			实际占地面积				
		计税面积	其中：减免税面积	适用税率	计征税额	减免性质代码	减免税额	应缴税额
	总计							
	耕地	200	100	7	7		700	700
	其中：1. 经济开发区							
	2. 基本农田	200	100	7	7		700	700
	其他农用地							
	其他类型土地							

以下由纳税人填写：

纳税人声明	此纳税申报表是根据《中华人民共和国耕地占用税暂行条例》和国家有关税收规定填报的，是真实的、可靠的、完整的。				
纳税人签章		代理人签章		代理人身份证号	

以下由税务机关填写：

受理人		受理日期	年　月　日	受理税务机关签章	

本表一式两份，一份纳税人留存，一份税务机关留存。

2. 耕地占用税的纳税义务人是占用耕地建房或从事非农业建设的单位和个人，包括(　　)。

A. 国有企业　　B. 集体企业　　C. 外商投资企业　　D. 个体工商户

四、税收新政策补充

要求同学们登录国家税务总局网站 http://www.chinatax.gov.cn/，查阅 2019 年 7 月 1 日以后发布的关于耕地占用税的税收新政策，并简述新政策的主要内容。

任务三　城镇土地使用税纳税实务

【任务目标】

1. 掌握城镇土地使用税的纳税人和开征区域。
2. 掌握城镇土地使用税的税收优惠。

【任务描述】

某市肉制品加工企业 2019 年占地 60 000 平方米，其中，办公占地 5 000 平方米，生猪养殖基地占地 28 000 平方米，肉制品加工车间占地 16 000 平方米，企业内部道路及绿化占地 11 000 平方米。企业所在地城镇土地使用税单位税额为 0.8 元/平方米。

要求：

1. 计算该企业全年应缴纳的城镇土地使用税。
2. 填写《城镇土地使用税纳税申报表》。

【知识准备】

一、城镇土地使用税的概念及特点

城镇土地使用税是以国有土地或集体土地为征税对象，对拥有土地使用权的单位和个人征收的一种税。它的基本法律依据是 1988 年 9 月 27 日中华人民共和国国务院令第 17 号发布的《中华人民共和国城镇土地使用税暂行条例》等。

税种特点：

① 征税范围是国有土地。城镇土地的所有权归国家，开征城镇土地使用税，实质上是运用国家政治权力，将纳税人获取的本应属于国家的土地收益集中到国家手中。农业土地因属于集体所有，故未纳入征税范围。

② 实行差别幅度税额。开征城镇土地使用税的目的之一，在于调节土地的级差收入，而级差收入的产生主要取决于土地的位置。因此，对不同城镇适用不同税额，对同一城镇的不同地区也根据市政建设状况和经济繁荣程度等适用不同幅度的税额。

③ 税款按年征收。城镇土地使用税对使用城镇土地的，按年计算，分期缴纳。

二、纳税义务人与征税范围

（一）纳税义务人

在城市、县城、建制镇、工矿区范围内使用土地的单位和个人。

具体规定：

① 拥有土地使用权的单位和个人，为纳税义务人。

② 拥有土地使用权的单位和个人不在土地所在地的，其土地的实际使用人和代管人为纳税义务人。

③ 土地使用权未确定或权属纠纷未解决的，其实际使用人为纳税义务人。

④ 土地使用权共有的，共有各方都是纳税义务人，由共有各方分别纳税。

（二）征税范围

城镇土地使用税的征税范围，包括在城市、县城、建制镇和工矿区内的国家所有和集体所有的土地。

三、税率、计税依据和应纳税额的计算

（一）税率

城镇土地使用税采用定额税率，即采用有幅度的差别税额。按大、中、小城市和县城、建制镇、工矿区分别规定每平方米土地使用税年应纳税额。城镇土地使用税税率表如表 7.5 所示。

表 7.5 城镇土地使用税税率表

级　别	人　口(人)	每平方米税额(元)
大城市	50 万以上	1.5～30
中等城市	20 万～50 万	1.2～24
小城市	20 万以下	0.9～18
县城、建制镇、工矿区		0.6～12

各省、自治区、直辖市人民政府可根据市政建设情况和经济繁荣程度在规定税额幅度内，确定所辖地区的适用税额幅度。经济落后地区，土地使用税的适用税额标准可适当降

低，但降低额不得超过上述规定最低税额的30%。经济发达地区的适用税额标准可以适当提高，但须报财政部批准。

（二）计税依据

城镇土地使用税以纳税义务人实际占用的土地面积为计税依据。

应纳税额＝实际占用应税土地面积（平方米）×适用税额

纳税义务人实际占用的土地面积，可按下列方法确定：

① 凡由省、自治区、直辖市人民政府确定的单位组织测定土地面积的，以测定的面积为准。

② 尚未组织测量，但纳税人持有政府部门核发的土地使用证书的，以证书确认的土地面积为准。

③ 尚未核发土地使用证书的，应由纳税人申报土地面积，据以纳税，等到核发土地使用证以后再作调整。

④ 对在城镇土地使用税征税范围内单独建造的地下建筑用地，按规定征收城镇土地使用税。其中，已取得地下土地使用权证的，按土地使用权证确认的土地面积计算应征税款；未取得地下土地使用权证或地下土地使用权证上未标明土地面积的，按地下建筑垂直投影面积计算应征税款。对上述地下建筑用地暂按应征税款的50%征收城镇土地使用税。

（三）应纳税额的计算

基本计算公式：

全年应纳税额＝实际占用应税土地面积（平方米）×适用税额

单独建造的地下建筑物的税额计算公式：

全年应纳税额＝证书确认应税土地面积或地下建筑物垂直投影面积（平方米）×适用税额×50%

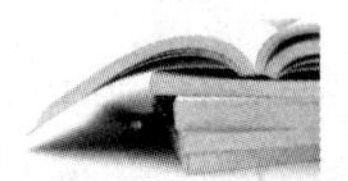

学中做7-5

设在某城市的一企业使用土地面积为10 000平方米，经税务机关核定，该土地为应税土地，每平方米年税额为4元。

要求：请计算该企业应纳的城镇土地使用税额。

解析：

应纳城镇土地使用税额＝10 000×4＝40 000（元）。

四、城镇土地使用税的减免

（一）下列用地免征城镇土地使用税

① 国家机关、人民团体、军队自用的土地，如国家机关、人民团体的办公楼用地，军队的

训练场用地等。

② 由国家财政部门拨付事业经费的单位自用的土地，如学校的教学楼、操场、食堂等占用的土地。

③ 宗教寺庙、公园、名胜古迹自用的土地。

④ 市政街道、广场、绿化地带等公共用地。

⑤ 直接用于农、林、牧、渔业的生产用地，不包括农副产品加工场地和生活办公用地。

⑥ 经批准开山填海整治的土地和改造的废弃土地，从使用的月份起免缴土地使用税5～10年。

⑦ 企业办的学校、医院、托儿所、幼儿园，其用地能与企业其他用地明确区分的，免征城镇土地使用税。

（二）税收优惠的特殊规定

① 为避免对一块土地同时征收耕地占用税和城镇土地使用税，凡是缴纳了耕地占用税的，从批准征用之日起满1年后征收城镇土地使用税；征用非耕地因不需要缴纳耕地占用税，应从批准征用的次月起征收城镇土地使用税。

② 对免税单位无偿使用纳税单位的土地（如公安、海关等单位使用铁路、民航等单位的土地），免征城镇土地使用税；对纳税单位无偿使用免税单位的土地，纳税单位应照章缴纳城镇土地使用税。

五、城镇土地使用税的征收管理

（一）纳税期限

城镇土地使用税实行按年计算、分期缴纳的征收方法，具体纳税期限由省、自治区、直辖市人民政府确定。

（二）纳税义务发生时间

① 纳税人购置新建商品房，自房屋交付使用之次月起，缴纳城镇土地使用税。

② 纳税人购置存量房，自办理房屋权属转移、变更登记手续，房地产权属登记机关签发房屋权属证书次月起，缴纳城镇土地使用税。

③ 纳税人出租、出借房产，自交付出租、出借房产之次月起，缴纳城镇土地使用税。

④ 房地产开发企业自用、出租、出借本企业建造的商品房，自房屋使用或交付之次月起，缴纳城镇土地使用税。

⑤ 纳税人新征用的耕地，自批准征用之日起满1年时开始缴纳城镇土地使用税。

⑥ 纳税人新征用的非耕地，自批准征用之次月起缴纳土地使用税。

⑦ 自2009年1月1日起，纳税人因土地的权利发生变化而依法终止城镇土地使用税纳税义务的，其纳税义务的计算应截止到土地权利发生变化的当月末。

（三）纳税地点和征收机构

① 城镇土地使用税的纳税地点为土地所在地，由土地所在地的税务机关负责征收。

② 纳税人使用的土地不属于同一省、自治区、直辖市管辖的，由纳税人分别向土地所在地的税务机关缴纳土地使用税；同一省、自治区、直辖市管辖范围内，纳税人跨地区使用的土地，其纳税地点由各省、自治区、直辖市地方税务局确定。

【任务操作】

根据本任务的描述，计算该企业全年应缴纳的城镇土地使用税并填写《城镇土地使用税纳税申报表》。

操作步骤：

第一步，计算该企业全年应缴纳的城镇土地使用税。

直接用于农、林、牧、渔业的生产用地免征城镇土地使用税，但不包括农副产品加工场地和生活办公用地；对企业厂区以外的公共绿化用地暂免征收城镇土地使用税，企业厂区以内的照章征收城镇土地使用税。

应缴纳城镇土地使用税＝(60 000－28 000)×0.8＝25 600(元)。

第二步，填写《城镇土地使用税纳税申报表》，详见表 7.6。

【任务练习】

一、思考题

1. 简述城镇土地使用税的纳税义务发生时间。
2. 简述城镇土地使用税的税收优惠。

二、单项选择题

1. 2019 年初甲企业（国有企业）生产经营用地分布于 A、B、C 三个地域，A 的土地使用权属于甲企业，面积 10 000 平方米，其中幼儿园占地 1 000 平方米，厂区内绿化占地 2 000 平方米；B 的土地使用权属甲企业与乙企业共同拥有，面积 5 000 平方米，实际使用面积各占半；C 地域的面积为 3 000 平方米，甲企业一直使用土地，但使用权未确定。假设 A、B、C 的城镇土地使用税的年税额为每平方米 5 元，甲企业全年应纳城镇土地使用税(　　)元。

A. 57 500　B. 62 500　C. 72 500　D. 85 000

2. 下列各项中，免缴纳城镇土地使用税的是(　　)。

A. 北京香山公园内专设游客餐厅用地

B. 用于渔场的办公楼及职工宿舍用地

C. 公园中管理单位的办公用地

D. 纳税单位无偿使用免税单位的土地

表 7.6 城镇土地使用税纳税申报表

税款所属期：自 年 月 日至 年 月 日 填表日期： 年 月 日 金额单位：元至角分；面积单位：平方米

纳税人识别号：

<table>
<tr><td rowspan="4">纳税人信息</td><td colspan="3">名称</td><td colspan="3"></td><td colspan="2">纳税人分类</td><td colspan="3">单位□ 个人□</td></tr>
<tr><td colspan="3">登记注册类型</td><td colspan="3">*</td><td colspan="2">所属行业</td><td colspan="3">*</td></tr>
<tr><td colspan="3">身份证件类型</td><td colspan="3">身份证□ 护照□ 其他□</td><td colspan="2">身份证件号码</td><td colspan="3"></td></tr>
<tr><td colspan="3">联系人</td><td colspan="3"></td><td colspan="2">联系方式</td><td colspan="3"></td></tr>
<tr><td rowspan="13">申报纳税信息</td><td>土地编号</td><td>宗地的地号</td><td>土地等级</td><td>税额标准</td><td>土地总面积</td><td>所属期起</td><td>所属期止</td><td>本期应纳税额</td><td>本期减免税额</td><td>本期已缴税额</td><td>本期应补(退)税额</td></tr>
<tr><td>*</td><td></td><td></td><td>0.8 元/平方米</td><td>32 000</td><td>2019 年 1 月</td><td>2019 年 12 月</td><td>25 600</td><td></td><td></td><td></td></tr>
<tr><td>*</td><td></td><td></td><td></td><td></td><td></td><td></td><td></td><td></td><td></td><td></td></tr>
<tr><td>*</td><td></td><td></td><td></td><td></td><td></td><td></td><td></td><td></td><td></td><td></td></tr>
<tr><td>*</td><td></td><td></td><td></td><td></td><td></td><td></td><td></td><td></td><td></td><td></td></tr>
<tr><td>*</td><td></td><td></td><td></td><td></td><td></td><td></td><td></td><td></td><td></td><td></td></tr>
<tr><td>*</td><td></td><td></td><td></td><td></td><td></td><td></td><td></td><td></td><td></td><td></td></tr>
<tr><td>*</td><td></td><td></td><td></td><td></td><td></td><td></td><td></td><td></td><td></td><td></td></tr>
<tr><td>*</td><td></td><td></td><td></td><td></td><td></td><td></td><td></td><td></td><td></td><td></td></tr>
<tr><td>*</td><td></td><td></td><td></td><td></td><td></td><td></td><td></td><td></td><td></td><td></td></tr>
<tr><td>*</td><td></td><td></td><td></td><td></td><td></td><td></td><td></td><td></td><td></td><td></td></tr>
<tr><td>*</td><td></td><td></td><td></td><td></td><td></td><td></td><td></td><td></td><td></td><td></td></tr>
<tr><td colspan="3">合计</td><td>*</td><td></td><td>*</td><td>*</td><td>25 600</td><td></td><td></td><td></td></tr>
<tr><td colspan="12">以下由纳税人填写：</td></tr>
<tr><td colspan="2">纳税人声明</td><td colspan="10">此纳税申报表是根据《中华人民共和国城镇土地使用税暂行条例》和国家有关税收规定填报的，是真实的、可靠的、完整的。</td></tr>
<tr><td colspan="2">纳税人签章</td><td colspan="3"></td><td colspan="2">代理人签章</td><td></td><td colspan="2">代理人身份证号</td><td colspan="2"></td></tr>
<tr><td colspan="12">以下由税务机关填写：</td></tr>
<tr><td colspan="2">受理人</td><td colspan="3"></td><td colspan="2">受理日期</td><td>年 月 日</td><td colspan="2">受理税务机关签章</td><td colspan="2"></td></tr>
</table>

本表一式两份，一份纳税人留存，一份税务机关留存。

三、多项选择题

1. 下列属于城镇土地使用税纳税人的是(　　)。
   A. 位于市区拥有土地使用权的外商投资企业
   B. 位于郊区的内资企业
   C. 城市共有土地的企业
   D. 城市、县城、建制镇和工矿区外的工矿企业
2. 下列关于城镇土地使用税的计税依据,正确的是(　　)。
   A. 城镇土地使用税以纳税人实际占用的土地面积(平方米)为计税依据
   B. 纳税人实际占用的土地面积,是指由省、自治区、直辖市人民政府确定的单位组织测定的土地面积
   C. 尚未组织测量,但纳税人持有政府部门核发的土地使用证书的,以证书确认的土地面积为准
   D. 尚未核发土地使用证书的,应由纳税人申请税务机关核定土地面积,据以纳税,待核发土地使用证以后再作调整
3. 下列用地,应当征收城镇土地使用税的是(　　)。
   A. 人民法院的办公楼用地　　　　B. 企业内道路占用的土地
   C. 军队的家属院落用地　　　　D. 公园的照相馆经营用地

四、税收新政策补充

要求同学们登录国家税务总局网站 http://www.chinatax.gov.cn/,查阅 2019 年 7 月 1 日以后发布的关于土地占用税的税收新政策,并简述新政策的主要内容。

任务四　土地增值税纳税实务

【任务目标】

1. 掌握土地增值税征税范围的界定。
2. 掌握扣除项目规定以及税额的计算过程。
3. 掌握土地增值税减免税规定。
4. 了解土地增值税的纳税申报及纳税地点。
5. 能利用网络资源查阅有关学习所需的资料。

【任务描述】

李某系某市居民,于 2018 年 2 月以 50 万元购得一临街商铺,同时支付相关税费 1 万

元，购置后一直对外出租。2019 年 5 月，将临街商铺改租为卖，以 80 万元转让给他人，签订产权转移书据，经相关评估机构评定，房屋的重置成本为 70 万元，成新度折扣率为 80%。

要求：

1. 计算李某转让商铺应缴纳的土地增值税。
2. 填写《土地增值税纳税申报表(三)(非从事房地产开发的纳税人适用)》。

【知识准备】

一、土地增值税的概念及作用

土地增值税是对有偿转让国有土地使用权、地上建筑物和其他附着物产权，取得增值收入的单位和个人征收的一种税。它的基本法律依据有《中华人民共和国土地增值税暂行条例》(1993 年国务院令第 138 号)和《中华人民共和国土地增值税暂行条例实施细则》(财法字〔1995〕6 号)等。

土地增值税的开征有着极其重要的作用，主要体现在：有利于合理配置土地资源，提高土地使用效益；有利于抑制炒卖土地投机获取暴利的行为，防止土地资源的浪费；有利于规范房地产市场秩序，促进房地产市场的健康发展；有利于保障国家土地权益，增强国家财政收入。

二、纳税义务人

土地增值税的纳税义务人是转让国有土地使用权、地上建筑物及其附着物并取得收入的单位和个人，包括内外资企业、行政事业单位、中外籍个人等。

三、征税范围

(一) 基本征税范围

土地增值税是对转让国有土地使用权及其地上建筑物和附着物的行为征税，不包括国有土地使用权出让所取得的收入。

① 转让国有土地使用权。

② 地上建筑物及其附着物连同国有土地使用权一并转让。

③ 存量房地产的买卖。

(二) 特殊征税范围

1. 房地产的继承、赠与

房地产的继承是指房产的原产权所有人、依照法律规定取得土地使用权的土地使用人死亡以后，由其继承人依法承受死者房产产权和土地使用权的民事法律行为。这种行为虽然发生了房地产的权属变更，但作为房产产权、土地使用权的原所有人（即被继承人）并没有因为权属变更而取得任何收入。因此，这种房地产的继承不属于土地增值税的征税范围。

房地产的赠与是指房产所有人、土地使用权所有人将自己所拥有的房地产无偿地交给其他人的民事法律行为。房地产的赠与虽然发生了房地产权属变更，但作为房产所有人、土地使用权的所有人并没有因为权属转让而取得任何收入。房地产的赠与不属于土地增值税的征税范围。

2. 房地产的出租

房地产出租是指房地产的产权所有人、依照法律规定取得土地使用权的土地使用人，将房产或土地使用权租赁给承租人使用，由承租人向出租人支付租金的行为。房地产出租，出租人虽取得了收入，但没有发生房产产权、土地使用权的转让，因此，不属于土地增值税的征税范围。

3. 房地产的抵押

房地产抵押是指房地产的产权所有人、依照法律规定取得土地使用权的土地使用人作为债务人或第三人向债权人提供不动产作为清偿债务的担保而不转移权属的法律行为。对房地产的抵押，在抵押期间不征收土地增值税。待抵押期满后，视该房地产是否转移占有而确定是否征收土地增值税。对于以房地产抵债而发生房地产权属转让的，应列入土地增值税的征税范围。

4. 房地产的交换

房地产交换是指一方以房地产与另一方的房地产进行交换的行为。由于这种行为既发生了房产产权、土地使用权的转移，交换双方又取得了实物形态的收入，属于土地增值税的征税范围。但对个人之间互换自有居住用房地产的，经当地税务机关核实，可以免征土地增值税。

5. 合作建房

对于一方出地，另一方出资金，双方合作建房，建成后按比例分房自用的，暂免征收土地增值税；建成后转让的，应征收土地增值税。

6. 房地产的代建行为

房地产的代建行为是指房地产开发公司代客户进行房地产的开发，开发完成后向客户收取代建收入的行为。对于房地产开发公司而言，虽然取得了收入，但没有发生房地产权属的转移，其收入属于劳务收入性质，故不属于土地增值税的征税范围。

7. 房地产的重新评估

房地产的重新评估主要是指国有企业在清产核资时对房地产进行重新评估而使其升值的情况。这种情况下，房地产虽然有增值，但其既没有发生房地产权属的转移，也未取得收入，故不属于土地增值税的征税范围。

8. 土地使用者处置土地使用权

土地使用者转让、抵押或置换土地，无论其是否取得了该土地的使用权属证书，无论其在转让、抵押或置换土地过程中是否与对方当事人办理了土地使用权属证书变更登记手续，只要土地使用者享有占有、使用、收益或处分该土地的权利，且有合同等证据表明其实质转让、抵押或置换了土地并取得了相应的经济利益，土地使用者及其对方当事人就应当依照税法规定缴纳营业税、土地增值税和契税等。

四、税率

土地增值税采用四级超率累进税率，如表 7.7 所示。

表 7.7　土地增值税四级超率累进税率表

级　　数	增值额与扣除项目金额的比例	税　　率	速算扣除系数
1	不超过 50%的部分	30%	0
2	超过 50%至 100%的部分	40%	5%
3	超过 100%至 200%的部分	50%	15%
4	超过 200%的部分	60%	35%

五、土地增值税的计税依据

土地增值税的计税依据是纳税人转让房地产所取得的增值额。转让房地产的增值额，是纳税人转让房地产的收入减除税法规定的扣除项目金额后的余额。土地增值额的大小，取决于转让房地产的收入额和扣除项目金额两个因素。

（一）应税收入的确定

纳税人转让房地产取得的应税收入，应包括转让房地产的全部价款及有关的经济收益。从收入的形式来看，包括货币收入、实物收入和其他收入。

（二）扣除项目的确定

准予纳税人从房地产转让收入额减除的扣除项目金额具体包括以下几项：

1. 取得土地使用权所支付的金额（适用新建房转让和存量房地产转让）

纳税人为取得土地使用权所支付的金额包括地价款和有关费用。其中，地价款的确定原则：如果是以协议、招标、拍卖等出让方式取得土地使用权的，地价款为纳税人所支付的土地出让金；如果是以行政划拨方式取得土地使用权的，地价款为按照国家有关规定补交的土地出让金；如果是以转让方式取得土地使用权的，地价款为向原土地使用人实际支付的地价款。有关费用主要包括登记费、过户手续费、契税。

2. 房地产开发成本（适用新建房转让）

房地产开发成本是指纳税人房地产开发项目实际发生的成本，包括土地征用及拆迁补偿费（包含耕地占用税）、前期工程费、建筑安装工程费、基础设施费、公共配套设施费、开发间接费用等。

3. 房地产开发费用(适用新建房转让)

房地产开发费用是指与房地产开发项目有关的销售费用、管理费用和财务费用。具体扣除标准如下：

① 纳税人能按转让房地产项目分摊利息支出并能提供金融机构贷款证明的：

允许扣除的房地产开发费用＝利息＋[取得土地使用权所支付的金额＋房地产开发成本]×5%以内

上述利息最高不能超过按商业银行同类同期贷款利率计算的金额。超期利息、超标利息及罚息不得扣除。

② 纳税人不能按转让房地产项目分摊利息支出或不能提供金融机构贷款证明的(包含全部使用自有资金的无借款的情况)：

允许扣除的房地产开发费用＝[取得土地使用权所支付的金额＋房地产开发成本]×10%以内

③ 房地产开发企业既向金融机构借款，又向其他借款的，其房地产开发费用计算扣除时不能同时适用上述①②项所述两种办法。

④ 土地增值税清算时，已经计入房地产开发成本的利息支出，应调整至财务费用中计算扣除。

土地增值税以纳税人转让房地产所取得的增值额作为计税依据。增值额是指纳税人转让房地产的收入减除税法规定的扣除项目金额后的余额。其公式为：

增值额＝转让房地产取得的收入－扣除项目金额

4. 旧房及建筑物的评估价格(适用存量房地产转让)

旧房及建筑物的评估价格是指在转让已使用的房屋及建筑物时，由政府批准设立的房地产评估机构评定的重置成本价乘以新度折旧率后的价格。其公式为：

评估价格＝重置成本价×成新度折扣率

学中做7-6

一栋房屋已使用近8年，建造时的造价为1 000万元，按转让时的建材及人工费用计算，建同样的新房需花费3 000万元，该房有七成新。

要求：计算该房的评估价格。

解析：

该房的评估价格＝3 000×70%＝2 100(万元)。

纳税人转让旧房及建筑物，凡不能取得评估价格，但能提供购房发票的，经当地税务部门确认，可按发票所载金额并从购买年度起至转让年度止每年加计5%计算扣除。计算扣除项目时“每年”按购房发票所载日期起至售房发票开具之日止，每满12个月计1年；超过1年，未满12个月但超过6个月的，可以视同为1年。

对纳税人购房时缴纳的契税，凡能提供契税完税凭证的，准予作为“与转让房地产有关的税金”予以扣除，但不作为加计5%的基数。

对于转让旧房及建筑物，既没有评估价格的，又不能提供购房发票的，地方税务机关可以根据《税收征管法》第35条的规定，实行核定征收。

5. 与转让房地产有关的税金

与转让房地产有关的税金是指在转让房地产时缴纳的城市维护建设税、印花税。因转让房地产缴纳的教育费附加，也可视同税金予以扣除。

6. 财政部确定的其他扣除项目

从事房地产开发的纳税人可按取得土地使用权所支付的金额以及房地产开发成本之和，加计20%的扣除。

六、土地增值税应纳税额的计算

土地增值税应纳税额的计算可分为四个步骤：

1. 增值额的计算

增值额＝房地产转让收入－扣除项目金额

2. 增值率的计算

增值率＝增值额÷扣除项目金额×100%

3. 确定适用税率

按照计算出的增值率，从土地增值税税率表中确定适用税率。

4. 应纳税额的计算

土地增值税应纳税额＝增值额×适用税率－扣除项目金额×速算扣除系数

学中做7-7

2019年6月某房地产开发公司转让新建普通住宅一幢，取得不含税收入5 000万元，转让环节可扣除的税金及附加合计60万元。该公司为取得该住宅地的土地使用权支付地价款和有关税费2 000万元，房地产开发成本1 000万元，利息支出100万元(能够按房地产项目计算分摊并提供金融机构证明)。该公司所在地政府规定的其他房地产开发费用的计算扣除比例为5%。

要求：计算该公司应缴纳土地增值税税额。

解析：

(1) 确定转让收入5 000万元。

(2) 确定转让房地产的扣除项目金额：

① 取得土地使用权所支付的金额为2 000万元；

② 房地产开发成本为1 000万元；

③ 房地产开发费用为100＋(2 000＋1 000)×5%＝250(万元)；

④ 与转让房地产有关的税金为60万元；

⑤ 从事房地产开发的加计扣除为:(2 000+1 000)×20%=600(万元);

⑥ 转让房地产的扣除项目金额为:扣除项目金额合计=2 000+1 000+250+60+600=3 910(万元)。

(3) 计算转让房地产的增值额=5 000−3 910=1 090(万元)。

(4) 计算增值额与扣除项目金额的比率=1 090÷3 910×100%=27.88%,适用税率为30%。

(5) 应纳土地增值税=1 090×30%=327(万元)。

七、土地增值税的税收优惠

(一) 对建造普通标准住宅的税收优惠

纳税人建造普通标准住宅出售,增值额未超过扣除项目金额20%的,免征土地增值税。增值额超过了扣除项目金额20%的,应就全部增值额按规定计税。这里所说的"普通标准住宅",是指按所在地一般民用住宅标准建造的居住用住宅。高级公寓、别墅、度假村等不属于普通标准住宅。2005年6月1日起,普通标准住宅应同时满足:住宅小区建筑容积率在1.0以上;单套建筑面积在120平方米以下;实际成交价格低于同级别土地上住房平均交易价格1.2倍以下。

对于纳税人既建普通标准住宅又搞其他房地产开发的,应分别核算增值额。不能分别核算或者不能准确核算增值额的,不能适用这一免税规定。

(二) 对国家征用收回的房地产的税收优惠

因国家建设需要依法征用、收回的房地产,免征土地增值税。这里所说的"因国家建设需要依法征用、收回的房地产"是指因城市实施规划、国家建设的需要而被政府批准征用的房产或收回的土地使用权。因城市实施规划、国家建设的需要而搬迁,由纳税人自行转让原房地产的,比照有关规定免征土地增值税。

(三) 对个人转让房地产的税收优惠

自2008年11月1日起,对居民个人转让住房一律免征土地增值税。

八、土地增值税的纳税清算

(一) 纳税人应当主动进行土地增值税清算的情形

① 房地产开发项目全部竣工、完成销售的。
② 整体转让未竣工决算房地产开发项目的。
③ 直接转让土地使用权的。

（二）税务机关可以要求纳税人进行土地增值税清算的情形

① 已竣工验收的房地产开发项目，已转让的房地产建筑面积占整个项目可售建筑面积的比例在85％以上的，或该比例虽未超过85％，但剩余的可售建筑面积已经出租或自用的。

② 取得销售(预售)许可证满3年仍未销售完毕的。

③ 纳税人申请注销税务登记但未办理土地增值税清算手续的。

④ 省级税务机关规定的其他情况。

九、土地增值税的征收管理

（一）纳税地点

土地增值税的纳税人应向房地产所在地主管税务机关办理纳税申报，并在税务机关核定的期限内缴纳土地增值税。这里所说的“房地产所在地”，是指房地产的坐落地。纳税人转让的房地产坐落在两个或两个以上地区的，应按房地产所在地分别申报纳税。

（二）纳税申报

土地增值税的纳税人应在转让房地产合同签订后的7日内，到房地产所在地主管税务机关办理纳税申报，并向税务机关提交房屋及建筑物产权、土地使用权证书、土地转让、房产买卖合同、房地产评估报告及其他与转让房地产有关的资料。纳税人因经常发生房地产转让而难以在每次转让后申报的，经税务机关审核同意后，可以定期进行纳税申报，具体期限由税务机关根据情况确定。此外，对于纳税人预售房地产所取得的收入，凡当地税务机关规定预征土地增值税的，纳税人应当到主管税务机关办理纳税申报，并按规定比例预交，待办理决算后，多退少补；凡当地税务机关规定不预征土地增值税的，也应在取得收入时先到税务机关登记或备案。

【任务操作】

根据本任务的描述，计算李某转让商铺应缴纳的土地增值税并填写《土地增值税纳税申报表(三)(非从事房地产开发的纳税人适用)》。

操作步骤：

第一步，计算李某转让商铺应缴纳的土地增值税。

应缴纳的印花税＝80×0.5‰＝0.04(万元)。

可扣除项目金额＝70×80％＋0.04＝56.04(万元)。

增值额＝80－56.04＝23.96(万元)。

增值率＝23.96÷56.04×100％＝42.76％＜50％，适用税率30％。

土地增值税＝23.96×30％＝7.188(万元)。

第二步，填写《土地增值税纳税申报表(三)(非从事房地产开发的纳税人适用)》，详见表7.8。

表 7.8　土地增值税纳税申报表(三)(非从事房地产开发的纳税人适用)

税款所属时间：　年　月　日至　年　月　日　　填表日期：　年　月　日　　金额单位：元(列至角分)；面积单位：平方米

纳税人识别号 | | | | | | | | | | | | | | | | | | | | |

纳税人名称		项目名称		项目地址	
业别		经济性质		纳税人地址		邮政编码	
开户银行		银行账号		主管部门		电话	

项目			行次	金额
一、转让房地产收入总额 1=2+3+4			1	800 000
其中	货币收入		2	800 000
	实物收入		3	
	其他收入		4	
二、扣除项目金额合计 (1) 5=6+7+10+15 (2) 5=11+12+14+15			5	560 400
(1) 提供评估价格	1. 取得土地使用权所支付的金额		6	
	2. 旧房及建筑物的评估价格 7=8×9		7	570 000
	其中	旧房及建筑物的重置成本价	8	700 000
		成新度折扣率	9	80%
	3. 评估费用		10	
(2) 提供购房发票	1. 购房发票金额		11	
	2. 发票加计扣除金额 12=11×5%×13		12	
	其中：房产实际持有年数		13	
	3. 购房契税		14	
	4. 与转让房地产有关的税金等 15=16+17+18+19		15	400

续表

项目		行次	金额
其中	营业税	16	
	城市维护建设税	17	
	印花税	18	400
	教育费附加	19	
三、增值额 20=1－5		20	239 600
四、增值额与扣除项目金额之比(%)21=20÷5		21	427 600
五、适用税率(%)		22	300 000
六、速算扣除系数(%)		23	0
七、应缴土地增值税税额 24=20×22－5×23		24	71 880

<table>
<tr><td>授权代理人</td><td colspan="3">（如果你已委托代理申报人，请填写下列资料）为代理一切税务事宜，现授权______（地址）______为本纳税人的代理申报人，任何与本报表有关的来往文件都可寄与此人。
授权人签字：______</td><td>纳税人声明</td><td colspan="3">此纳税申报表是根据《中华人民共和国土地增值税暂行条例》及《中华人民共和国土地增值税暂行条例实施细则》的规定填报的，是真实的、可靠的、完整的。
声明人签字：______</td></tr>
<tr><td>纳税人公章</td><td></td><td>法人代表签章</td><td></td><td>经办人员(代理申报人)签章</td><td></td><td>备　注</td><td></td></tr>
<tr><td colspan="8">（以下部分由主管税务机关负责填写）</td></tr>
<tr><td>主管税务机关收到日期</td><td></td><td>接收人</td><td></td><td>审核日期</td><td></td><td>税务审核人员签章</td><td></td></tr>
<tr><td>审核记录</td><td colspan="5"></td><td>主管税务机关盖章</td><td></td></tr>
</table>

【任务练习】

一、思考题

1. 土地增值税应税收入是如何确认的?
2. 土地增值税扣除项目是如何确定的?

二、单项选择题

1. 根据土地增值税法的规定,下列各项属于土地增值税征税范围的是( )。

A. 企业间的房地产交换　　B. 房地产的出租

C. 房地产的代建　　D. 房地产的抵押

2. 下列行为属于土地增值税征税范围的是( )。

A. 村委会自行转让土地　　B. 企业以房地产抵债

C. 事业单位出租闲置房产　　D. 政府向国有企业划转土地使用权

3. 某有限公司转让商品楼取得不含税收入 1 000 万元,计算土地增值额准予扣除项目金额 200 万元,则适用税率为( )。

A. 30%　　B. 40%　　C. 50%　　D. 60%

4. 某房地产企业在计算房地产开发费用时,对财务费用中的借款利息支出,凡能够按照转让房地产项目计算分摊并提供金融机构证明的,允许据实扣除。下列项目中,可以计入利息支出扣除的是( )。

A. 金融机构加收的罚息

B. 超过贷款期限的利息部分

C. 超过国家规定上浮幅度的利息支出

D. 按照商业银行同类同期贷款利率计算的利息金额

5. 下列项目中,计征土地增值税时不按评估价格来确定转让房地产收入、扣除项目金额的是( )。

A. 出售新房屋

B. 出售旧房

C. 虚报房地产成交价格

D. 转让房地产成交价格低于评估价格,且无正当理由

6. 按照土地增值税有关规定,纳税人提供扣除项目金额不实的,在计算土地增值额时,应按照( )。

A. 税务部门估定的价格扣除

B. 房地产评估的价格扣除

C. 税务部门与纳税人协商的价格扣除

D. 房地产原值减除 20%后的余值扣除

7. 2019年7月某企业转让一栋六成新的旧仓库，取得不含税转让收入2 000万元，可扣除的相关税费共计25万元。该仓库原造价1 000万元，重置成本价1 500万元。该企业转让仓库应缴纳土地增值税(　　)万元。

A. 415　　B. 296　　C. 398.75　　D. 476.25

8. 土地增值税的纳税人是法人的，如果转让的房地产坐落地与其机构所在地或经营所在地不一致时，则应在(　　)的税务机关申报纳税。

A. 房地产坐落地所管辖　　B. 机构所在地所管辖
C. 经营所在地所管辖　　D. 房地产转让实现地所管辖

三、多项选择题

1. 土地增值税是对有偿转让国有土地使用权及地上建筑物和其他附着物产权，取得增值收入的单位和个人征收的一种税。下列对其特点的表述中，正确的说法有(　　)。

A. 征税面积广　　B. 实行超额累进税率
C. 实行按次征收　　D. 实行超率累进税率

2. 下列企业中，属于土地增值税纳税人的有(　　)。

A. 赠予国有企业房产的企业　　B. 出让国有土地使用权的国土局
C. 转让国有土地使用权的企业　　D. 将办公楼用于出租的外国企业

3. 下列项目中，属于土地增值税的纳税人转让房地产取得应税收入的是(　　)。

A. 无形资产收入　　B. 货币收入　　C. 实物收入　　D. 租金收入

4. 计算土地增值税时，下列说法不正确的有(　　)。

A. 房地产开发企业可以取得土地使用权所支付的金额与开发成本之和加扣20%的费用
B. 旧房销售按重置成本价扣除费用计算的价格扣除
C. 所有与转让有关的税金均可作为税金扣除
D. 纳税人转让旧房及建筑物，凡不能取得评估价格，即使能提供购房发票的也实行核定征收

5. 符合下列情形之一的，纳税人应进行土地增值税清算的有(　　)。

A. 房地产开发项目全部竣工、完成销售的
B. 整体转让未竣工决算房地产开发项目的
C. 直接转让土地使用权的
D. 取得销售(预售)许可证满三年仍未销售完毕的

6. 下列行为中，免征土地增值税的有(　　)。

A. 企业转让职工宿舍作为公共租赁住房房源，且增值额未超过扣除项目金额20%
B. 企业以分期收款方式转让房产
C. 房地产开发企业销售其开发的普通标准住宅，其增值额未超过扣除项目金额20%
D. 王某转让一套居住6年的别墅

四、计算操作题

某市外资房地产开发公司2018年和2019年发生以下业务：

(1) 2018年1月份通过竞拍取得市区一处土地的使用权，支付土地出让金600万元，缴纳相关费用140万元。

(2) 以上述土地开发建设普通标准住宅楼和综合楼，普通标准住宅楼和综合楼占地面积比例为1∶3。

(3) 住宅楼开发成本3 000万元，开发费用中分摊到住宅楼利息支出300万元，包括超过贷款期限的利息40万元。

(4) 综合楼开发成本3 800万元（未包括装修费用400万元、包含预提费用200万元），资金全部使用自有资金。

(5) 2019年1月建成后的普通标准住宅楼全部销售，收入总额6 500万元，综合楼销售50%，收入5 000万元。

(6) 综合楼未销售部分与他人联营开设一商场，共同承担经营风险，当年收到分红350万元。

其他相关资料：该房地产公司所在省规定，按土地增值税暂行条例规定的最高限额计算扣除房地产开发费用，城市维护建设税税率为7%，教育费附加税率为3%。

要求：

(1) 根据上述资料和税法的有关规定，计算住宅楼与综合楼各自应纳的土地增值税税额。

(2) 填写《土地增值税纳税申报表(二)(从事房地产开发的纳税人清算适用)》。

五、税收新政策补充

要求同学们登录国家税务总局网站 http://www.chinatax.gov.cn/，查阅2019年7月1日以后发布的关于土地增值税的税收新政策，并简述新政策的主要内容。

项目八

财产税类纳税实务

任务一　车辆购置税纳税实务

【任务目标】

1. 了解车辆购置税的纳税义务人。
2. 掌握车辆购置税的计税依据。
3. 掌握车辆购置税的计算。
4. 了解车辆购置税的税收优惠。

【任务描述】

某汽车贸易公司2019年6月进口11辆小轿车，海关审定的关税完税价格为25万元/辆，当月销售8辆，取得含税销售额240万元；2辆企业自用；1辆用于抵偿债务，合同约定的含税价格为30万元(小轿车的关税税率为15%，消费税税率为9%)。

要求：

1. 计算该公司应缴纳的车辆购置税。
2. 填写《车辆购置税纳税申报表》。

【知识准备】

一、车辆购置税的概念及特点

车辆购置税是以在中国境内购置规定车辆为课税对象、在特定的环节向车辆购置者征收的一种税。它的基本法律依据是2018年12月29日第十三届全国人民代表大会常务委员会第七次会议通过的《中华人民共和国车辆购置税法》。

开征车辆购置税有利于合理筹集建设资金、有利于规范政府行为和有利于调节收入差距。车辆购置税在消费环节对消费应税车辆的使用者征收，能更好地体现两条原则：兼顾公平的原则和纳税能力原则，即高收入者多负税，低收入者少负税，具有较高消费能力的人比一般消费能力的人要多负税。

车辆购置税的特点：

① 征税范围单一。车辆购置税是以购置的特定车辆为课税对象，范围窄，是一种特定财产税。

② 征收环节单一。实行一次课征制，只是在退出流通进入消费领域的特定环节征收。

③ 税率单一。车辆购置税只确定一个统一比例税率征收，计征简便，负担稳定，有利于依法治税。

④ 价外征收，税负不发生转嫁。车辆购置税税额是附加在价格之外的，且纳税人即为负税人，税负不发生转嫁。

二、纳税义务人与征税范围

（一）纳税义务人

车辆购置税的纳税人是指境内购置并使用应税车辆的（各类性质的）单位和个人。其中，购置是指购买使用行为、进口使用行为、受赠使用行为、自产自用行为、获奖使用行为以及以拍卖、抵债、走私、罚没等方式取得并使用的行为。

所称单位，包括国有企业、集体企业、私营企业、股份制企业、外商投资企业、外国企业以及其他企业，事业单位、社会团体、国家机关、部队以及其他单位。所称个人，包括个体工商户及其他个人，既包括中国公民，又包括外国公民。

（二）征税对象与征税范围

车辆购置税以列举的车辆作为征税对象，未列举的车辆不纳税。其征税范围包括汽车、摩托车、电车、挂车、农用运输车，具体规定如下：

1. 汽车

包括各类汽车。

2. 摩托车

① 轻便摩托车：最高设计时速不大于 50 千米/小时，发动机汽缸总排量不大于 50 立方厘米的两个或三个车轮的机动车。

② 二轮摩托车：最高设计车速大于 50 千米/小时，或发动机汽缸总排量大于 50 立方厘米的两个车轮的机动车。

③ 三轮摩托车：最高设计车速大于 50 千米/小时，发动机汽缸总排量大于 50 立方厘米，空车质量不大于 400 千克的三个车轮的机动车。

3. 电车

① 无轨电车：以电能为动力，由专用输电电缆供电的轮式公共车辆。

② 有轨电车：以电能为动力，在轨道上行驶的公共车辆。

4. 挂车

① 全挂车：无动力设备，独立承载，由牵引车辆牵引行驶的车辆。

② 半挂车：无动力设备，与牵引车共同承载，由牵引车辆牵引行驶的车辆。

5. 农用运输车

① 三轮农用运输车：柴油发动机，功率不大于 7.4 千瓦，载重量不大于 500 千克，最高车速不大于 40 千米/小时的三个车轮的机动车。

② 四轮农用运输车：柴油发动机，功率不大于 28 千瓦，载重量不大于 1 500 千克，最高车速不大于 50 千米/小时的四个车轮的机动车。

为了体现税法的统一性、固定性、强制性和法律的严肃性，车辆购置税的征收范围由国务院决定，其他任何部门、单位和个人无权擅自扩大或缩小。

三、税率与计税依据

（一）税率

我国车辆购置税实行统一比例税率，税率为 10%。

（二）计税依据

车辆购置税实行从价定率、价外征收的方法计算应纳税额，应税车辆的价格即计税价格就成为车辆购置税的计税依据。

1. 购买自用应税车辆计税依据的确定

纳税人购买自用的应税车辆的计税依据为纳税人购买应税车辆而支付给销售方的全部价款和价外费用(不含增值税)。

价外费用是指销售方价格之外向购买方收取的基金、集资费、违约金(延期付款利息)和手续费、包装费、储存费、优质费、运输装卸费、保管费以及其他各种性质的收费,但不包括销售方代办保险等而向购买方收取的保险费,以及向购买方收取的代购买方缴纳的车辆购置税、车辆牌照费。

计税价格=(含增值税的全部价款+价外费用)÷(1+增值税税率或征收率)

2. 进口自用应税车辆计税依据的确定

计税价格=关税完税价格+关税+消费税

进口自用应税车辆计征车辆购置税的计税依据,与进口方计算增值税的计税依据一致。也可以用以下公式计算:

计税价格=(关税完税价格+关税)÷(1-消费税税率)

提示

如果进口车辆是不属于消费税征税范围的大卡车、大客车,则组成计税价格公式可简化为:

计税价格=关税完税价格+关税

3. 其他自用应税车辆计税依据的确定

现行政策规定,纳税人自产、受赠、获奖和以其他方式取得并自用的应税车辆的计税依据,凡不能或不能准确提供车辆价格的,由主管税务机关依国家税务总局核定的、相应类型的应税车辆的最低计税价格确定。

国家税务总局未核定最低计税价格的车辆,计税依据为纳税人提供的有效价格证明注明的价格。有效价格证明注明的价格明显偏低的,主管税务机关有权核定应税车辆的计税价格。

下列车辆的计税价格为纳税人提供的有效价格证明注明的价格。纳税人无法提供有效价格证明的,主管税务机关有权核定应税车辆的计税价格:

① 进口旧车。

② 因不可抗力因素导致受损的车辆。

③ 库存超过3年的车辆。

④ 行驶8万千米以上的试验车辆。

⑤ 国家税务总局规定的其他车辆。

免税条件消失的车辆,自初次办理纳税申报之日起,使用年限未满10年的,计税价格以免税车辆初次办理纳税申报时确定的计税价格为基准,每满1年扣减10%;未满1年的,计税价格为免税车辆的原计税价格;使用年限10年(含)以上的,计税价格为0。

计税依据=原计税价格×(1-已使用年限×10%)×100%

四、车辆购置税应纳税额的计算

车辆购置税实行从价定率的方法计算应纳税额，计算公式为：

应纳税额＝计税依据×税率

由于应税车辆的来源、应税行为的发生以及计税依据组成的不同，因而，车辆购置税应纳税额的计算方法也有区别。

（一）购买自用应税车辆应纳税额的计算

在应纳税额的计算当中，应注意以下费用的计税规定：

① 购买者随购买车辆支付的工具件和零部件价款应作为购车价款的一部分，并入计税依据中征收车辆购置税。

② 支付的车辆装饰费应作为价外费用并入计税依据中计税。

③ 销售单位开展优质销售活动所开票收取的有关费用，应属于经营性收入。企业在代理过程中按规定支付给有关部门的费用，企业已作经营性支出列支核算，其收取的各项费用并在一张发票上难以划分的，应作为价外收入计算征税。

④ 销售单位开给购买者的各种发票金额中包含增值税税款，因此，计算车辆购置税时，应换算为不含增值税的计税价格。

⑤ 购买者支付的控购费，是政府部门的行政性收费，不属于销售者的价外费用范围，不应并入计税价格计税。

⑥ 代收款项应区别征税。凡使用代收单位（受托方）票据收取的款项，应视作代收单位价外收费，购买者支付的价费款应并入计税依据中一并征税；凡使用委托方票据收取，受托方只履行代收义务和收取代收手续费的款项，应按其他税收政策规定征税。

学中做8-1

2019年5月，王某从汽车4S店（增值税一般纳税人）购置了一辆排气量为1.8升的乘用车，支付购车款（含增值税）226 000元并取得普通发票，支付代收保险费5 000元并取得保险公司开具的票据，支付购买工具件价款（含增值税）1 000元并取得汽车4S店开具的普通发票。

要求：计算王某应缴纳的车辆购置税。

解析：

王某应缴纳的车辆购置税＝（226 000＋1 000）÷（1＋13%）×10%＝20 088.50（元）。

（二）进口自用应税车辆应纳税额的计算

应纳税额＝（关税完税价格＋关税＋消费税）×税率

（三）其他自用应税车辆应纳税额的计算

纳税人自产自用、受赠使用、获奖使用和以其他方式取得并自用应税车辆的，凡不能取得该型车辆的购置价格，或者低于最低计税价格的，以国家税务总局核定的最低计税价格作为计税依据计算征收车辆购置税：

应纳税额＝最低计税价格×税率

学中做8-2

某汽车制造厂将排量为2.0升的自产A型汽车4辆转作固定资产，3辆对外抵偿债务，3辆奖励给企业优秀员工。A型汽车不含税售价为192 000元，国家税务总局核定的最低计税价格为190 000元。另外，一辆已缴纳车辆购置税的汽车因交通事故更换底盘，国家税务总局核定的同型号新车最低计税价格为260 000元。

要求：计算该汽车制造厂应纳的车辆购置税。

解析：

应纳车辆购置税＝190 000×4×10%＋260 000×70%×10%＝94 200(元)。

（四）特殊情形下自用应税车辆应纳税额的计算

1. 减税、免税条件消失车辆应纳税额的计算

对减税、免税条件消失的车辆，纳税人应按现行规定，在办理车辆过户手续前或者办理变更车辆登记注册手续前应向税务机关缴纳车辆购置税。

应纳税额＝同类型新车最低计税价格×［1－(已使用年限÷规定使用年限)］×100%×税率

应纳税额＝初次申报时计税价格×(1－已使用年限×10%)×税率

学中做8-3

回国服务留学人员赵某于2013年2月10日用现汇购买了一辆个人自用国产小汽车，该车规定使用年限为10年，2015年3月，赵某将该车转让给宋某，转让价为138 000元，并于3月10日办理了车辆过户手续。已知该小汽车初次办理纳税申报时确定的计税价格为180 000元。

要求：计算宋某应纳的车辆购置税。

解析：

宋某应纳车辆购置税＝180 000×(1－2×10%)×10%＝14 400(元)。

2. 未按规定纳税车辆应补税额的计算

纳税人未按规定纳税的，应按现行政策规定的计税价格，区分情况分别确定征税。不能提供购车发票和有关购车证明资料的，检查地税务机关应按同类型应税车辆的最低计税价格征税；如果纳税人回落籍地后提供的购车发票金额与支付的价外费用之和高于核定的最低计税价格，落籍地主管税务机关还应对其差额计算补税。

应纳税额＝最低计税价格×税率

五、税收优惠

我国车辆购置税实行法定减免，减免税范围的具体规定是：

① 外国驻华使馆、领事馆和国际组织驻华机构及其外交人员自用车辆免税。

② 中国人民解放军和中国人民武装警察部队列入军队武器装备订货计划的车辆免税。

③ 设有固定装置的非运输车辆免税，不包括自卸式垃圾车、载运人员和物品的专用运输车辆。

④ 购置列入《新能源汽车车型目录》的新能源汽车免征车辆购置税。

⑤ 城市公交企业购置的公共汽电车辆免征车辆购置税。

⑥ 对部分特殊用途车辆实行免税指标管理。包括“母亲健康快车”项目流动医疗车辆、防汛专用车辆、森林消防专用车辆。

⑦ 长期来华定居专家进口 1 辆自用小汽车免征车辆购置税。

⑧ 农用三轮运输车免税。

⑨ 回国服务的留学人员用现汇购买 1 辆自用国产小汽车。

纳税人已经缴纳车辆购置税但在办理车辆登记手续前，因下列原因需要办理退还车辆购置税的，由纳税人申请，征收机构审查后办理退还车辆购置税手续：

① 公安机关车辆管理机构不予办理车辆登记注册手续的，凭公安机关车辆管理机构出具的证明办理退税手续。

② 因质量等原因发生退回所购车辆的，凭经销商的退货证明办理退税手续。

③ 车辆退回生产企业或者经销商的，纳税人申请退税时，主管税务机关自纳税人办理纳税申报之日起，按已缴纳税款每满 1 年扣减 10％计算退税额；未满 1 年的，按已缴纳税款全额退税。

六、征收管理

车辆购置税实行一车一申报制度。纳税人在办理纳税申报时应如实填写《车辆购置税纳税申报表》，同时提供车主身份证明、车辆价格证明、车辆合格证明及税务机关要求提供的其他资料的原件和复印件，经车购办审核后，由税务机关保存有关复印件。

车辆购置税的征税环节为使用环节，即最终消费环节。具体而言，纳税人应当在向公安机关等车辆管理机构办理车辆登记注册手续前，缴纳车辆购置税。

纳税人购置应税车辆，应当向车辆登记注册地的主管税务机关申报纳税；购置不需办理车辆登记注册手续的应税车辆，应当向纳税人所在地主管税务机关申报纳税。车辆登记注册地是指车辆的上牌落籍地或落户地。

纳税人购买自用的应税车辆，自购买之日起60日内申报纳税；进口自用的应税车辆，应当自进口之日起60日内申报纳税；自产、受赠、获奖和以其他方式取得并自用的应税车辆，应当自取得之日起60日内申报纳税。

这里的"购买之日"是指纳税人购车发票上注明的销售日期；"进口之日"是指纳税人报关进口的当天。

车辆购置税的税款缴纳方法主要有以下几种：

① 自报核缴，即由纳税人自行计算应纳税额，自行填报纳税申报表有关资料，向主管税务机关申报，经税务机关审核后，开具完税证明，由纳税人持完税凭证向当地金库或金库经收处缴纳税款。

② 集中征收缴纳，包括两种情况：一是由纳税人集中向税务机关统一申报纳税。它适用于实行集中购置应税车辆的单位缴纳和经批准实行代理制经销商的缴纳。二是由税务机关集中报缴税款。即在纳税人向实行集中征收的主管税务机关申报缴纳税款，税务机关开具完税凭证后，由税务机关填写汇总缴款书，将税款集中缴入当地金库或金库经收处。它适用于税源分散、税额较少、税务部门实行集中征收管理的地区。

③ 代征、代扣、代收，即扣缴义务人按税法规定代扣代缴、代收代缴税款，税务机关委托征收单位代征税款的征收方式。它适用于税务机关委托征收或纳税人依法受托征收税款。

【任务操作】

根据本任务的描述，计算该公司应缴纳的车辆购置税并填写《车辆购置税纳税申报表》。

操作步骤：

第一步，计算该公司应缴纳车辆购置税。

虽然该贸易公司进口小轿车11辆，但是只对其自用的2辆征收车辆购置税。当月销售和抵债的小轿车由取得小轿车自用的一方纳税，不由汽车贸易公司纳税。

应缴纳车辆购置税＝25×(1＋15％)÷(1－9％)×10％×2＝6.318(万元)。

第二步，填写《车辆购置税纳税申报表》，详见表8.1。

表 8.1　车辆购置税纳税申报表

填表日期：　　年　　月　　日　　　　行业代码：　　　　注册类型代码：

纳税人名称：　　　　　　　　　　　　　　　　　　　　　　金额单位：元

<table>
<tr><td>纳税人证件名称</td><td colspan="3"></td><td colspan="4">证件号码</td><td colspan="4"></td></tr>
<tr><td>联系电话</td><td></td><td colspan="2">邮政编码</td><td colspan="2"></td><td colspan="3">地址</td><td colspan="3"></td></tr>
<tr><td colspan="12">车辆基本情况</td></tr>
<tr><td>车辆类别</td><td colspan="11">1. 汽车□；2. 摩托车□；3. 电车□；4. 挂车□；5. 农用运输车□</td></tr>
<tr><td>生产企业名称</td><td colspan="5"></td><td colspan="4">厂牌型号</td><td colspan="2"></td></tr>
<tr><td>车辆识别代号
（车架号码）</td><td colspan="5"></td><td colspan="4">发动机号码</td><td colspan="2"></td></tr>
<tr><td colspan="12">车辆购置信息</td></tr>
<tr><td>机动车销售统一
发票（或有效凭证）
号码</td><td colspan="2"></td><td colspan="3">机动车销售统一
发票（或有效凭证）
价格</td><td colspan="3">250 000</td><td colspan="2">价外费用</td><td></td></tr>
<tr><td>关税完税价格</td><td colspan="2">250 000</td><td colspan="3">关税</td><td colspan="3">37 500</td><td colspan="2">消费税</td><td>28 400</td></tr>
<tr><td>购置日期</td><td colspan="5"></td><td colspan="4">免（减）税条件</td><td colspan="2"></td></tr>
<tr><td>申报计税价格</td><td>计税价格</td><td colspan="2">税率</td><td colspan="3">应纳税额</td><td colspan="3">免（减）税额</td><td colspan="2">实纳税额</td></tr>
<tr><td>315 900</td><td>315 900</td><td colspan="2">10%</td><td colspan="3">31 590</td><td colspan="3"></td><td colspan="2">31 590</td></tr>
<tr><td colspan="5">申报人声明</td><td colspan="7">授权声明</td></tr>
<tr><td colspan="5">此纳税申报表是根据《中华人民共和国车辆购置税暂行条例》、《车辆购置税征收管理办法》的规定填报的，是真实、可靠、完整的。

声明人（签名或盖章）：</td><td colspan="7">如果您已委托代理人办理申报，请填写以下资料：
为代理车辆购置税涉税事宜，现授权（　　　）为本纳税人的代理申报人，任何与本申报表有关的往来文件，都可交予此人。

授权人（签名或盖章）：</td></tr>
<tr><td rowspan="5">纳税人签名或盖章</td><td colspan="9">如委托代理人的，代理人应填写以下各栏</td><td colspan="2" rowspan="5">代理人
（签名或盖章）</td></tr>
<tr><td>代理人名称</td><td colspan="8"></td></tr>
<tr><td>经办人姓名</td><td colspan="8"></td></tr>
<tr><td>经办人
证件名称</td><td colspan="8"></td></tr>
<tr><td>经办人
证件号码</td><td colspan="8"></td></tr>
<tr><td colspan="5">接收人：
接收日期：</td><td colspan="7">主管税务机关（章）：</td></tr>
<tr><td colspan="12">备注：</td></tr>
</table>

【任务练习】

一、思考题

1. 简述车辆购置税与车船税的区别。
2. 简述车辆购置税的完税价格组成。

二、单项选择题

1. 按照《中华人民共和国车辆购置税暂行条例》的规定,下列车辆不属于车辆购置税征收范围的是(　　)。

A. 电车　　B. 挂车　　C. 自行车　　D. 农用运输车

2. 回国服务留学人员赵某2017年1月10日用现汇购买了一辆个人自用国产小汽车,机动车销售统一发票注明金额为235 800元。2019年1月赵某将该车转让给宋某,转让价为13 800元,并于1月10日办理了车辆过户手续。国家税务总局最新核定该型车辆的车辆购置税最低计税价格为180 000元。宋某应纳车辆购置税(　　)元。

A. 11 794.87　　B. 14 400　　C. 18 000　　D. 20 153.85

3. 2019年6月,李某从某汽车4S店(一般纳税人)购入一辆排气量为2.0升的轿车自用,支付含税价款452 000元,另支付零配件价款4 000元、车辆装饰费750元;4S店代收临时牌照费150元、代收保险费3 000元。4S店对代收临时牌照费和代收保险费均提供委托方票据,其他价款统一由4S店开具增值税普通发票。李某应缴纳车辆购置税(　　)元。

A. 40 405.98　　B. 40 475.00　　C. 40 675.21　　D. 40 420.35

4. 车辆购置税的纳税环节是(　　)。

A. 销售和使用环节　　B. 生产环节
C. 零售环节　　D. 登记注册前的使用环节

三、多项选择题

1. 下列关于车辆购置税的陈述,不正确的是(　　)。

A. 征收单位包括国有企业、集体企业、私营企业、股份制企业,也含外商投资企业、外国企业和党政机关等
B. 纳税人购买自用应税车辆的,应当自上牌照之日起60日内申报纳税
C. 车辆购置税以列举的车辆作为征税对象,未列举的车辆不纳税
D. 个人,包括个体工商户及其他个人,包括中国公民,但不包括外国公民

2. 下列关于车辆购置税的相关规定,正确的有(　　)。

A. 农用运输车不用缴纳车辆购置税
B. 车辆购置税是在应税车辆办理车辆登记注册手续前征收
C. “购买之日”是指纳税人购车发票上注明的销售日期
D. 纳税人购买自用的应税车辆,自购买之日起30天内申报纳税

3. 根据《中华人民共和国车辆购置税暂行条例》的规定，下列车辆中可以减免车辆购置税的有(　　)。

A. 武警部队购买的列入武器装备订货计划的车辆

B. 长期来华定居专家进口的1辆自用小汽车

C. 在外留学人员购买的1辆自用进口小汽车

D. 森林消防部门用于指挥、检查、调度、联络的设有固定装置的指定型号车辆

4. 车辆购置税的缴税方法有(　　)。

A. 代征、代扣、代收

B. 由纳税人集中向税务机关统一申报纳税

C. 自报核缴

D. 由税务机关集中报缴税款

四、税收新政策补充

要求同学们登录国家税务总局网站 http://www.chinatax.gov.cn/，查阅2019年7月1日以后发布的关于车辆购置税的税收新政策，并简述新政策的主要内容。

任务二　车船税纳税实务

【任务目标】

1. 掌握车船税的征税范围。
2. 掌握车船税的税额计算。

【任务描述】

某船运公司2019年度拥有旧机动船10艘，每艘净吨位1 500吨；拥有拖船2艘，每艘发动机功率500马力。该公司机动船舶适用的年税额为净吨位201～2 000吨的，每吨4元。

要求：

1. 计算该公司2019年度应缴纳的车船税。
2. 填写《车船税纳税申报表》。

【知识准备】

一、车船税的概念及特点

车船税是指在中华人民共和国境内的车辆、船舶的所有人或者管理人按照中华人民共

和国车船税暂行条例应缴纳的一种税。它的基本法律依据有 2011 年 2 月 25 日第十一届全国人民代表大会常务委员会第十九次会议通过的《中华人民共和国车船税法》和《中华人民共和国车船税法实施条例》(2011 年国务院令第 611 号)等。

车船税的开征有利于加强对车船使用的管理,提高利用效率;有利于调节财富分配,体现社会公平;有利于筹集财政资金,促进交通运输业的发展。

其主要特点有:

① 车船税是对依法应当在我国车船管理部门登记的车船所征收的一种税,具有财产税的特点。

② 征收环节单一。车船税在车船的保有环节纳税。

③ 实行分类、分级(项)定额税率,计征简便,负担稳定,有利于依法治税。

④ 车船税按年申报,分月计算,一次性缴纳。

二、纳税义务人与征税范围

(一) 纳税义务人

车船税的纳税义务人是指在中华人民共和国境内的车辆、船舶(以下简称车船)的所有人或者管理人。

(二) 征税范围

车船税的征收范围是指依法应当在我国车船管理部门登记的车船(除规定减免的车船外)。

① 车辆,包括机动车辆和非机动车辆。机动车辆,指依靠燃油、电力等能源作为动力运行的车辆,如汽车、拖拉机、无轨电车等;非机动车辆,指依靠人力、畜力运行的车辆,如三轮车、自行车、畜力驾驶车等。

② 船舶,包括机动船舶和非机动船舶。机动船舶,指依靠燃料等能源作为动力运行的船舶,如客轮、货船、气垫船等;非机动船舶,指依靠人力或者其他力量运行的船舶,如木船、帆船、舢板等。

境内单位和个人租入外国籍船舶的,不征收车船税。境内单位将船舶出租到境外的,应依法征收车船税。

三、税目与税率

(一) 税目

车船税税目(表 8.2)分为 5 大类,包括乘用车、商用车、其他车辆、摩托车和船舶。

乘用车为核定载客人数 9 人(含)以下的车辆。

商用车包括客车和货车，其中客车为核定载客人数9人(含)以上的车辆(包括电车)，货车包括半挂牵引车、挂车、客货两用汽车、三轮汽车和低速载货汽车等。

其他车辆包括专用作业车和轮式专用机械车等(不包括拖拉机)。

船舶包括机动船舶、非机动驳船、拖船和游艇。

(二) 税率

车船税采用定额税率，又称固定税额。

车船税税目、税额表如表8.2所示。

表8.2　车船税税目、税额表

税目		计税单位	年基准税额(元)	备注
乘用车(按发动机气缸容量排气量分档)	1.0升(含)以下的	每辆	60～360	核定载客人数9人(含)以下
	1.0升以上至1.6升(含)的		300～540	
	1.6升以上至2.0升(含)的		360～660	
	2.0升以上至2.5升(含)的		660～1 200	
	2.5升以上至3.0升(含)的		1 200～2 400	
	3.0升以上至4.0升(含)的		2 400～3 600	
	4.0升以上的		3 600～5 400	
商用车	客车	每辆	480～1440	核定载客人数9人以上(包括电车)
	货车	整备质量每吨	16～120	1. 包括半挂牵引车、挂车、三轮汽车和低速载货汽车等; 2. 挂车按照货车税额的50%计算
其他车辆	专用作业车	整备质量每吨	16～120	不包括拖拉机
	轮式专用机械车	整备质量每吨	16～120	
摩托车		每辆	36～180	
船舶	机动船舶	净吨位每吨	3～6	拖船、非机动驳船分别按照机动船舶税额的50%计算;游艇的税额另行规定
	游艇	艇身长度每米	600～2 000	

四、车船税的计税依据和应纳税额的计算

(一) 计税依据

车船税以车船的计税单位数量为计税依据。《中华人民共和国车船税法》按车船的种类

和性能，分别确定每辆、整备质量、净吨位每吨和艇身长度每米为计税单位。具体如下：

① 乘用车、商用客车和摩托车，以辆数为计税依据。

② 商用货车、专用作业车和轮式专用机械车，以整备质量吨位数为计税依据。

③ 机动船舶、非机动驳船、拖船，以净吨位数为计税依据。游艇以艇身长度为计税依据。

（二）应纳税额的计算

① 车船税各税目应纳税额计算公式为：

乘用车、客车和摩托车的应纳税额＝辆数×适用年基准税额

货车、专用作业车和轮式专用机械车的应纳税额＝整备质量吨位数×适用年基准税额

机动船舶的应纳税额＝净吨位数×适用年基准税额

拖船和非机动驳船的应纳税额＝净吨位数×适用年基准税额×50%

游艇的应纳税额＝船身长度×适用年基准税额

② 购置的新车船，购置当年的应纳税额自纳税义务发生的当月起按月计算计算公式为：

应纳税额＝适用年基准税额÷12×应纳税月份数

应纳税月份数＝12－纳税义务发生时间(取月份)＋1

③ 在一个纳税年度内，已完税的车船被盗抢、报废、灭失的，纳税人可以凭有关管理机关出具的证明和完税证明，向纳税所在地的主管税务机关申请退还自被盗抢、报废、灭失月份起至该纳税年度终了期间的税款。

④ 已办理退税的被盗抢车船，失而复得的，纳税人应当从公安机关出具相关证明的当月起计算缴纳车船税。

⑤ 在一个纳税年度，纳税人在非车辆登记地由保险机构代收代缴机动车车船税，且能够提供合法有效完税证明的，纳税人不再向车辆登记地的地方税务机关缴纳车辆车船税。

⑥ 已缴纳车船税的车船在同一纳税年度内办理转让过户的，不另纳税，也不退税。

学中做8-4

某单位2019年4月3日购买奥迪轿车1辆。该省规定该排量乘用车每辆年税额为600元。

要求：该单位这辆轿车当年应纳车船税多少元？

解析：

应纳车船税＝600÷12×9(月份数)＝450(元)。

学中做8-5

某船运公司2019年拥有机动船4艘，每艘净吨位为3 000吨；拖船1艘，发动机功率为1 500千瓦。机动船舶车船税年单位税额为：净吨位201吨至2 000吨的，每吨4元；净吨位为2 001吨至10 000吨的，每吨5元。

要求：该船运公司2019年应缴纳车船税多少元？

解析：

应纳车船税＝3 000×4×5＋1 500×0.67×4×50%＝62 010(元)。

五、税收优惠

（一）法定减免

① 捕捞、养殖渔船，是指在渔业船舶管理部门登记为捕捞船或者养殖船的船舶。

② 军队、武装警察部队专用的车船，是指按照规定在军队、武装警察部队车船管理部门登记，并领取军队、武警牌照的车船。

③ 警用车船，是指公安机关、国家安全机关、监狱、劳动教养管理机关和人民法院、人民检察院领取警用牌照的车辆和执行警务的专用船舶。

④ 依照法律规定应当予以免税的外国驻华使领馆、国际组织驻华代表机构及其有关人员的车船。

⑤ 对节约能源的减半征收车船税、对使用新能源的车船免征车船税；对受严重自然灾害影响纳税困难以及有其他特殊原因确需减税、免税的，可以减征或者免征车船税。节约能源、使用新能源的车辆包括纯电动汽车、燃料电池汽车和混合动力汽车。

a. 纯电动商用车、燃料电池商用车和插电式混合动力汽车免征车船税。

b. 其他混合动力汽车按照同类车辆适用税额减半征税。

⑥ 省、自治区、直辖市人民政府根据当地实际情况，可以对公共交通车船，农村居民拥有并主要在农村地区使用的摩托车、三轮汽车和低速载货汽车定期减征或者免征车船税。

（二）特定减免

经批准临时入境的外国车船和香港特别行政区、澳门特别行政区、台湾地区的车船，不征收车船税。

六、征收管理

车船税按年申报，分月计算，一次性缴纳。纳税年度为公历1月1日至12月31日。车船税按年申报缴纳。具体纳税申报期限由省、自治区、直辖市人民政府规定。

车船税纳税义务发生时间为取得车船所有权或者管理权的当月，即为购买车船的发票或者其他证明文件所载日期的当月。对于在国内购买的机动车，购买日期以《机动车销售统一发票》所载日期为准；对于进口机动车，购买日期以《海关关税专用缴款书》所载日期为准；对于购买的船舶，以购买船舶的发票或者其他证明文件所载日期的当月为准。

车船税的纳税地点为车船的登记地或者车船税扣缴义务人所在地。依法不需要办理登记的车船，车船税的纳税地点为车船的所有人或者管理人所在地。

【任务操作】

根据本任务的描述，计算该公司 2019 年应纳的车船税并填写《车船税纳税申报表》。

操作步骤：

第一步，计算该公司 2019 年应纳的车船税。

拖船按照发动机功率每 2 马力折合净吨位 1 吨，拖船按照机动船舶税额的 50%计算。

应缴纳的车船税＝10×1 500×4＋2×500×50%×4×50%＝61 000(元)。

第二步，填写《车船税纳税申报表》，详见表 8.3。

【任务练习】

一、思考题

1. 简述车船税的纳税义务人与征税范围。
2. 简述车船税的计税依据。

二、单项选择题

1. 下列关于车船税的说法，正确的是(　　)。

A. 只对国内企业、单位和个人征收

B. 只就使用的车辆征税，不使用的车辆不征税

C. 如果拥有车辆、船舶的所有人或管理人未缴纳车船税，则应由使用人缴纳

D. 专项作业车不属于车船税的征税范围

2. 某企业 2014 年有净吨位为 500 吨的机动船 6 艘，自重吨位为 8 吨的载货汽车 10 辆，小轿车 2 辆，2014 年 6 月购入并在车船管理部门登记的小型货车 1 辆，自重吨位为 9.2 吨。净吨位为 500 吨的机动船全年税额为每吨 4 元，载货汽车每吨全年税额 72 元，小轿车每辆全年税额 420 元。该企业 2014 年应缴纳的车船税额是(　　)。

A. 19 520 元　　B. 18 999 元　　C. 11 320 元　　D. 11 240 元

3. 下列表述不符合车船税征税现行规定的是(　　)。

A. 外国驻华使馆免予缴纳车船税

B. 对车辆自重尾数在半吨以下的，不计车船税

C. 拖船按照发动机功率每 2 马力折合净吨位 1 吨计算征收车船税

D. 不需要在车船管理部门登记的车船不征车船税

表 8.3 车船税纳税申报表

税款所属期限：自 年 月 日至 年 月 日 填表日期： 年 月 日 金额单位：元(列至角分)

纳税人识别号 □□□□□□□□□□□□□□□□□□□□

纳税人名称							纳税人身份证照类型						
纳税人身份证照号码							居住(单位)地址						
联系人							联系方式						
序号	(车辆)号牌号码/(船舶)登记号码	车船识别代码(车架号/船舶识别号)	征收品目	计税单位	计税单位的数量	单位税额	年应缴税额	本年减免税额	减免性质代码	减免税证明号	当年应缴税额	本年已缴税额	本期年应补(退)税额
	1	2	3	4	5	6	7=5×6	8	9	10	11=7-8	12	13=11-12
			机动船	吨	15 000	4	60 000						
			拖船	吨	500	2	1 000						
							61 000						
合计	—	—	—	—	—	—			—	—			
申报车辆总数(辆)							申报船舶总数(艘)						

以下由申报人填写：

纳税人声明	此纳税申报表是根据《中华人民共和国车船税法》和国家有关税收规定填报的，是真实的、可靠的、完整的。				
纳税人签章		代理人签章		代理人身份证号	

以下由税务机关填写：

受理人		受理日期	年 月 日	受理税务机关签章	

本表一式两份，一份纳税人留存，一份税务机关留存。

三、多项选择题

1. 下列对车船税额的特殊规定中，正确的是（　　）。
   A. 对车辆自重尾数未超过0.5吨者，按0.5吨计算
   B. 船舶净吨位尾数在0.5吨以下者，按0.5吨计算；超过0.5吨者，按1吨计算
   C. 对车辆自重尾数超过0.5吨者，按1吨计算
   D. 船舶净吨位尾数在0.5吨以下者，免算；超过0.5吨者，按1吨计算
2. 下列各类车船中，可以享受车船税减免税优惠政策的有（　　）。
   A. 非机动车船
   B. 专项作业车
   C. 在农业机械部门登记为拖拉机的车辆
   D. 捕捞渔船
3. 下列关于车船税的陈述，正确的有（　　）。
   A. 境外机动车临时入境而购买短期交强险，当年应纳车船税的月份数为交强险的有效起始日期的当月至截止日期当月的月份数
   B. 对于已经向税务机构缴税的车辆，保单中的“当年应缴”项目为0
   C. 对于税务机构已经批准减税的机动车，保单中的“当年应缴”项目应根据减税前的应纳税额扣除减税幅度确定
   D. 机动车距报废期限不足一年的，其当年也应该按整年计算缴纳

四、税收新政策补充

要求同学们登录国家税务总局网站 http://www.chinatax.gov.cn/，查阅2019年7月1日以后发布的关于车船税的税收新政策，并简述新政策的主要内容。

任务三　契税纳税实务

【任务目标】

1. 了解契税的纳税人。
2. 掌握契税征税对象和征税范围。
3. 了解契税的税收优惠。

【任务描述】

居民甲某共有三套房产，2019年将第一套市价为80万元的房产与乙某进行房屋交换，

并支付给乙某15万元；将第二套市价为60万元的房产折价给丙某，抵偿了50万元的债务；将第三套市价为30万元的房产作股投入本人独资经营的企业。若当地确定的契税税率为3%。

要求：

1. 计算甲某应缴纳的契税额。
2. 填写《契税纳税申报表》。

【知识准备】

一、契税的概念及特点

契税是以中华人民共和国境内转移土地、房屋权属为征税对象，向产权承受人征收的一种财产税。它的基本法律依据有《中华人民共和国契税暂行条例》（国务院令第224号）和《中华人民共和国契税暂行条例细则》（财法字〔1997〕52号）。

契税与其他税种相比较，主要有以下几个特点：

① 税收负担的特殊性。契税由土地、房屋权属发生转移时的承受人负担，与一般税负由销售者承担有所不同。由不动产承受人承担税负，主要目的在于承认不动产权属转移生效，保护承受人的合法权益。

② 征税对象的转移性。契税虽以土地、房屋为征税对象，但只在其权属发生转移时才征税。如果土地、房屋权属不发生转移，则不征税。

③ 计税依据的差别性。契税因土地、房屋权属转移方式不同，其计税依据存在着差别，可能是土地、房屋的成交价格，也可能是市场价格或价格差额。

二、征税对象和征税范围

（一）契税的纳税义务人

契税的纳税义务人是境内转移土地、房屋权属时承受的单位和个人。“承受”是指以受让、购买、受赠、交换等方式取得土地、房屋权属的行为。土地、房屋权属，是指土地使用权和房屋所有权；“单位”是指企业单位、事业单位、国家机关、军事单位和社会团体以及其他组织；“个人”是指个体经营者和其他个人。

（二）契税的征税范围

契税的征税范围是境内转移土地、房屋权属，具体包括以下五项内容：

1. 国有土地使用权出让

国有土地使用权出让是指土地使用者向国家交付土地使用权出让费用，国家将国有土地使用权在一定年限内让与土地使用者的行为。

2. 土地使用权的转让

使用权的转让是指土地使用者以出售、赠予、交换或者将土地使用权转移给其他单位和个人的行为。土地使用权的转让不包括农村集体土地承包经营权的转移。

3. 房屋买卖

房屋买卖是指房屋所有人将其房屋出售，由承受者交付货币、实物、无形资产或者其他经济利益的行为。

以下几种情况视同房屋买卖：

① 以房产抵债或实物交换房屋。

② 以房产作投资或作股权转让。

③ 买房拆料或翻新新房，应照章征收契税。

4. 房屋赠予

房屋赠予是指房屋产权所有者将房屋无偿转让给受赠者的行为。

5. 房屋交换

房屋交换是指房屋所有者之间互相交换房屋的行为。其价值不相等的，按超出部分由支付差价方缴纳契税。

6. 承受国有土地使用权支付的土地出让金

对承受国有土地使用权所支付的土地出让金，要计征契税，不得因减免土地出让金而减免契税。

三、契税的计税依据、税率和应纳税额的计算

（一）契税的计税依据

契税的计税依据是土地、房屋权属发生转移时的成交价格、市场价格或价格差额，具体如下：

① 国有土地使用权出让、土地使用权出售、房屋买卖，以成交价格为计税依据。这里的成交价格，是指土地、房屋权属转移合同确定的价格，包括承受者应交付的货币、实物、无形资产或者其他经济利益。

② 土地使用权赠予、房屋赠予，由征收机关参照土地使用权出售、房屋买卖的市场价格核定。

③ 土地使用权交换、房屋交换、土地使用权与房屋所有权交换，为所交换的土地使用权、房屋的价格的差额。如交换价格相等，没有差额，就不征税；如交换价格不相等，则由多交付货币、实物、无形资产或者其他经济利益的一方缴纳税款。

④ 以划拨方式取得土地使用权，经批准转让房地产时，由房地产转让者补交契税。计税依据为补交的土地使用权出让费用或者土地收益。

为了避免偷、逃税款，税法规定，成交价格明显低于市场价格并且无正当理由的，或者所交换土地使用权、房屋的价格的差额明显不合理并且无正当理由的，征收机关可以参照市场

价格核定计税依据。

⑤ 房屋附属设施征收契税的依据：

a. 采取分期付款方式购买房屋附属设施土地使用权、房屋所有权的，应按合同规定的总价款计征契税。

b. 承受的房屋附属设施权属如为单独计价的，应按照当地确定的适用税率征收契税；如与房屋统一计价的，适用于房屋相同的契税税率。

⑥ 个人无偿赠予不动产行为(法定继承人以外)，应对受赠人全额征收契税。

提示

① 等价交换房屋土地权属的免征契税，交换价格不等时，由多交付货币、实物、无形资产或者其他经济利益的一方缴纳契税。

② 以划拨方式取得土地使用权，经批准转让房地产时，由房地产转让者补缴契税。计税依据为补缴的土地使用权出让费用或者土地收益。

（二）契税的税率

契税实行3%～5%的幅度比例税率。具体税率由各省、自治区、直辖市人民政府按照本地区的实际情况在规定的幅度内确定并报财政部和国家税务总局备案。

（三）契税应纳税额的计算

应纳税额的计算公式为：

应纳税额＝计税依据×税率

学中做8-6

居民乙因拖欠居民甲180万元的款项无力偿还，2019年6月经当地有关部门调解，以房产抵偿该笔债务，居民甲因此取得该房产的产权并支付给居民乙差价款20万元。假定当地省政府规定的契税税率为5%。

要求：计算甲需要缴纳的契税。

解析：契税的纳税人为承受房产权利的人，所以应该是居民甲缴纳契税。由于该房产是用180万元债权外加20万元款项构成的，故计税依据视为200万元。

应纳契税＝(180＋20)×5%＝10(万元)。

四、契税的税收优惠

① 国家机关、事业单位、社会团体、军事单位承受土地、房屋用于办公、教学、医疗、科研

和军事设施的,免征契税。

② 城镇职工按规定第一次购买公有住房的,免征契税。

③ 因不可抗力灭失住房而重新购买住房的,酌情准予减征或者免征契税。

④ 土地、房屋被县级以上人民政府征用、占用后,重新承受土地、房屋权属的,是否减征或者免征契税,由省、自治区、直辖市人民政府确定。

⑤ 纳税人承受荒山、荒沟、荒丘、荒滩土地使用权,用于农、林、牧、渔业生产的,免征契税。

⑥ 依照我国有关法律规定以及我国缔结或参加的双边和多边条约或协定的规定应当予以免税的外国驻华使馆、领事馆、联合国驻华机构及其外交代表、领事官员和其他外交人员承受土地、房屋权属的,经外交部确认,可以免征契税。

经批准减征、免征契税的纳税人,改变有关土地、房屋的用途的,就不再属于减征、免征契税范围,并且应当补缴已经减征、免征的税款。

五、契税的征收管理

契税的纳税义务发生时间,为纳税人签订土地、房屋权属转移合同的当天,或者纳税人取得其他具有土地、房屋权属转移合同性质凭证的当天。这里的“其他”是指具有合同效力的契约、协议、合约、单据、确认书以及由省、自治区、直辖市人民政府确定的其他凭证。

纳税人应当自纳税义务发生之日起 10 日内,向土地、房屋所在地的契税征收机关办理纳税申报,并在契税征收机关核定的期限内缴纳税款。

纳税人办理纳税事宜后,征税机关应向纳税人开具契税完税凭证。纳税人持契税完税凭证和其他规定的文件材料,依法向土地管理部门、房产管理部门办理有关土地、房屋的权属变更登记手续。土地管理部门和房产管理部门应向契税征收机关提供有关资料,并协助契税征收机关依法征收契税。

【任务操作】

根据本任务的描述,计算甲某应缴纳的契税额并填写《契税纳税申报表》。

操作步骤:

第一步,计算甲某应缴纳的契税额。

以房屋抵债的,承受房屋的丙某缴纳契税,甲某不纳税。以自有房产作股投入本人独资经营的企业,免纳契税。房屋交换的,支付差价的一方按照支付的差价纳税。

甲某应纳契税=15×3%=0.45(万元)。

第二步,填写《契税纳税申报表》,详见表 8.4。

表 8.4　契税纳税申报表

<table>
<tr><td colspan="6">填表日期：　　年　　月　　日　　　　单位：　　　　元、平方米</td></tr>
<tr><td rowspan="2">承受方</td><td colspan="2">名称</td><td></td><td>识别号</td><td></td></tr>
<tr><td colspan="2">地址</td><td></td><td>联系电话</td><td></td></tr>
<tr><td rowspan="2">转让方</td><td colspan="2">名称</td><td></td><td>识别号</td><td></td></tr>
<tr><td colspan="2">地址</td><td></td><td>联系电话</td><td></td></tr>
<tr><td rowspan="5">土地、房屋权属转移</td><td colspan="2">合同签订时间</td><td colspan="3"></td></tr>
<tr><td colspan="2">土地、房屋地址</td><td colspan="3"></td></tr>
<tr><td colspan="2">权属转移类别</td><td colspan="3"></td></tr>
<tr><td colspan="2">权属转移面积</td><td colspan="3">平方米</td></tr>
<tr><td colspan="2">成交价格</td><td colspan="3">150 000 元</td></tr>
<tr><td>适用税率</td><td colspan="5">3%</td></tr>
<tr><td>计征税额</td><td colspan="5">4 500 元</td></tr>
<tr><td>减免税额</td><td colspan="5">元</td></tr>
<tr><td>应纳税额</td><td colspan="5">4 500 元</td></tr>
<tr><td>纳税人员签章</td><td colspan="2"></td><td>经办人员签章</td><td colspan="2"></td></tr>
<tr><td colspan="6">（以下部分由征收机关负责填写）</td></tr>
<tr><td>征收机关收到日期</td><td></td><td>接收人</td><td></td><td>审核日期</td><td></td></tr>
<tr><td>审核记录</td><td colspan="5"></td></tr>
<tr><td>审核人员签章</td><td colspan="2"></td><td>征收机关签章</td><td colspan="2"></td></tr>
</table>

【任务练习】

一、思考题

1. 简述契税、土地增值税在征税对象方面存在的差异。
2. 简述契税的计税依据。

二、单项选择题

1. 下列关于契税的说法中，正确的是(　　)。
   A. 外商投资企业和外国企业不征收契税
   B. 农民个人购买房屋不征收契税
   C. 因他人欠债抵偿而获得的房屋不征契税
   D. 契税的税率全国不统一
2. 下列单位及个人应当缴纳契税的有(　　)。
   A. 某警务人员购置住宅

B. 党校购置办公楼

C. 甲企业依法并入乙企业，乙企业由此承受原甲企业的房地产共计5 000万元

D. 某农场受让荒山土地使用权，用于林木种植

3. 下列关于契税的说法中，不正确的是（　　）。

A. 政府主管部门对国有资产进行行政性调整和划转过程中发生的土地、房屋权属转移，不征收契税

B. 非法定继承人根据遗嘱承受死者生前的土地、房屋权属，免征契税

C. 买房拆料或翻建新房，应照章征收契税

D. 承受荒山、荒沟、荒丘、荒滩土地使用权，并用于农、林、牧、渔业生产的，免征契税

4. 下列地点是契税的纳税地点的是（　　）。

A. 土地、房屋的转让人所在地

B. 承受土地、房屋的一方所在地

C. 土地、房屋的所在地

D. 合同签订地

三、多项选择题

1. 下列各项中，属于契税的特点的有（　　）。

A. 属于财产转移税

B. 自行贴花纳税

C. 属于行为税

D. 由财产承受人纳税

2. 根据契税法的有关规定，以下各项中属于契税的征税对象的有（　　）。

A. 某金银首饰店用金银首饰一批与某公司换取房屋门面房一套

B. 一房地产开发企业从国家手中取得城区一块土地的使用权准备开发商品房

C. 邓氏集团接受容氏集团的房产作为投资入股

D. 甲公司购买豪华小轿车一辆

3. 契税纳税义务的发生时间是（　　）。

A. 签订土地、房屋权属转移合同的当天

B. 签订土地、房屋权属转移合同的当月

C. 取得具有转移合同性质凭据的当天

D. 实际取得房地产的当天

4. 下列关于契税的说法中，不正确的有（　　）。

A. 采取分期付款方式购买房屋附属设施土地使用权、房屋所有权的，应按合同规定的总价款计征契税

B. 承受国有土地使用权，减免土地出让金相应减免契税

C. 企业依照规定破产后，债权人（但不包括注销、破产企业职工）承受注销、破产企业土地、房屋权属以抵偿债务的，免征契税

D. 事业单位改制过程中，改制后的企业以出让或国家作价出资（入股）方式取得原国有划拨土地使用权的，应按规定缴纳契税

5. 下列行为中，应缴纳契税的有(　　)。

A. 以获奖方式取得的土地使用权

B. 法定继承人继承土地、房屋权属

C. 以出让方式承受土地权属

D. 以自有房产作价入股本人经营的独资企业

四、税收新政策补充

要求同学们登录国家税务总局网站 http://www.chinatax.gov.cn/，查阅 2019 年 7 月 1 日以后发布的关于契税的税收新政策，并简述新政策的主要内容。

任务四　房产税纳税实务

【任务目标】

1. 掌握房产税的纳税人。
2. 掌握房产税的计税依据和税率。
3. 学会把房产税、营业税和个人所得税结合计算。

【任务描述】

某企业 2019 年房产原值共计 9 000 万元，其中，该企业所属的幼儿园和子弟学校用房原值分别为 300 万元、800 万元，当地政府确定计算房产税余值的扣除比例为 25%。

要求：

1. 计算该企业 2019 年应缴纳的房产税额。
2. 填写《房产税纳税申报表》。

【知识准备】

一、房产税的概念及特点

房产税是以房屋为征税对象，按照房屋的计税余值或租金收入，向产权所有人征收的一种财产税。它的基本法律依据有《中华人民共和国房产税暂行条例》（国发〔2011〕588

号)等。

房产税以特定财产即房屋为征税对象,属于财产税范畴。现行房产税有如下特点:

① 房产税属地方税。房产税实施细则的制定权、房产原值的减除幅度和纳税期限等,均由各省、自治区、直辖市人民政府规定,其收入全部属于地方财政。

② 征收面广,税源稳定。除《中华人民共和国房产税暂行条例》及各省、自治区、直辖市人民政府规定免征的房产外,其余位于境内的城市、县城、建制镇及工矿业的房产均属征税范围,征收面广;房产税的征税对象是房屋,房屋系不动产,其税源与其他税收相比更为稳定,便于征收管理,是地方财政收入的重要来源之一。

③ 征收与缴纳简便。房产税以房产计税余值或房产租金收入从价计算,缴纳与征收简便。

二、纳税义务人与征税范围

(一) 纳税义务人

房产税的纳税人是在我国拥有房屋产权的单位和个人。所称单位,包括国有企业、集体企业、私营企业、股份制企业、外商投资企业、外国企业以及其他企业和事业单位、社会团体、国家机关、军队以及其他单位。所称个人,包括个体工商户以及其他个人。具体包括:

① 产权属于国家所有的,由经营管理单位缴纳;产权属于集体和个人所有的,由集体和个人纳税。

② 产权出典的,由承典人缴纳。所谓产权出典,是指产权所有人将房屋、生产资料等的产权,在一定期限内典当给他人使用,而取得资金的一种融资业务。这种业务大多发生于出典人急需用款,但又想保留产权赎回的情况。承典人向出典人交付一定的典价之后,在质典期内即获取抵押物品的支配权,并可转典。产权的典价一般要低于卖价。出典人在规定期间内须归还典价的本金和利息,方可赎回出典房屋等的产权。在房屋出典期间,产权所有人已无权支配房屋,因此税法规定由对房屋具有支配权的承典人为纳税人。

③ 产权所有人、承典人不在房产所在地的,由房产代管人或者使用人纳税。产权未确定及租典纠纷未解决的,由房产代管人或使用人缴纳。

④ 纳税单位和个人无租使用房管部门、免税单位、纳税单位的房产,由使用人代为缴纳房产税。

⑤ 2009 年 1 月 1 日,外商投资企业、外国企业和组织以及外籍个人也纳入了房产税的征收管理范围。

(二) 征税范围

房产税的征税对象是房产,即有屋面和围护结构(有墙或两边有柱),能够遮风避雨,可供人们在其中生产、学习、工作、娱乐、居住或贮藏物资的场所。房产税的征税范围为城市、县城、建制镇和工矿区内。对坐落在上述地区之外的房屋不征收房产税。

三、税率、计税依据与应纳税额的计算

（一）税率

房产税采用比例税率，有两档规定税率，另有一档优惠税率，如表 8.5 所示。

表 8.5　房产税税率表

税　率	适用情况
1.2%的规定税率	自有房产用于生产经营
12%的规定税率	出租非居住的房产取得租金收入
4%的优惠税率	个人出租住房（不分出租后用途）

（二）房产税应纳税额的计算

1. 从价计征

“从价计征”是以房产原值一次扣除 10%～30%以后的余值计算纳税（扣除比例由各省、自治区、直辖市人民政府规定），适用税率为年税率 1.2%。

应纳税额＝应税房产原值×（1－扣除比例）×1.2%

① 房产原值是指纳税人按照会计制度的规定，在会计账簿“固定资产”科目中记载的房屋原价。房产余值，是房产的原值减除规定比例后的剩余价值。

② 房产原值应包括与房屋不可分割的各种附属设备或一般不单独计算价值的配套设施。凡以房屋为载体，不可随意移动的附属设备和配套设施，如给排水、采暖、消防、中央空调、电气及智能化楼宇设备等，无论在会计核算中是否单独记账与核算，都应计入房产原值，计征房产税。对更换房屋附属设备和配套设施的，在将其价值计入房产原值时，可扣减原来相应设备和设施的价值；对附属设备和配套设施中易损坏、需要经常更换的零配件，更新后不再计入房产原值。

③ 纳税人对原有房屋进行改建、扩建的，要相应增加房屋的原值。

④ 对于投资联营的房产的计税规定：

a. 对以房产投资联营、投资者参与投资利润分红、共担风险的，按房产余值作为计税依据计缴房产税。

b. 对以房产投资收取固定收入、不承担经营风险的，实际上是以联营名义取得房屋租金，应以出租方取得的租金收入为计税依据计缴房产税。

⑤ 居民住宅区内业主共有的经营性房产计税规定。从 2007 年 1 月 1 日起，对居民住宅内业主共有的经营性房产，由实际经营（包括自营和出租）的代管人或使用人缴纳房产税。其中自营的依照房产原值减除 10%～30%后的余值计征，没有房产原值或不能将业主共有房产与其他房产的原值准确划分开的，由房产所在地地方税务机关参照同类房产核定房产原值；出租房产的，按照租金收入计征。

⑥ 对出租房产，租赁双方签订的租赁合同约定由免收租金期限的，免收租金期间有产权所有人按照房产原值缴纳房产税。

2. 从租计征

从租计征是指以房产租金收入为房产税的计税依据。房产的租金收入是房屋产权所有人出租房产使用权所得的报酬，包括货币收入和实物收入。

房产税从租计征的适用税率为12%。个人出租住房，不分用途，按4%的税率征收房产税。对企事业单位、社会团体以及其他组织按市场价格向个人出租用于居住的住房，减按4%的税率征收房产税。

应纳税额＝租金收入×12%(或4%)

学中做8-7

某公司办公大楼原值30 000万元，2019年2月28日将其中部分闲置房间出租，租期2年。出租部分房产原值5 000万元，租金每年1 000万元。当地规定房产原值减除比例为20%，

要求：计算2019年该公司应缴纳的房产税税额。

解析：

应纳房产税＝(30 000－5 000)×(1－20%)×1.2%＋5 000×(1－20%)×1.2%×2÷12＋1 000×10÷12×12%＝348(万元)。

四、税收优惠

房产税的税收优惠政策主要有：

① 国家机关、人民团体、军队自用的房产免征房产税。但对出租房产以及非自身业务使用的生产、营业用房，不属于免税范围。

② 由国家财政部门拨付事业经费的单位(全额或差额预算管理的事业单位)，本身业务范围内使用的房产免征房产税。对于其所属的附属工厂、商店、招待所等不属于单位公务、业务的用房，应照章纳税。

③ 宗教寺庙、公园、名胜古迹自用的房产免征房产税。但宗教寺庙、公园、名胜古迹中附设的营业单位，如影剧院、饮食部、茶社、照相馆等所使用的房产及出租的房产，不属于免税范围，应照章纳税。

④ 个人所有非营业用的房产免征房产税。对个人拥有的营业用房或者出租的房产，不属于免税房产，应照章纳税。

⑤ 经财政部批准免税的其他房产。经营公租房的租金收入，免征房产税。公共租赁住房经营单位应单独核算公共租赁住房租金收入，未单独核算的，不得享受免征房产税优惠政策。

五、房产税的征收管理

（一）纳税期限

房产税按年计算，分期缴纳。纳税期限由省、自治区、直辖市人民政府规定。各地一般规定按季或按半年征收一次。

（二）纳税义务发生时间

① 纳税人将原有房产用于生产经营，从生产经营之月起缴纳房产税。

② 纳税人自建的房屋用于生产经营，自建成之次月起征收房产税。

③ 纳税人委托施工企业建设的房屋，从办理验收手续之次月起征收房产税。

④ 纳税人购置存量房，自办理房屋权属转移、变更登记手续，房地产权属登记机关签发房屋权属证书之次月起缴纳房产税。

⑤ 纳税人购置新建商品房，自房屋交付使用之次月起缴纳房产税。

⑥ 纳税人出租、出借房产，自交付出租、出借房产之次月起缴纳房产税。

⑦ 房地产开发企业自用、出租、出借本企业建造的商品房，自房屋使用或交付之次月起缴纳房产税。

⑧ 自2009年1月1日起，纳税人因房产的实物或权利状态发生变化而依法终止房产税纳税义务的，其应纳税款的计算应截止到房产的实物或权利状态发生变化的当月末。

（三）纳税地点

房产税由房产所在地的税务机关征收。房产不在一地的纳税人，应按房产的坐落地点，分别向房产所在地的税务机关缴纳房产税。

【任务操作】

根据本任务的描述，计算该企业2019年应缴纳的房产税并填写《房产税纳税申报表》。

操作步骤：

第一步，计算该企业2019年应缴纳的房产税。

该企业2019年应缴纳的房产税＝(9 000－300－800)×(1－25％)×1.2％＝71.1(万元)。

第二步，填写《房产税纳税申报表》，详见表8.6。

表 8.6 房产税纳税申报表

税款所属期：自 年 月 日至 年 月 日 填表日期： 年 月 日 金额单位：元至角分；面积单位：平方米

纳税人识别号 □□□□□□□□□□□□□□□□□□□□

纳税人信息	名称		纳税人分类	单位□ 个人□
	登记注册类型	*	所属行业	*
	身份证件类型	身份证□ 护照□ 其他□______	身份证件号码	
	联系人		联系方式	

一、从价计征房产税

	房产编号	房产原值	其中：出租房产原值	计税比例	税率	所属期起	所属期止	本期应纳税额	本期减免税额	本期已缴税额	本期应补(退)税额
1	*	79 000 000=90 000 000−3 000 000−8 000 000		75%=100%−25%	1.2%			711 000			
2	*										
3	*										
合计	*	*	*	*	*	*	*	711 000			

二、从租计征房产税

	本期申报租金收入	税率	本期应纳税额	本期减免税额	本期已缴税额	本期应补(退)税额
1						
合计		*				

以下由纳税人填写：

纳税人声明	此纳税申报表是根据《中华人民共和国房产税暂行条例》和国家有关税收规定填报的，是真实的、可靠的、完整的。				
纳税人签章		代理人签章		代理人身份证号	

以下由税务机关填写：

受理人		受理日期	年 月 日	受理税务机关签章	

本表一式两份，一份纳税人留存，一份税务机关留存。

【任务练习】

一、思考题

1. 简述房产税的纳税人。

2. 简述房产税的纳税义务发生时间。

二、单项选择题

1. 下列各项中，符合房产税纳税义务人规定的是(　　)。

A. 产权属于集体的不缴纳

B. 房屋产权出典的，由出典人缴纳

C. 产权纠纷未解决的，由代管人或使用人缴纳

D. 产权属于国家所有的不缴纳

2. 某公司2019年2月委托一施工单位新建车间，同年9月对建成的车间办理验收手续，同时接管基建工程价值100万元的材料棚，一并转入固定资产，原值合计为1 200万元。该企业所在省规定的房产余值扣除比例为20%。2019年企业该项房产应缴纳的房产税为(　　)。

A. 2.10万元　　B. 2.88万元　　C. 2.80万元　　D. 3.08万元

3. 下列各项中，符合房产税纳税人规定的有(　　)。

A. 房屋出典的由承典人纳税

B. 房屋出租的由出租人纳税

C. 房屋产权未确定的由代管人或使用人纳税

D. 个人无租使用纳税单位的房产，由纳税单位缴纳房产税

4. 下列项目中，应依照房产余值缴纳房产税的有(　　)。

A. 对外出租的房产

B. 产权出典的房产

C. 融资租赁的房产

D. 无租使用其他单位的房产

三、多项选择题

1. 下列各项中，不属于房产税的特点的是(　　)。

A. 征税范围为城镇的经营性房产与非经营性房产

B. 属于财产税中的个别财产税

C. 属于财产税中的一般财产税

D. 区别房屋的经营使用方式规定征税办法

2. 刘某有私有住房三套，每套原值50万元，第一套自住，第二套以5万元/年出租给他人经营，签订房屋租赁合同，第三套自营小卖部，个体工商户性质，下列说法正确的是(　　)。

A. 刘某只需要缴纳营业税、城市维护建设税、个人所得税

B. 刘某应缴纳房产税、营业税、增值税、城市维护建设税、印花税、个人所得税

C. 刘某计算房产税时使用 1.2%和 12%的税率

D. 刘某计算房产税时使用 1.2%和 4%的税率

3. 下列关于房产税的免税规定,表述正确的有(　　)。

A. 向居民供热并向居民收取采暖费的供热企业暂免征收房产税

B. 宗教人员使用的生活用房屋免征房产税

C. 房管部门向居民出租的公有住房免征房产税

D. 应税房产大修停用三个月以上的,在大修期间可免征房产税

4. 下列项目中,符合房产税规定的有(　　)。

A. 基建工地的各种材料棚施工期间免征房产税

B. 事业单位从实行自收自支的年度起免征房产税 3 年

C. 地下人防设施,减半征收房产税

D. 对按照房产原值计税的房产,无论会计上如何核算,房产原值均应包含地价

四、税收新政策补充

要求同学们登录国家税务总局网站 http://www.chinatax.gov.cn/,查阅 2019 年 7 月 1 日以后发布的关于土地占用税的税收新政策,并简述新政策的主要内容。

项目九

行为税类纳税实务

任务一　烟叶税纳税实务

【任务目标】

1. 了解烟叶税的征税范围。
2. 会利用相关资料进行烟叶税的计算。
3. 能利用网络资源查阅有关学习所需的资料。

【任务描述】

甲烟草公司收购一批烟叶，不含价外补贴的收购价款为200万元。已知价外补贴为烟叶收购价款的10%，烟叶税税率为20%。

要求：

1. 计算甲烟草公司应缴纳的烟叶税税额。

2. 填写《烟叶税纳税申报表》。

【知识准备】

一、烟叶税的概念

烟叶税是对我国境内收购烟叶的行为,以实际支付的价款总额为征税依据而征收的一种税,体现国家对烟草实行“寓禁于征”政策。它的基本法律依据是《中华人民共和国烟叶税法》(2017年12月27日第十二届全国人民代表大会常务委员会第三十一次会议通过)、《财政部、税务总局关于明确烟叶税计税依据的通知》(财税〔2018〕75号)等。

二、纳税义务人、征税范围与税率

(一)纳税人

在中华人民共和国境内收购烟叶的单位为烟叶税的纳税人。

(二)征税范围

晾晒烟叶、烤烟叶。

(三)税率

烟叶实行比例税率,税率为20%。烟叶税税率的调整,由国务院决定。

三、应纳税额的计算

烟叶税的计税依据为纳税人收购烟叶实际支付的价款总额。收购烟叶实际支付的价款总额包括纳税人支付给烟叶生产销售单位和个人的烟叶收购价款和价外补贴。价外补贴统一按烟叶收购价款的10%计算。实际支付的价款总额=收购价款×(1+10%)。

应纳税额的计算公式为:

应纳税额=收购烟叶实际支付的价款总额×税率

学中做9-1

某烟草公司(增值税一般纳税人)收购烟叶,支付烟叶生产者收购价款30 000元,货款全部付清,应缴纳的烟叶税为多少?

应纳烟叶税=30 000×(1+10%)×20%=6 600(元)。

四、烟叶税的纳税申报

纳税人应当向烟叶收购地的主管税务机关申报缴纳烟叶税。

烟叶税的纳税义务发生时间为纳税人收购烟叶的当日。烟叶税按月计征，纳税人应当于纳税义务发生月终了之日起 15 日内申报并缴纳税款。

【任务操作】

根据本任务的描述，计算甲烟草公司应缴纳的烟叶税税额并填写《烟叶税纳税申报表》。

操作步骤：

第一步，计算甲烟草公司应缴纳的烟叶税税额。

应纳烟叶税税额＝烟叶收购价款×（1＋10％）×20％＝200×（1＋10％）×20％＝44（万元）。

第二步，填写《烟叶税纳税申报表》。详见表 9.1。

【任务练习】

一、思考题

1. 简述烟叶税的纳税义务发生时间。
2. 简述烟叶收购价款的构成。

二、单项选择题

1. 根据烟叶税法律制度的规定，下列各项中，属于烟叶税纳税人的是（　　）。

A. 在境内种植烟叶的单位　　B. 在境内收购烟叶的单位

C. 在境内加工烟叶的单位　　D. 在境内销售烟叶的单位

2. 某卷烟厂 2019 年 4 月收购烟叶生产卷烟，收购凭证上注明价款 50 万元，并向烟叶生产者支付了收购价款 10％的价外补贴。已知，烟叶税的税率为 20％。根据烟叶税法律制度的规定，该卷烟厂应缴纳烟叶税（　　）。

A. 9 万元　　B. 10 万元　　C. 11 万元　　D. 12 万元

三、多选选择题

根据烟叶税法律制度的规定，下列各项中，正确的有（　　）。

A. 烟叶税的征税范围包括晾晒烟叶、烤烟叶

B. 烟叶税的计税依据是纳税人收购烟叶实际支付的价款总额

C. 烟叶税的纳税义务发生时间为纳税人收购烟叶的当天

D. 纳税人应当自纳税义务发生之日起 15 日内申报纳税

表 9.1 烟叶税纳税申报表

税款所属期限：自　　年　　月　　日至　　年　　月　　日　　填表日期：　　年　　月　　日　　金额单位：元至角分

纳税人识别号：

纳税人名称				
烟叶收购价款总额	税率	本期应纳税额	本期已纳税额	本期应补（退）税额
1	2	3=1×2	4	5=3-4
2 200 000=2 000 000×(1+10%)	20%	440 000		
合计				
以下由申报人填写：				
谨声明：本表是根据国家税收法律法规及相关规定填报的，是真实的、可靠的、完整的。				
纳税人签章		代理人签章		
以下由税务机关填写：				
受理人		受理日期		受理税务机关（签章）

本表一式两份，一份纳税人留存，一份税务机关留存。

四、税收新政策补充

要求同学们登录国家税务总局网站 http://www.chinatax.gov.cn/，查阅 2019 年 7 月 1 日以后发布的关于烟叶税的税收新政策，并简述新政策的主要内容。

任务二　印花税纳税实务

【任务目标】

1. 了解印花税的特点。
2. 掌握印花税征税项目的具体规定。
3. 掌握印花税税额计算及计税金额的规定。
4. 了解纳税方法特殊规定。

【任务描述】

某企业 2019 年 2 月开业，当年发生以下有关业务事项：领受房屋产权证、工商营业执照、土地使用证各 1 件；与其他企业订立转移专用技术使用权书据 1 份，所载金额 100 万元；订立产品购销合同 1 份，所载金额为 200 万元；订借款合同 1 份，所载金额为 400 万元；企业记载资金的账簿“实收资本”“资本公积”为 800 万元；其他营业账簿 10 本。

要求：

1. 计算该企业 2019 年应缴纳的税额。
2. 填写该企业《印花税纳税申报（报告）表》。

【知识准备】

一、印花税的概念及特点

印花税是对经济活动和经济交往中书立、领受、使用的应税经济凭证所征收的一种税。因纳税人主要是通过在应税凭证上粘贴印花税票来完成纳税义务，故名印花税。它的基本法率依据为《中华人民共和国印花税暂行条例》（1988 年国务院令第 11 号）和《中华人民共和国印花税暂行条例施行细则》（财税字〔1988〕第 255 号）等。

印花税有以下几个特征：

① 征收范围广。随着社会主义市场经济秩序的不断发展和完善，经济活动日趋活跃，书立、凭证等各种行为普遍发生，为征收印花税提供了广泛的税源。印花税法确认的应税凭

证有五大类、十三个税目,涉及经济活动的各个方面。

② 税负从轻。税率低、税负轻是印花税的一个显著特征。其最高税率为千分之四,最低税率为万分之零点五,低税率易于为纳税人所接受,也因此得以使世界各国能够普遍和持久地开征此税。

③ 纳税人自行完税。印花税主要通过纳税人"三自"纳税的方式完税,即纳税人通过自行计算、自行购花、贴花并自行销花的方式完成印花税的缴纳义务。

二、印花税的纳税义务人

印花税的纳税义务人是指在中国境内书立、使用、领受印花税法所列举的凭证并依法履行纳税义务的单位和个人。具体包括立合同人、立据人、立账簿人、领受人、使用人及各类电子应税凭证的签订人。

① 立合同人。立合同人指合同的当事人。当事人是指对凭证有直接权利义务关系的单位和个人,不包括合同的担保人、证人、鉴定人。当事人的代理人有代理纳税的义务。如果一份合同有两方或两方以上当事人共同签订,签订合同的各方都是纳税人,应各就其所持凭证的计税金额履行纳税义务。

② 立据人。立据人是指书立产权转移书据的单位和个人,即土地、房屋权属转移过程中买卖双方的当事人。

③ 立账簿人。营业账簿的纳税人是立账簿人。立账簿人是指设立并使用营业账簿的单位和个人。

④ 领受人。领受人是指领取或接受并持有该项凭证的单位和个人。

⑤ 使用人。在国外书立、领受,但在国内使用的应税凭证,以使用人为纳税人。

⑥ 各类电子应税凭证的签订人。即以电子形式签订的各类应税凭证的当事人。

三、印花税的税目、税率和计税依据

印花税的税目、税率和计税依据详见表 9.2。

表 9.2 印花税的税目、税率和计税依据

税目	范围	计税依据及税率	纳税人
购销合同	包括供应、预购、采购、购销结合及协作、调剂、补偿、贸易等合同	按购销金额 0.3‰贴花	立合同人
加工承揽合同	包括加工、定做、修缮、修理、印刷、广告、测绘、测试等合同	按加工或承揽收入 0.5‰贴花	立合同人
建设工程勘察设计合同	包括勘察、设计合同	按收取费用 0.5‰贴花	立合同人
建筑安装工程承包合同	包括建筑、安装工程承包合同	按承包金额 0.3‰贴花	立合同人
财产租赁合同	包括租赁房屋、船舶、飞机、机动车辆、机械、器具、设备等合同	按租赁金额 1‰贴花;税额不足 1 元,按 1 元贴花	立合同人

续表

税　目	范　围	计税依据及税率	纳税人
货物运输合同	包括民用航空、铁路运输、海上运输、内河运输、公路运输和联运合同	按运输费用0.5‰贴花	立合同人
仓储保管合同	包括仓储、保管合同	按仓储保管费用1‰贴花	立合同人
借款合同	包括银行及其他金融组织和借款人(不包括银行同业拆借)所签订的借款合同;包括融资租赁合同	按借款金额0.05‰贴花	立合同人
财产保险合同	包括财产、责任、保证、信用等保险合同	按保险费收入1‰贴花	立合同人
技术合同	包括技术开发、转让、咨询、服务等合同	按所载金额0.3‰贴花	立合同人
产权转移书据	包括财产所有权、版权、商标专用权、专利权、专有技术使用权等转移书据和土地使用权出让合同、土地使用权转让合同、商品房销售合同	按所载金额0.5‰贴花	立据人
营业账簿	生产、经营用账册	从2018年5月1日起,将对纳税人设立的资金账簿按实收资本和资本公积合计金额征收的印花税减半(5‰×50%)贴花,对按件征收的其他账簿免征印花税	立账簿人
权利、许可证照	包括政府部门发给的房屋产权证、工商营业执照、商标注册证、专利证、土地使用证	按件贴花5元	领受人

提示

① 出版单位与发行单位(不包括订阅单位和个人)之间订立的图书、报刊、音像征订凭证。

② 对发电厂与电网之间、电网与电网之间(国家电网公司系统、南方电网公司系统内部各级电网互供电量除外)签订的购售电合同按购销合同征收印花税。电网与用户之间签订的供用电合同不属于印花税列举征税的凭证,不征印花税。(生活缴费凭证,不同于电网之间经济合同)

③ 一般的法律、会计、审计等方面的咨询不属于技术咨询,其所书立合同不贴印花。

四、印花税应纳税额的计算

纳税人的应纳税额，根据应纳税凭证的性质，分别按比例税率或者定额税率计税，其计算公式为：

① 实行比例税率的凭证，印花税应纳税额的计算公式为：

应纳税额＝应税凭证计税金额×比例税率

② 实行定额税率的凭证，印花税应纳税额的计算公式为：

应纳税额＝应税凭证件数×定额税率

③ 营业账簿中记载资金的账簿，印花税应纳税额的计算公式为：

应纳税额＝(实收资本＋资本公积)× 0.5‰×50%

学中做9-2

甲公司与乙公司分别签订了两份合同：一是以货换货合同，甲公司的货物价值200万元，乙公司的货物价值150万元，乙公司支付补价50万元；二是采购合同，甲公司购买乙公司50万元的货物，但因故合同未能兑现。

要求：计算甲公司应缴纳的印花税。

解析：甲以货易货合同按购、销合计金额计算贴花。

应纳印花税＝(200＋150)×0.3‰×10 000＝1 050(元)。

甲采购合同应贴花＝50×0.3‰×10 000＝150(元)。

甲公司共缴纳印花税＝1 050＋150＝1 200(元)。

学中做9-3

某建筑公司与甲企业签订一份建筑安装承包合同，合同金额6 000万元(含相关费用50万元)。施工期间，该建筑公司又将其中价值800万元的安装工程分包给乙企业，并签订分包合同。

要求：计算该建筑公司此项业务应缴纳的印花税。

解析：

应纳印花税＝(6 000＋800)×0.3‰＝2.04(万元)。

五、印花税的减免

① 对已缴纳印花税凭证的副本或者抄本免税。

② 对财产所有人将财产赠给国家、社会福利单位、学校所立的书据免税。

③ 对国家指定的收购部门与村民委员会、农民书立的农副产品收购合同免税。

④ 对无息、贴息贷款合同免税。

⑤ 对外国政府或者国际金融组织向我国政府及国家金融机构提供优惠贷款所书立的合同免税。

自 2018 年 5 月 1 日起，对按万分之五税率贴花的资金账簿减半征收印花税，对按件贴花五元的其他账簿免征印花税。

六、征收管理办法

（一）纳税方法

印花税的纳税办法，根据税额大小、贴花次数以及税收征收管理的需要，分别用以下三种纳税办法。

1. 自行贴花办法

这种办法，一般适用于应税凭证较少或者贴花次数较少的纳税人。纳税人书立、领受或者使用印花税法列举的应税凭证的同时，纳税义务即已产生，应当根据应纳税凭证的性质和适用的税目税率，自行计算应纳税额，自行购买印花税票，自行一次贴足印花税票并加以注销或划销，纳税义务才算全部履行完毕。值得注意的是，纳税人已购买了印花税票，支付了税款，国家就取得了财政收入。但就印花税来说，纳税人支付了税款并不等于已履行了纳税义务。纳税人必须自行贴花并注销或划销，这样才算完整地完成了纳税义务。这也就是通常所说的“三自”纳税办法。

2. 汇贴或汇缴办法

这种办法一般适用于应纳税额较大或者贴花次数频繁的纳税人。具体而言，一份凭证应纳税额超过 500 元的，应向当地税务机关申请填写缴款书或者完税证，将其中一联粘贴在凭证上或者由税务机关在凭证上加注完税标记代替贴花。同一种类应纳税凭证，需频繁贴花的，应向当地税务机关申请按期汇总缴纳印花税。税务机关对核准汇总缴纳印花税的单位，应发给汇缴许可证。汇总缴纳的期限由当地税务机关确定，但最长期限不得超过 1 个月。凡汇总缴纳印花税的凭证，应加注税务机关指定的汇缴戳记，编号并装订成册后，将已贴印花或者缴款书的一联黏附册后，盖章注销，保存备查。

3. 委托代征办法

这一办法主要是通过税务机关的委托，经由发放或者办理应纳税凭证的单位代为征收印花税税款。税务机关应与代征单位签订代征委托书。所谓发放或者办理应纳税凭证的单位，是指发放权利、许可证照的单位和办理凭证的鉴证、公证及其他有关事项的单位。

印花税法规定，发放或者办理应纳税凭证的单位，负有监督纳税人依法纳税的义务，具体是指对以下纳税事项监督：

① 应纳税凭证是否已粘贴印花。

② 粘贴的印花是否足额。

③ 粘贴的印花是否按规定注销。

对未完成以上纳税手续的，应督促纳税人当场完成。

印花税票是缴纳印花税的完税凭证，由国家税务总局负责监制。印花税票的票面金额以人民币为单位，分为1角、2角、5角、1元、2元、5元、10元、50元、100元九种。印花税票为有价证券，各地税务机关应按照国家税务总局制定的管理办法严格管理。

（二）纳税环节

印花税应当在书立或领受时贴花。具体是指在合同签订时、账簿启用时和证照领受时贴花。如果合同是在国外签订，并且不便在国外贴花的，应在将合同带入境时办理贴花纳税手续。

（三）纳税地点

印花税一般实行就地纳税。对于全国性商品物资订货会（包括展销会、交易会等）上所签订合同应纳的印花税，由纳税人回其所在地后及时办理贴花完税手续；对地方主办、不涉及省际关系的订货会、展销会上所签合同的印花税，其纳税地点由各省、自治区、直辖市人民政府自行确定。

七、违规处罚

印花税纳税人有下列行为之一的，由税务机关根据情节轻重予以处罚：

① 在应纳税凭证上未贴或者少贴印花税票的或者已粘贴在应税凭证上的印花税票未注销或者未划销的，由税务机关追缴其不缴或者少缴的税款、滞纳金，并处不缴或者少缴的税款50%以上5倍以下的罚款。

② 已贴用的印花税票揭下重用造成未缴或少缴印花税的，由税务机关追缴其不缴或者少缴的税款、滞纳金，并处不缴或者少缴的税款50%以上5倍以下的罚款；构成犯罪的，依法追究刑事责任。

③ 伪造印花税票的，由税务机关责令改正，处以2 000元以上1万元以下的罚款；情节严重的，处以1万元以上5万元以下的罚款；构成犯罪的，依法追究刑事责任。

④ 按期汇总缴纳印花税的纳税人，超过税务机关核定的纳税期限，未缴或少缴印花税款的，由税务机关追缴其不缴或者少缴的税款、滞纳金，并处不缴或者少缴的税款50%以上5倍以下的罚款；情节严重的，同时撤销其汇缴许可证；构成犯罪的，依法追究刑事责任。

⑤ 纳税人违反以下规定的，由税务机关责令限期改正，可处以2 000元以下的罚款；情节严重的，处以2 000元以上1万元以下的罚款。

a. 凡汇总缴纳印花税的凭证，应加注税务机关指定的汇缴戳记、编号并装订成册后，将已贴印花或者缴款书的一联黏附册后，盖章注销，保存备查。

b. 纳税人对纳税凭证应妥善保存。凭证的保存期限，凡国家已有明确规定的，按规定办；没有明确规定的其余凭证均应在履行完毕后保存1年。

⑥ 代售户对取得的税款逾期不缴或者挪作他用，或者违反合同将所领印花税票转托他人代售或者转至其他地区销售，或者未按规定详细提供领、售印花税票情况的，税务机关可视其情节轻重，给予警告或者取消其代售资格的处罚。

【任务操作】

根据本任务的描述，计算该企业2019年应纳的税额并填写纳税申报表。

操作步骤：

第一步，计算该企业2019年应纳的税额。

① 企业领受权利、许可证照应纳税额＝3×5＝15(元)。

② 企业订立产权转移书据应纳税额＝1 000 000×0.5‰＝500(元)。

③ 订立购销合同应纳税额＝2 000 000×0.3‰＝600(元)。

④ 订立借款合同应纳税额＝4 000 000×0.05‰＝200(元)。

⑤ 企业记载资金的账簿，应纳税额＝8 000 000×0.5‰×50％＝2 000(元)。

⑥ 自2018年5月1日起，其他账簿免征印花税。

⑦ 共计缴纳印花税额＝15＋500＋600＋200＋2 000＝3 315(元)。

第二步，填写该企业《印花税纳税申报(报告)表》，详见表9.3。

【任务练习】

一、思考题

1. 简述印花税征税项目的税目和具体规定。

2. 简述印花税的纳税方法。

二、单项选择题

1. 印花税的比例税率中不包括(　　)。

A. 0.05‰　　B. 0.3‰　　C. 0.5‰　　D. 0.1‰

2. 下列各项中，应当征收印花税项目的是(　　)。

A. 产品加工合同　　B. 法律咨询合同

C. 会计咨询协议　　D. 电网与用户之间签订的供用电合同

3. 某企业签订一份货物运输合同，运费金额为15 000元，其中，含装卸费300元，保险费1 200元。本次运输货物金额为60 000元，应缴纳的印花税为(　　)。

A. 6.8元　　B. 6.75元　　C. 6.5元　　D. 7元

表 9.3 印花税纳税申报(报告)表

税款所属期限：自　　年　　月　　日至　　年　　月　　日　　　填表日期：　　年　　月　　日　　　金额单位：元至角

纳税人识别号：

纳税人信息	名称			□单位　□个人
	登记注册类型		所属行业	
	身份证件类型		身份证件号码	
	联系方式			

应税凭证	计税金额或件数	核定征收		适用税率	本期应纳税额	本期已缴税额	本期减免税额		本期应补(退)税额
		核定依据	核定比例				减免性质代码	减免额	
	1	2	3	4	5=1×4+2×3×4	6	7	8	9=5−6−8
购销合同	2 000 000			0.3‰	600				
加工承揽合同				0.5‰					
建设工程勘察设计合同				0.5‰					
建筑安装工程承包合同				0.3‰					
财产租赁合同				1‰					
货物运输合同				0.5‰					
仓储保管合同				1‰					
借款合同	4 000 000			0.05‰	200				
财产保险合同				1‰					
技术合同				0.3‰					
产权转移书据	1 000 000			0.5‰	500				

续表

营业帐簿（记载资金的帐簿）	8 000 000	——		0.5‰	2 000（减半征收）			
营业帐簿（其他帐簿）		——		5				
权利、许可证照	3	——		5	15			
合计	——	——		——	3 315			

以下由纳税人填写：

纳税人声明	此纳税申报表是根据《中华人民共和国印花税暂行条例》和国家有关税收规定填报的，是真实的、可靠的、完整的。				
纳税人签章		代理人签章		代理人身份证号	

以下由税务机关填写：

受理人		受理日期	年　月　日	受理税务机关签章	

【表单说明】

本表一式两份，一份纳税人留存，一份税务机关留存。

减免性质代码：减免性质代码按照税务机关最新制发的减免税政策代码表中的最细项减免性质代码填报。

4. 下列关于印花税计税依据的表述中，符合印花税条例规定的是(　　)。

A. 对采用易货方式进行商品交易签订的合同，应以易货差价为计税依据

B. 货物运输合同的计税依据是运输费用总额，含装卸费和保险费

C. 建筑安装工程承包合同的计税依据是承包总额

D. 对于由委托方提供辅助材料的加工合同，无论加工费和辅助材料金额是否分开记载，均以其合计数为计税依据

5. 下列关于纳税人缴纳印花税的规定，不正确的是(　　)。

A. 在应纳税凭证书立或领受时即行贴花完税，不得延至凭证生效日期贴花

B. 已经贴花的凭证，凡修改后金额增加的部分，应补贴印花

C. 印花税应当在书立或领受时贴花

D. 凡多贴印花税票者，可以申请退税和抵扣

6. 在应纳税凭证上未贴花或少贴印花税票的，税务机关除责令其补贴印花税票外，可以处以应补贴印花税票金额(　　)的罚款。

A. 50%以上5倍以下　　　　B. 1倍至3倍

C. 3倍以下　　　　D. 5倍或者2 000至10 000元

三、多项选择题

1. 印花税的自行贴花纳税主要是指(　　)。

A. 纳税人自行计算应纳税额

B. 自行购买印花税票

C. 自行贴花

D. 自行在每枚税票的骑缝处盖戳注销或画销

2. 印花税的特点有(　　)。

A. 征税范围广　　　　B. 税负从轻

C. 自行贴花纳税　　　　D. 多缴不退但可抵用

3. 下列各项中，应按“产权转移书据”税目征收印花税的有(　　)。

A. 商品房销售合同　　　　B. 土地使用权转让合同

C. 技术服务合同　　　　D. 专利申请权转让合同

4. 下列应税凭证的计税依据分别为(　　)。

A. 购买股权转让书据，为书立当日证券市场成交价格

B. 货物运输合同为运输、保险、装卸等各项费用合计

C. 融资租赁合同为租赁费

D. 建筑业总包、分包合同分别为总包额、分包额

5. 下列各项中，属于印花税免税范围的有(　　)。

A. 无息贷款合同

B. 国际货运中，由外国运输企业运输进出口货物的，运输企业所持的运费结算凭证

C. 技术合同

D. 企业因改制而签订的产权转移书据

四、计算操作题

某有限责任公司，2019 年涉及印花税的情况如下：

(1) 1 月，与 A 房地产开发企业签订以货易货合同，合同规定公司以价值 35 万元的产品换取 A 开发的写字楼价值 45 万元，但该合同在规定期限内并未履行。

(2) 3 月，接受 B 企业委托加工产品，合同载明，原料由 B 企业提供，价值 35 万元，收取加工费 10 万元。

(3) 7 月，与某办公用品公司签订 1 份复印机租赁合同，合同金额 850 元。

(4) 9 月，与某公司签订办公室租赁合同 1 份，合同中约定每月租金 0.5 万元，按月支付，但未约定租赁期限。

(5) 12 月，与某研究所签订技术转让合同 1 份，合同注明按该技术研制的产品实际销售收入支付给研究所 10%的报酬，当月该产品无销售收入。

要求：按下列顺序回答问题，每问均为共计金额。

(1) 计算公司以货易货合同应纳的印花税。

(2) 计算公司加工合同应纳的印花税。

(3) 计算公司复印机租赁合同应纳的印花税。

(4) 计算公司办公室租赁合同应纳的印花税。

(5) 计算公司技术转让合同应纳的印花税。

(6) 填写《印花税纳税申报(报告)表》。

五、税收新政策补充

要求同学们登录国家税务总局网站 http://www.chinatax.gov.cn/，查阅 2019 年 7 月 1 日以后发布的关于印花税的税收新政策，并简述新政策的主要内容。

任务三　城市维护建设税及教育费附加纳税实务

【任务目标】

1. 掌握城市维护建设税和教育费附加各自的特点。
2. 熟悉城市维护建设税和教育费附加的纳税人。
3. 能够选择城市维护建设税税率。
4. 掌握城市维护建设税和教育费附加的计税依据和计算。
5. 掌握城市维护建设税和教育费附加的纳税地点、减免税优惠。
6. 能利用网络资源查阅有关学习所需的资料。

【任务描述】

位于市区的某企业 2019 年 6 月份缴纳增值税 300 万元、消费税 160 万元和关税 102 万元，其中，进口环节缴纳的增值税 180 万元和消费税 80 万元。

要求：

1. 计算该企业 6 月份应缴纳的城市维护建设税和教育费附加。
2. 填写《城市维护建设税、教育费附加、地方教育附加申报表》。

【知识准备】

一、城市维护建设税纳税实务

（一）城市维护建设税的概念及特点

城市维护建设税是对从事工商经营，缴纳增值税、消费税、营业税的单位和个人征收的一种税。它的基本法律依据为《中华人民共和国城市维护建设税暂行条例》（国发〔1985〕19 号）等。

与其他税种相比较，城市维护建设税具有以下几个特点：

① 税款专款专用。城市维护建设税税款专门用于城市的公用事业和公共设施的维护建设。

② 属于一种附加税。它以纳税人实际缴纳的“三税”税额为计税依据，附加于三个主要的流转税之上，它本身没有特定的、独立的征税对象。

③ 根据城镇规模设计不同的比例税率。

（二）纳税义务人

城市维护建设税的纳税人是负有缴纳增值税、消费税和营业税义务的单位和个人。

增值税、消费税、营业税的代扣代缴、代收代缴义务人同时也是城市维护建设税的代扣代缴义务人。

提示

城市维护建设税没有覆盖到的特殊环节：各类纳税人的进口环节不缴纳城市维护建设税。

（三）税率

1. 基本规定

城市维护建设税税率的基本规定详见表9.4。

表9.4　税率

纳税人所在地区	税　率
市区	7%
县城、镇	5%
不在市、县城、镇	1%
开采海洋石油的中外合作油(气)田所在地在海上	1%
中国铁路总公司	5%

2. 特殊规定

① 由受托方代扣代缴、代收代缴“三税”的单位和个人，其代扣代缴、代收代缴的城市维护建设税按受托方所在地适用税率执行。

② 流动经营等无固定纳税地点的单位和个人，在经营地缴纳“三税”的，其城市维护建设税的缴纳按经营地适用税率执行。

（四）计税依据

城市维护建设税的计税依据是纳税人实际缴纳的增值税、消费税、营业税税额，包括被查补的上述三项税额，但不包括被加收的滞纳金和罚款等非税款项。

城市维护建设税计税依据的包含因素和不包含因素如表9.5所示。

表9.5　城市维护建设税计税依据的包含因素和不包含因素

城市维护建设税计税依据的包含因素	城市维护建设税计税依据的不包含因素
1. 纳税人实际缴纳的“三税” 2. 纳税人被查补的“三税” 3. 纳税人出口免抵的增值税	1. 加收的滞纳金和罚款等非税款项 2. 进口环节海关代征的增值税、消费税

城市维护建设税进口不征、出口不退、出口免抵要交；进口环节海关代征增值税、消费税的，不随之征收城市维护建设税；出口退还增值税、消费税的，不退还已缴纳的城市维护建设税；经过国家税务总局正式审核批准的当期免抵的增值税税额应纳入城市维护建设税和教育费附加的计征范围，分别按照规定的税(费)率征收城市维护建设税和教育费附加。

（五）应纳税额的计算

城市维护建设税税额的计算公式：

应纳税额＝纳税人实际缴纳的增值税、消费税、营业税税额×适用税率

学中做9-4

甲生产企业地处市区,2019年5月实际缴纳增值税28万元,当月委托位于县城的乙企业加工应税消费品,乙企业代收消费税15万元。

要求:计算甲企业应缴纳(含被代收)的城市维护建设税额。

解析:

甲企业应缴纳(含被代收)的城市维护建设税$=28\times7\%+15\times5\%=$2.71(万元)。

(六)税收优惠

关于城市维护建设税与“三税”(增值税、营业税、消费税)减免税的关系要区分具体情况进行不同的处理:

① 城市维护建设税随同“三税”的减免而减免。

② 对因减免税而需进行“三税”退库的,城市维护建设税也同时退库。但是对出口产品退还增值税、消费税的,不退还已缴纳的城市维护建设税;对“三税”实行先征后返、先征后退、即征即退办法的,除另有规定外,对随“三税”附征的城市维护建设税和教育费附加,一律不予退(返)还。

③ 减免“三税”的同时随之减免城市维护建设税,但是经国家税务局正式审核批准的当期免抵的增值税税额,尽管没有实际缴纳,但也应纳入城市维护建设税和教育费附加的计征范围,分别按规定的税(费)率征收城市维护建设税和教育费附加。

(七)纳税环节

城市维护建设税的纳税环节,是指城市维护建设税法规定的纳税人缴纳城市维护建设税的环节。纳税人只要发生“三税”的纳税义务,就要在同样的环节分别计算缴纳城市维护建设税。

(八)纳税地点

城市维护建设税以纳税人实际缴纳的增值税、消费税、营业税税额为计税依据,分别与“三税”同时缴纳,所以纳税人缴纳“三税”的地点即为城市维护建设税的纳税地点。

(九)纳税期限

城市维护建设税的纳税期限分别与“三税”的纳税期限一致。城市维护建设税的具体纳税期限由主管税务机关根据纳税人应纳税额的大小分别核定,不能按照固定期限核定的,可以按次纳税。

二、教育费附加纳税实务

（一）教育费附加的概念

教育费附加是国家为了支持地方教育事业、增加地方教育经费而征收的一项专用基金。它是对缴纳增值税、消费税、营业税的单位和个人，就其实际缴纳的税款为计算依据而征收的一种附加费。它的基本法律依据为国务院于1986年4月28日发布的《征收教育费附加的暂行规定》（2011年1月8日第三次修订）等。

（二）教育费附加的计征比率

现行教育费附加征收比率为3%。

（三）教育费附加的计征依据

教育费附加的计征依据为纳税人实际缴纳的增值税、消费税、营业税税额。但纳税人进口产品由海关代征的增值税、消费税，不征收教育费附加。纳税人违反“三税”有关税法而加收的滞纳金和罚款，也不作为教育费附加的计征依据。

教育费附加是以“三税”为计算依据并同时征收的，它随“三税”的减免而减免。对于因减免“三税”而发生退税的，可同时退还已征收的教育费附加。但对出口产品退还增值税、消费税的，不退还已征收的教育费附加。

（四）教育费附加的计算

应纳教育费附加＝实际缴纳增值税、消费税、营业税×征收比率

学中做9－5

某卷烟厂2017年5月实际缴纳的增值税为50万元，消费税为80万元。

要求：计算该企业当月应缴纳的教育费附加。

解析：

应纳教育费附加＝(50＋80)×3%＝3.9(万元)。

三、地方教育附加

地方教育附加是指各地方政府为了增加地方教育的资金投入，促进各省、自治区、直辖市教育事业发展，开征的一项地方政府性基金。

在各省、自治区、直辖市的行政区域内，凡缴纳增值税、消费税、营业税的单位和个人，都应按规定缴纳地方教育附加。地方教育附加与增值税、消费税、营业税同时计算征收，按单位和个人实际缴纳的增值税、消费税、营业税税额的2%征收。

【任务操作】

根据本任务的描述，计算该企业6月份应缴纳的城市维护建设税、教育费附加并填写《城市维护建设税、教育费附加、地方教育附加申报表》。

操作步骤：

第一步，计算该企业6月份应缴纳的城市维护建设税。

城市维护建设税具有进口不征、出口不退的规则；关税以及进口环节的增值税和消费税不计征城市维护建设税；纳税人所在地为市区，税率为7%。

该企业应缴纳的城市维护建设税＝(300－180＋160－80)×7%＝14(万元)。

第二步，计算该企业6月份应缴纳的教育费附加。

教育费附加也具有进口不征、出口不退的规则；关税以及进口环节的增值税和消费税不计征教育费附加；其征收率为3%。

应纳教育费附加＝(300－180＋160－80)×3%＝6(万元)。

第三步，填写《城市维护建设税、教育费附加、地方教育附加申报表》，详见表9.6。

【任务练习】

一、思考题

1. 简述城市维护建设税的计税依据。
2. 简述城市维护建设税和教育费附加与增值税、消费税、营业税的关系。

二、单项选择题

1. 城市维护建设税的特定目的是(　　)。

A. 调整城市布局　　B. 调节消费结构
C. 取得财政收入　　D. 用于城市公用事业和公共设施的维护建设

2. 某县一建筑企业某月实际缴纳增值税10万元，其应缴纳的城市维护建设税和教育费附加为(　　)。

A. 3 000元　　B. 5 000元　　C. 8 000元　　D. 6 500元

3. 某市一旅行社隐瞒收入10万元，被税务部门查补增值税，并处3倍罚金，则应查补和处罚的城市维护建设税为(　　)

A. 1 400元　　B. 5 000元　　C. 15 000元　　D. 350元

4. 地处某县城的甲涂料厂接受委托为某市乙厂加工涂料，则涂料应纳城市维护建设税的纳税地点为(　　)。

A. 甲涂料厂所在的县城　　B. 乙厂所在的市区
C. 双方协商纳税地点　　D. 不纳城市维护建设税

表 9.6 城市维护建设税、教育费附加、地方教育附加申报表

税款所属期限：自 2019 年 6 月 1 日至 2019 年 6 月 30 日　　填表日期：2019 年 7 月 5 日　　金额单位：元至角分

纳税人识别号：

<table>
<tr><td rowspan="3">纳税人信息</td><td colspan="2">名称</td><td colspan="5"></td><td colspan="4">□单位　□个人</td></tr>
<tr><td colspan="2">登记注册类型</td><td colspan="4"></td><td>所属行业</td><td colspan="4"></td></tr>
<tr><td colspan="2">身份证件号码</td><td colspan="4"></td><td>联系方式</td><td colspan="4"></td></tr>
<tr><td rowspan="3">税(费)种</td><td colspan="5">计税(费)依据</td><td rowspan="3">税率
(征收率)</td><td rowspan="3">本期应纳税
(费)额</td><td colspan="2" rowspan="2">本期减免税
(费)额</td><td rowspan="3">本期已缴税
(费)额</td><td rowspan="3">本期应补(退)
税(费)额</td></tr>
<tr><td colspan="2">增值税</td><td rowspan="2">消费税</td><td rowspan="2">营业税</td><td rowspan="2">合计</td></tr>
<tr><td>一般
增值税</td><td>免抵
税额</td><td>减免性
质代码</td><td>减免额</td></tr>
<tr><td></td><td>1</td><td>2</td><td>3</td><td>4</td><td>5=1+2
+3+4</td><td>6</td><td>7=5×6</td><td>8</td><td>9</td><td>10</td><td>11=7−9−10</td></tr>
<tr><td>城市维护建设税</td><td>1 200 000</td><td></td><td>800 000</td><td></td><td>2 000 000</td><td>7%</td><td>140 000</td><td></td><td></td><td></td><td></td></tr>
<tr><td>教育费附加</td><td>1 200 000</td><td></td><td>800 000</td><td></td><td>2 000 000</td><td>3%</td><td>60 000</td><td></td><td></td><td></td><td></td></tr>
<tr><td>地方教育附加</td><td></td><td></td><td></td><td></td><td></td><td></td><td></td><td></td><td></td><td></td><td></td></tr>
<tr><td>———</td><td></td><td></td><td></td><td></td><td></td><td></td><td></td><td></td><td></td><td></td><td></td></tr>
<tr><td>合计</td><td colspan="5">—</td><td>—</td><td>200 000</td><td colspan="2"></td><td></td><td></td></tr>
<tr><td colspan="12">以下由纳税人填写：</td></tr>
<tr><td>纳税人声明</td><td colspan="11">此纳税申报表是根据《中华人民共和国城市维护建设税暂行条例》《国务院征收教育费附加的暂行规定》《财政部关于统一地方教育附加政策有关问题的通知》和国家有关税收规定填报的，是真实的、可靠的、完整的。</td></tr>
<tr><td>纳税人签章</td><td colspan="3"></td><td colspan="2">代理人签章</td><td colspan="2"></td><td colspan="2">代理人身份证号</td><td colspan="2"></td></tr>
<tr><td colspan="12">以下由税务机关填写：</td></tr>
<tr><td>受理人</td><td colspan="3"></td><td colspan="2">受理日期</td><td colspan="2">年　月　日</td><td colspan="2">受理税务机关签章</td><td colspan="2"></td></tr>
</table>

【表单说明】

本表一式两份，一份纳税人留存，一份税务机关留存。

减免性质代码：减免性质代码按照国家税务总局制定下发的最新《减免性质及分类表》中的最细项减免性质代码填报。

三、多项选择题

1. 下列属于城市维护建设税纳税义务人的有(　　)。

A. 国有企业　　B. 集体企业

C. 外商投资企业　　D. 外国企业

2. 下列关于城市维护建设税的说法中,正确的有(　　)。

A. 是一种附加税　　B. 是一种特定目的税

C. 实行地区差别比例税率　　D. 没有特定的、独立的纳税人和征税对象

3. 下列关于教育费附加的说法中,正确的有(　　)。

A. 是一种附加税

B. 计征依据是纳税人实际缴纳的“三税”税额之和

C. 其目的是为了支持教育事业,增加教育经费

D. 是一种附加费

4. 城市维护建设税的适用税率有(　　)。

A. 1%　　B. 5%　　C. 7%　　D. 3%

5. 某游艇制造厂出口自产豪华游艇,下列税费中不可申请退还的有(　　)。

A. 消费税　　B. 城市维护建设税　　C. 教育费附加　　D. 增值税

四、判断题

1. 发生增值税、营业税、消费税减征时,不减征城市维护建设税和教育费附加。(　　)

2. 某地处农村的大型国有企业,由于没有享受城市公用事业和市政设施的好处,所以不缴纳城市维护建设税。(　　)

3. 城市维护建设税和教育费附加一样,其计征依据都是纳税人实际缴纳的“三税”(增值税、消费税、营业税)税额之和。(　　)

4. 流动经营等无固定纳税地点的单位和个人,在经营地缴纳“三税”的,其缴纳的城市维护建设税按经营地适用税率执行。(　　)

5. 海关对进口货物代征增值税时,同时代征城市维护建设税。(　　)

6. 外商投资企业不缴纳城市维护建设税,同时也不缴纳“三税”。(　　)

7. 因减免税而进行“三税”退库的,城市维护建设税也同时退库。(　　)

8. 城市维护建设税的纳税环节,就是纳税人缴纳“三税”的纳税环节。(　　)

五、计算操作题

某镇的A卷烟厂(增值税一般纳税人)2017年2月主要经营活动和缴纳税金情况如下:

(1) 进口一批烟丝被海关征收关税60 000元、增值税80 000元、消费税10万元。

(2) 受一家位于市区的B卷烟厂(增值税一般纳税人)委托,加工烟丝一批,B卷烟厂提供烟叶成本70 000元,A卷烟厂向B收取代垫辅助材料费8 000元(不含增值税)和加工费10 000元(含增值税)。

(3) 其向国税机关正常缴纳消费税40 000元,增值税30 000元。

(4) 另因税务稽查被查补消费税 10 000 元、增值税 5 000 元,被处以罚款 8 000 元,加收滞纳金 600 元。

要求:

(1) 计算 A 企业应代收代缴 B 企业的城市维护建设税和教育费附加合计数额。

(2) 计算 A 企业自身业务应缴纳的城市维护建设税和教育费附加合计数额。

(3) 填写《城市维护建设税、教育费附加、地方教育附加申报表》。

六、税收新政策补充

要求同学们登录国家税务总局网站 http://www.chinatax.gov.cn/,查阅 2019 年 7 月 1 日以后发布的关于城市维护建设税和教育费附加的新政策,并简述新政策的主要内容。

任务四　环境保护税纳税实务

【任务目标】

1. 环境保护税的征税范围及计税依据。
2. 掌握环境保护税的税额计算。
3. 了解环境保护税的税收优惠。
4. 掌握环境保护税的纳税义务发生时间和纳税地点。
5. 能利用网络资源查阅有关学习所需的资料。

【任务描述】

某市甲企业 2019 年 1 月向水体直接排放水污染物总汞、总镉各 1 千克;pH 值是 6,污水排放量 400 吨。该市水污染物适用税额标准为 1.4 元/污染当量。总汞、总镉的污染当量值分别为:0.000 5 千克、0.005 千克,pH5～pH6 的污染当量值为 5 吨污水。

要求:

1. 计算甲企业 1 月水污染物应缴纳的环境保护税。
2. 填写《环境保护税纳税申报表(A 类)》。

【知识准备】

一、环境保护税的概念及特点

（一）概念

环境保护税是对在中华人民共和国领域和中华人民共和国管辖的其他海域，直接向环境排放应税污染物的企业事业单位和其他生产经营者征收的一种税。它的基本法律依据有第十二届全国人民代表大会常务委员会第二十五次会议于2016年12月25日通过的《中华人民共和国环境保护税法》（以下简称《环境保护税法》）等。环境保护税作为“费改税”开征的税种，自2018年1月1日起施行。

（二）环境保护税特点

1. 实现税负平移

《环境保护税法》遵循将排污费制度向环境保护税制度平稳转移原则，主要表现为将排污费的缴纳人作为环境保护税的纳税人；根据现行排污收费项目、计费办法和收费标准，设置环境保护税的税目、计税依据和税额标准。

2. 涉及技术性较强

环境保护税明确“费改税”后，由税务部门征收，环保部门配合，确定“企业申报、税务征收、环保监测、信息共享”的税收征管模式。

3. 税额具有地域特色

应税大气污染物和水污染物具体适用税额的确定和调整，由省、自治区、直辖市人民政府根据当地环境承载能力，污染物排放现状和经济社会发展目标要求等地域特点，在法律规定的幅度内提出。

二、纳税义务人

在中华人民共和国领域和中华人民共和国管辖的其他海域，直接向环境排放应税污染物的企业事业单位和其他生产经营者为环境保护税的纳税义务人。

依法设立的城乡污水集中处理、生活垃圾集中处理场所超过国家和地方规定的排放标准向环境排放应税污染物的，应当缴纳环境保护税。

企业事业单位和其他生产经营者储存或者处置固体废物不符合国家和地方环境保护标准的，应当缴纳环境保护税。

有下列情形之一的，不属于直接向环境排放污染物，不缴纳相应污染物的环境保护税：

① 企业事业单位和其他生产经营者向依法设立的污水集中处理、生活垃圾集中处理场所排放应税污染物的。

② 企业事业单位和其他生产经营者在符合国家和地方环境保护标准的设施、场所储存或者处置固体废物的。

三、税目与税率

环境保护税税目由 4 大类构成，主要是对大气污染物、水污染物、固体废物和噪声等四类污染物征收环境保护税。

环境保护税实行幅度定额税率。应税大气污染物和水污染物的具体适用税额的确定和调整，由省、自治区、直辖市人民政府统筹考虑本地区环境承受能力、污染物排放现状和经济社会生态发展目标要求，在《环境保护税税目税额表》规定的税额幅度内提出，报同级人民代表大会常务委员会决定，并报国家人民代表大会常务委员会和国务院备案。

税目、税率依照《环境保护税税目税额表》执行。见表 9.7。

表 9.7 环境保护税税目税额表

<table>
<tr><th colspan="2">税 目</th><th>计税单位</th><th>税 额</th><th>备 注</th></tr>
<tr><td colspan="2">大气污染物</td><td>每污染当量</td><td>1.2～12 元</td><td></td></tr>
<tr><td colspan="2">水污染物</td><td>每污染当量</td><td>1.4～14 元</td><td></td></tr>
<tr><td rowspan="4">固体废物</td><td>煤矸石</td><td>每吨</td><td>5 元</td><td></td></tr>
<tr><td>尾矿</td><td>每吨</td><td>15 元</td><td></td></tr>
<tr><td>危险废物</td><td>每吨</td><td>1 000 元</td><td></td></tr>
<tr><td>冶炼渣、粉煤灰、炉渣、其他固体废物(含半固态、液态废物)</td><td>每吨</td><td>25 元</td><td></td></tr>
<tr><td colspan="2">税目</td><td>计税单位</td><td>税 额</td><td>备 注</td></tr>
<tr><td rowspan="6">噪声</td><td rowspan="6">工业噪声</td><td>超标 1～3 分贝</td><td>每月 350 元</td><td rowspan="6">1. 一个单位边界上有多处噪声超标，根据最高一处超标升级计算应纳税额；当沿边界长度超过 100 米有两处以上噪声超标，按照两个单位计算应纳税额。
2. 一个单位有不同地点作业场所的，应当分别计算应纳税额，合并计征。
3. 昼、夜均超标的环境噪声，昼、夜分别计算应纳税额，累计计征。
4. 声源一个月内超标不足 15 天的，减半计算应纳税额。
5. 夜间频繁突发和夜间偶然突发厂界超标噪声，按等效声级和峰值噪声两种指标中超标分贝值高的一项计算应纳税额。</td></tr>
<tr><td>超标 4～6 分贝</td><td>每月 700 元</td></tr>
<tr><td>超标 7～9 分贝</td><td>每月 1 400 元</td></tr>
<tr><td>超标 10～12 分贝</td><td>每月 2 800 元</td></tr>
<tr><td>超标 13～15 分贝</td><td>每月 5 600 元</td></tr>
<tr><td>超标 16 分贝以上</td><td>每月 11 200 元</td></tr>
</table>

四、计税依据

（一）应税大气污染物、水污染物计税依据的确定

应税大气污染物、水污染物，按照污染物排放量折合的污染当量数确定计税依据。计算公式为：

应税大气污染物、水污染物的污染当量数＝该污染物的排放量÷该污染物的污染当量值

公式中，每种应税大气污染物、水污染物的具体污染当量值依照《环境保护税法》所附《应税污染物和当量值表》执行。

由于每一排放口或者没有排放口的大气、水的污染物不止一种，征收环境保护税的计税依据也有具体的规定：

① 每一排放口或者没有排放口的应税大气污染物，按照污染当量数从大到小排序，对前三项污染物征收环境保护税。

② 每一排放口的应税水污染物，按照《环境保护税法》所附《应税污染物和当量值表》区分第一类水污染物和其他类水污染物，按照污染当量数从大到小排列，对第一类水污染物，按照前五项征收环境保护税，对其他类水污染物，按照前三项征收环境保护税。

省、自治区、直辖市人民政府根据本地区污染物减排的特殊需要，可以增加同排放口征收环境保护税的应税污染物项目数，不仅仅局限于前三项或前五项，但需报同级人民代表大会常务委员会决定，并报全国人民代表大会常务委员会和国务院备案。

学中做9－6

某企业2019年1月向大气中排放二氧化硫10千克，氮氧化物20千克。二氧化硫、氮氧化物污染当量值分别为0.95千克、0.95千克。

要求：计算该企业上述污染物的污染当量数。

解析：

二氧化硫污染当量数＝10÷0.95＝10.53。

氮氧化物污染当量数＝20÷0.95＝21.05。

（二）应税固体废物计税依据的确定

应税固体废物按照固体废物的排放量确定计税依据。计算公式为：

固体废物的排放量＝当期固体废物的产生量－当期固体废物的综合利用量－当期固体废物的贮存量－当期固体废物的处置量

固体废物的综合利用量，是指按照国务院发展改革、工业和信息化主管部门关于资源综合利用要求以及国家和地方环境保护标准进行综合利用的固体废物数量。

固体废物的贮存量、处置量，是指在符合国家和地方环境保护标准的设施、场所贮存或

者处置的固体废物数量。

纳税人有下列情形之一的，以其当期应税固体废物的产生量作为固体废物的排放量：

① 非法倾倒应税固体废物。

② 进行虚假纳税申报。

（三）应税噪声计税依据的确定

应税噪声按照超过国家规定标准的分贝数确定计税依据。

超过国家规定标准的分贝数是指实际产生的工业噪声与国家规定的工业噪声排放标准限值之间的差值。

提示

应税大气污染物、水污染物、固体废物的排放量和噪声的分贝数，按照下列方法和顺序计算：

① 纳税人安装使用符合国家规定和监测规范的污染物自动监测设备的，按照污染物自动监测数据计算。

② 纳税人未安装使用污染物自动监测设备的，按照监测机构出具的符合国家有关规定和检测规定的检测数据计算。

③ 因排放污染物种类多等原因不具备监测条件的，按照国务院生态环境主管部门规定的排污系数、物料衡算方法计算。

④ 不能按照上述第①～③项规定的方法计算的，按照省、自治区、直辖市人民政府生态环境主管部门规定的抽样测算的方法核定计算。

五、应纳税额的计算

环境保护税应纳税额按照下列方法计算：

① 应税大气污染物、水污染物的应纳税额＝污染当量数×具体适用税额；

② 应税固体废物的应纳税额＝固体废物排放量×具体适用税额；

③ 应税噪声的应纳税额＝超过国家规定标准的分贝数对应的具体适用税额。

学中做9－7

某餐饮公司，通过安装水流量计测得2019年2月排放污水量为80吨，已知餐饮服务业污染当量值为0.5吨。假设当地水污染物适用税额为每污染当量2.8元。

要求：该餐饮公司当月应纳环境保护税为多少元？

解析：

水污染当量数＝80÷0.5＝160；

应纳税额＝160×2.8＝448(元)。

六、税收优惠

纳税人排放应税大气污染物或者水污染物的浓度值低于国家和地方规定的污染物排放标准30%的，减按75%征收环境保护税。纳税人排放应税大气污染物或者水污染物的浓度值低于国家和地方规定的污染物排放标准50%的，减按50%征收环境保护税。

下列情形暂予免征环境保护税：

① 农业生产（不包括规模化养殖）排放应税污染物的；

② 机动车、铁路机车、非道路移动机械、船舶和航空器等流动污染源排放应税污染物的；

③ 依法设立的城乡污水集中处理、生活垃圾集中处理场所排放相应应税污染物，不超过国家和地方规定的排放标准的；

④ 纳税人综合利用的固体废物，符合国家和地方环境保护标准的；

⑤ 国务院批准免税的其他情形。

七、征收管理

环境保护税由税务机关依照《中华人民共和国税收征收管理法》和《环境保护税法》的有关规定征收管理。

生态环境主管部门应当将排污单位的排污许可、污染物排放数据、环境违法和受行政处罚情况等环境保护相关信息，定期交送税务机关。税务机关应当将纳税人的纳税申报、税款入库、减免税额、欠缴税款以及风险疑点等环境保护税涉税信息，定期交送生态环境主管部门。

纳税义务发生时间为纳税人排放应税污染物的当日。纳税人应当向应税污染物排放地的税务机关申报缴纳环境保护税。

环境保护税按月计算，按季申报缴纳。不能按固定期限计算缴纳的，可以按次申报缴纳。

纳税人按季申报缴纳的，应当自季度终了之日起15日内，向税务机关办理纳税申报并缴纳税款。纳税人按次申报缴纳的，应当自纳税义务发生之日起15日内，向税务机关办理纳税申报并缴纳税款。

【任务操作】

根据本任务描述，计算甲企业当月缴纳的环境保护税并填写《环境保护税纳税申报表（A类）》。

操作步骤：

第一步，计算甲企业当月水污染物应缴纳的环境保护税。

① 计算污染当量数：

总汞污染当量数＝1÷0.000 5＝2 000；

总镉污染当量数＝1÷0.005＝200；

pH值污染当量数＝400÷5＝80。

② 计算水污染物应纳环境保护税税额：

总汞应纳环境保护税＝2 000×1.4＝2 800(元)；

总镉应纳环境保护税＝200×1.4＝280(元)；

pH值应纳环境保护税＝80×1.4＝112(元)；

甲企业水污染物应纳环境保护税税额＝2 800＋280＋112＝3 192(元)。

第二步，填写《环境保护税纳税申报表(A类)》，详见表9.8。

【任务练习】

一、思考题

1. 简述环境保护税的征税范围。
2. 简述环境保护税的计税依据。

二、单项选择题

1. 下列关于环境保护税的征收管理，说法错误的是(　　)。

   A. 环境保护税的纳税义务发生时间为纳税人排放应税污染物的当日

   B. 环境保护税按月计算，按年申报缴纳

   C. 环境保护税可以按次申报缴纳

   D. 纳税人应当向应税污染物排放地的税务机关申报缴纳环境保护税

2. 某纳税人排放总铅6 000千克，已知总铅污染当量值为0.025，假定其所在省公布的水污染物环境保护税税率为每污染当量4元，则该纳税人应纳的环境保护税为(　　)。

   A. 600　　B. 24 000　　C. 680 000　　D. 960 000

3. 为平稳实现“费改税”，避免增加纳税人负担，所以在立法安排上，将排放生活污水和垃圾的(　　)列入征税范围，不用缴纳环境保护税。

   A. 个人　　B. 居民个人　　C. 自然人　　D. 个体工商户

4. 纳税人排放应税大气污染物或者水污染物的浓度值低于国家和地方规定的污染物排放标准(　　)的，减按50%征收环境保护税。

   A. 30%　　B. 40%　　C. 50%　　D. 60%

5. 纳税人按季申报缴纳的，应当自季度终了之日起(　　)内，向税务机关办理纳税申报并缴纳税款。

   A. 10日　　B. 15日　　C. 20日　　D. 30日

表 9.8　环境保护税纳税申报表(A 类)

(适用于通过自动监测、监测机构监测、排污系数和物料衡算法计算污染物排放量的纳税人申报)

税款所属期:自 2019 年 1 月 1 日至 2019 年 1 月 31 日　　填表日期:　　年　　月　　日　　金额单位:元至角分

* 纳税人名称	(公章)				* 统一社会信用代码(纳税人识别号)				
税源编号	* 排放口名称或噪声源名称	* 税目	* 污染物名称	* 计税依据或超标噪声综合系数	* 单位税额	* 本期应纳税额	本期减免税额	* 本期已缴税额	* 本期应补(退)税额
(1)	(2)	(3)	(4)	(5)	(6)	(7)=(5)×(6)	(8)	(9)	(10)=(7)-(8)-(9)
		水污染物	总汞	2 000	1.4	2 800			
		水污染物	总镉	200	1.4	280			
		水污染物	pH	80	1.4	112			
合计	——	——	——	——	——	3 192			
授权声明	如果你已委托代理人申报,请填写下列资料: 为代理一切税务事宜,现授权　　(地址)　　(统一社会信用代码) 为本纳税人的代理申报人,任何与本申报表有关的往来文件,都可寄予此人。 授权人签字:				* 申报人声明		本纳税申报表是根据国家税收法律法规及相关规定填写的,是真实的、可靠的、完整的。 声明人签字:		

经办人:　　主管税务机关:　　受理人:　　受理日期:　　年　　月　　日

本表一式两份,一份纳税人留存,一份税务机关留存。

6. 下列关于环境保护税的征收管理,说法错误的是(　　)。

A. 环境保护税的纳税义务发生时间为纳税人排放应税污染物的当日

B. 环境保护税按月计算,按年申报缴纳

C. 环境保护税可以按次申报缴纳

D. 纳税人应当向应税污染物排放地的税务机关申报缴纳环境保护税

7. 假设某企业2019年3月产生尾矿1 000吨,其中综合利用的尾矿300吨(符合国家相关规定),在符合国家和地方环境保护标准的设施贮存300吨。尾矿环境保护税适用税额为每吨15元,该企业当月尾矿应缴纳的环境保护税(　　)元。

A. 15 000　　B. 10 500　　C. 6 000　　D. 4 500

三、多项选择题

1. 下列情形中,属于环境保护税征税范围的有(　　)。

A. 企业事业单位和其他生产经营者向依法设立的污水集中处理、生活垃圾集中处理场所排放应税污染物的

B. 企业事业单位和其他生产经营者在符合国家规定和地方环境保护标准的设施、场所贮存或者处置固体废物的

C. 依法设立的城乡污水集中处理、生活垃圾集中处理场所超过国家和地方规定的排放标准向环境排放应税污染物的

D. 企业事业单位和其他生产经营者贮存或者处置固体废物不符合国家和地方环境保护标准的

2. 下列关于环境保护税税收优惠的说法中,正确的有(　　)。

A. 规模化养殖排放应税污染物,免征环境保护税

B. 船舶排放应税污染物,免征环境保护税

C. 城乡污水集中处理场所排放应税污染物,不超规定标准的,免征环境保护税

D. 纳税人排放应税污染物的浓度值低于国家规定30%的,免征环境保护税

3. 环境保护税的税目中,由省、自治区、直辖市人民政府统筹考虑后在规定的幅度内按规定程序确定具体适用税额的项目有(　　)。

A. 大气污染物　　B. 水污染物　　C. 固体废物　　D. 噪声

4. 下列情形,暂予免征环境保护税的有(　　)。

A. 农业养殖排放应税污染物的

B. 规模化养殖排放应税污染物的

C. 机动车行驶排放应税污染物的

D. 依法设立的污水集中处理场所排放相应应税污染物不超过国家和地方贵的排放标准的

5. 环境保护税应纳税额按照计算方法正确的有(　　)。

A. 应税大气污染物的应纳税额为污染当量数乘以具体适用税额

B. 应税水污染物的应纳税额为污染当量数乘以具体适用税额

C. 应税固体废物的应纳税额为固体废物排放量乘以具体适用税额

D. 应税噪声的应纳税额为超过国家规定标准的分贝数对应的具体适用税额

四、税收新政策补充

要求同学们登录国家税务总局网站 http://www.chinatax.gov.cn/，查阅 2019 年 7 月 1 日以后发布的关于环境保护税的税收新政策，并简述新政策的主要内容。

参 考 文 献

[1] 全国会计专业技术资格考试参考用书编写组. 经济法基础[M]. 北京:中国财政经济出版社,2019.

[2] 中国注册会计师协会. 税法[M]. 北京:经济科学出版社,2019.

[3] 杨则文. 纳税实务[M]. 北京:高等教育出版社,2018.

[4] 梁文涛. 企业纳税实务习题与实训[M]. 北京:高等教育出版社,2018.